特邀顾问（排名不分先后）

东生◎著

把历史留下

柳斌杰题

旅俄华工传奇

四川出版集团 四川人民出版社

图书在版编目（CIP）数据

把历史留下——旅俄华工传奇/东生著．—成都：四川人民出版社，2013.9

ISBN 978-7-220-08992-3

Ⅰ.①把…　Ⅱ.①东…　Ⅲ.①话剧剧本—作品集—中国—当代　Ⅳ.①I234

中国版本图书馆CIP数据核字（2013）第216011号

BA LISHI LIUXIA

把历史留下

旅俄华工传奇

东　生　著

封面题字	柳斌杰
责任编辑	杨　立
封面设计	戴雨虹
技术设计	戴雨虹
责任校对	何秀兰
责任印制	李　剑　孔凌凌
出版发行	四川出版集团 四川人民出版社（成都市槐树街2号）
网　　址	http：//www.scpph.com http：//www.booksss.com.cn E-mail：scrmcbsf@mail.sc.cninfo.net
发行部业务电话	（028）86259459　86259455
防盗版举报电话	（028）86259524
照　　排	四川胜翔数码印务设计有限公司
印　　刷	成都蜀通印务有限责任公司
成品尺寸	170mm×240mm
印　　张	22.5
字　　数	350千
版　　次	2013年9月第1版
印　　次	2013年9月第1次
书　　号	ISBN 978-7-220-08992-3
定　　价	40.00元

一战爆发，俄国人在哈尔滨招募华工

俄国总管和华工合影

华工赴俄前，换上统一的服装

华工们和俄国人一起在俄国北方修铁路

莫斯科中国营（1918年）

保卫过列宁的中国红军战士

在俄国库斯克镇的“红鹰团”中国营

旅俄華工大同报

第二十六期

ВЕЛИКОЕ РАВЕНСТВО

№ 26

ПЕТРОГРАД

1 МАРТА 1920 г.

時評

1920年，旅俄华工联合会主办的石印报纸

俄国北方修铁路死难华工之墓

华工红军烈士陵园纪念亭

老华工在苏联的家人合影

革命的史诗

旅俄华工百年祭

呜呼！哀我同胞，饥寒交迫，离乡背井闯关东。一战硝烟起，西方列强招募华工，驱其做牛马；挖战壕，下矿井，修铁道，死伤无数。幸列宁领导，无产者奋起，十月炮响，震惊四方。数以万计华工，加入红军，浴血沙场。中俄人民友谊，鲜血凝成，万古留芳。革命史诗，悲也，壮哉！

东 生

2013 年 7 月 7 日

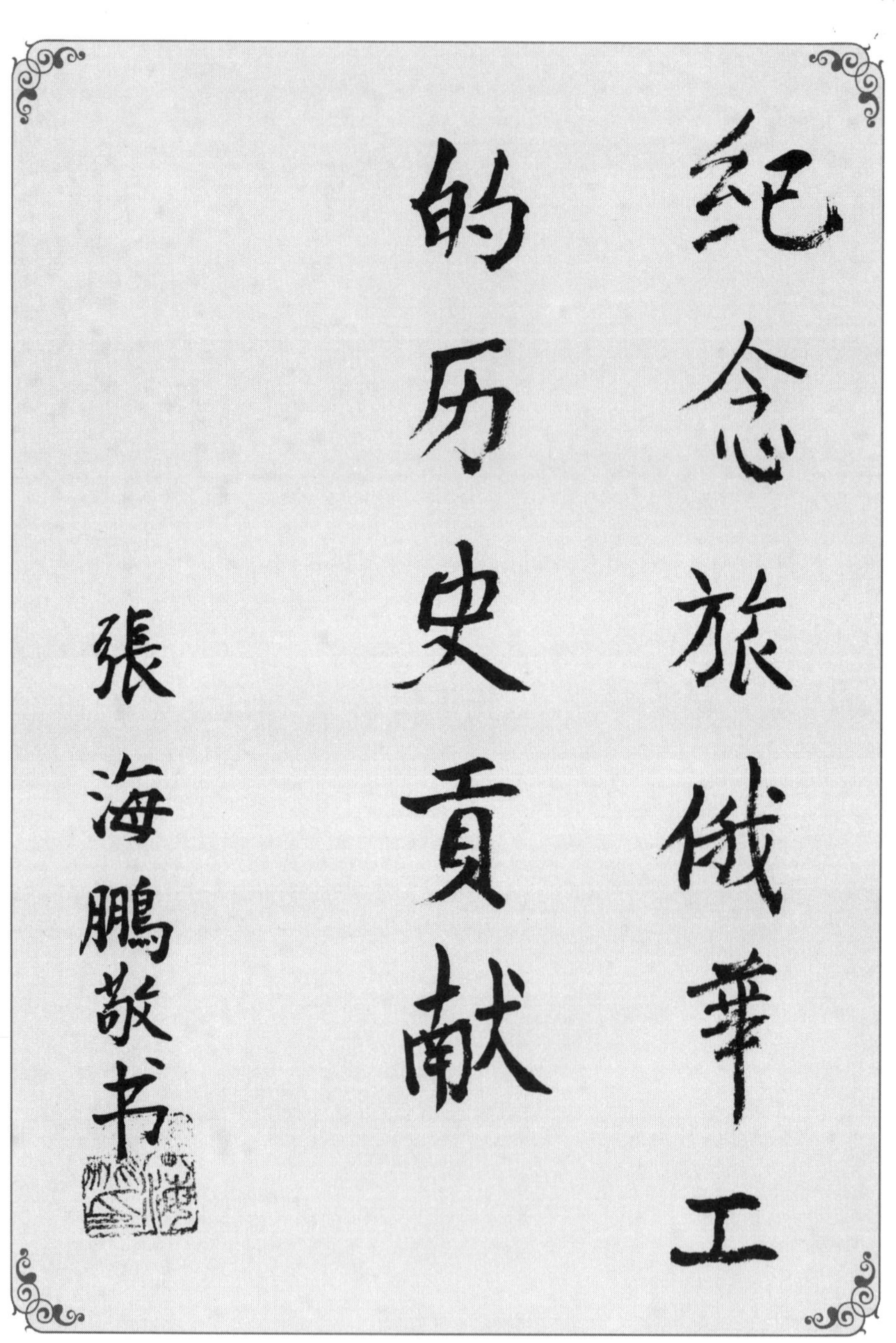

张海鹏（中国史学会会长）

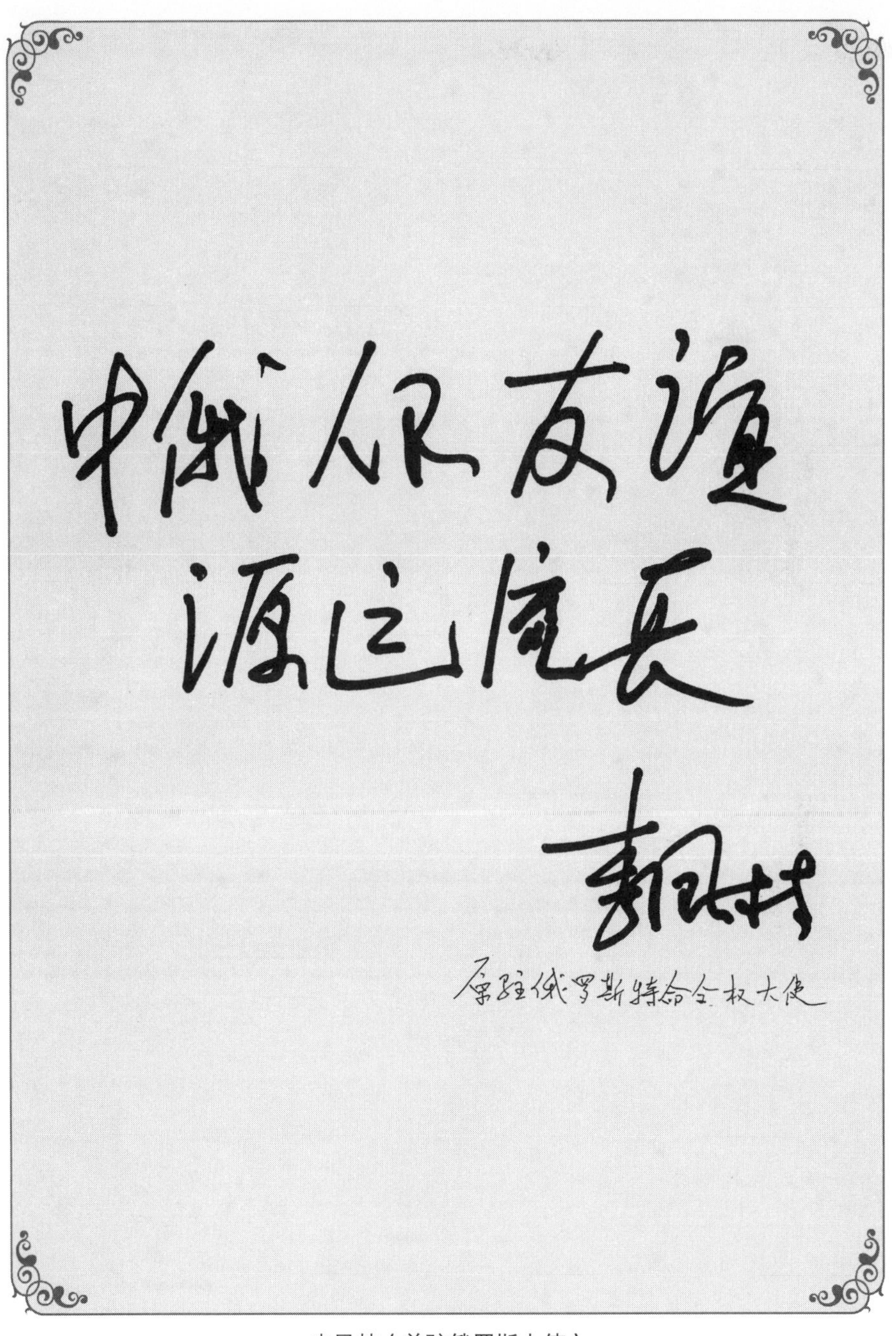

李凤林（前驻俄罗斯大使）

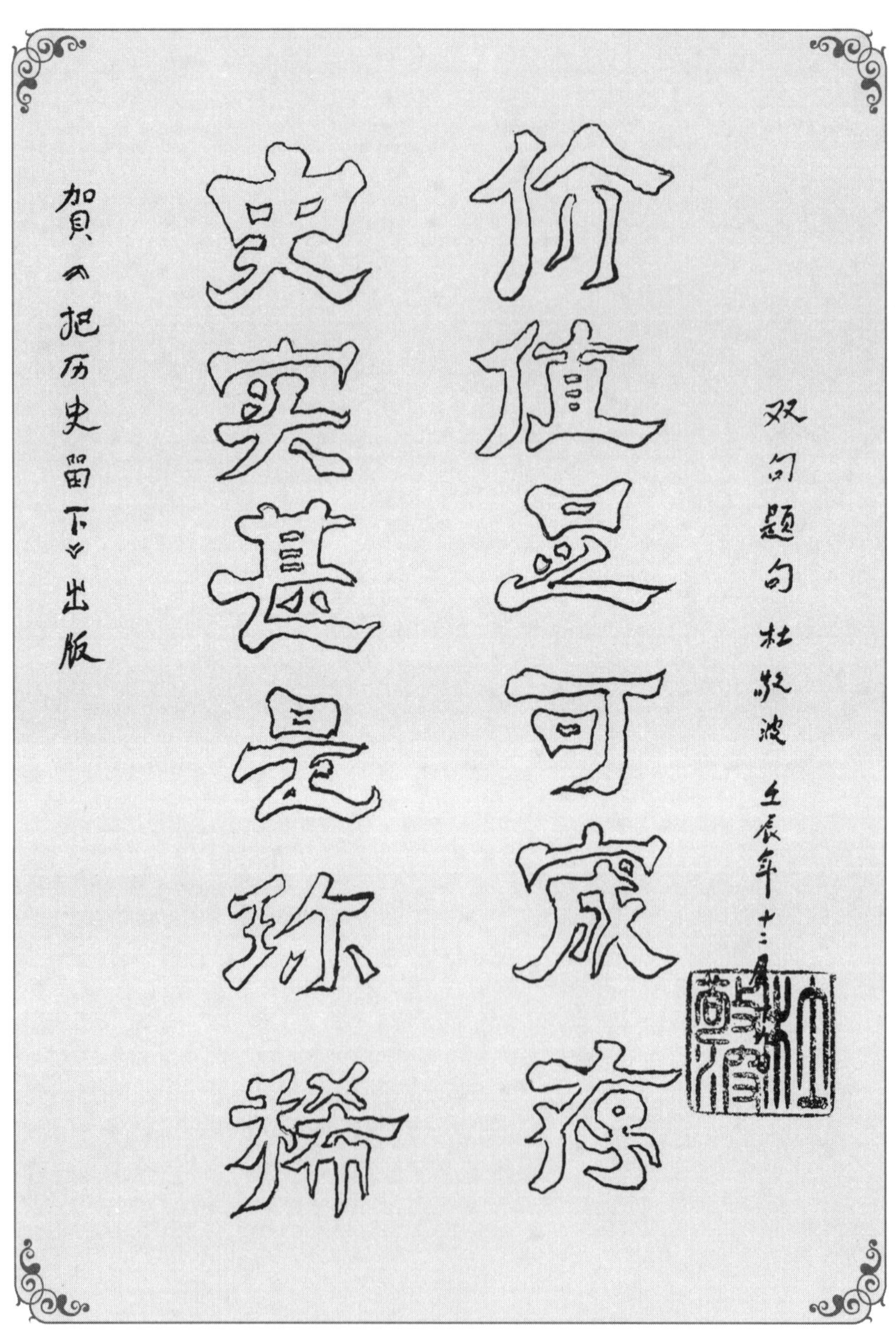

杜敬波（西藏档案局原副局长兼西藏档案馆馆长）

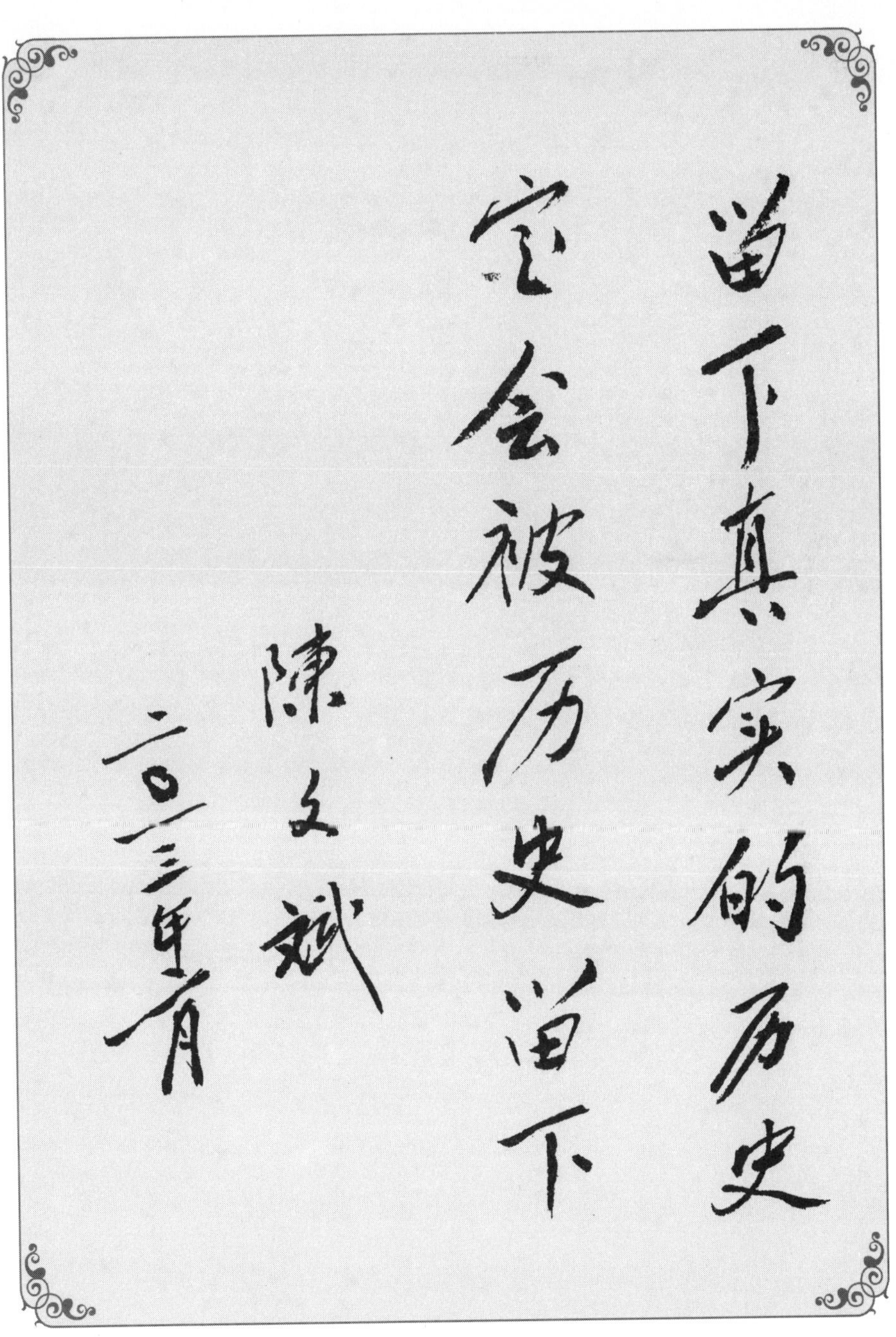

陈文斌（中央党史研究室研究员）

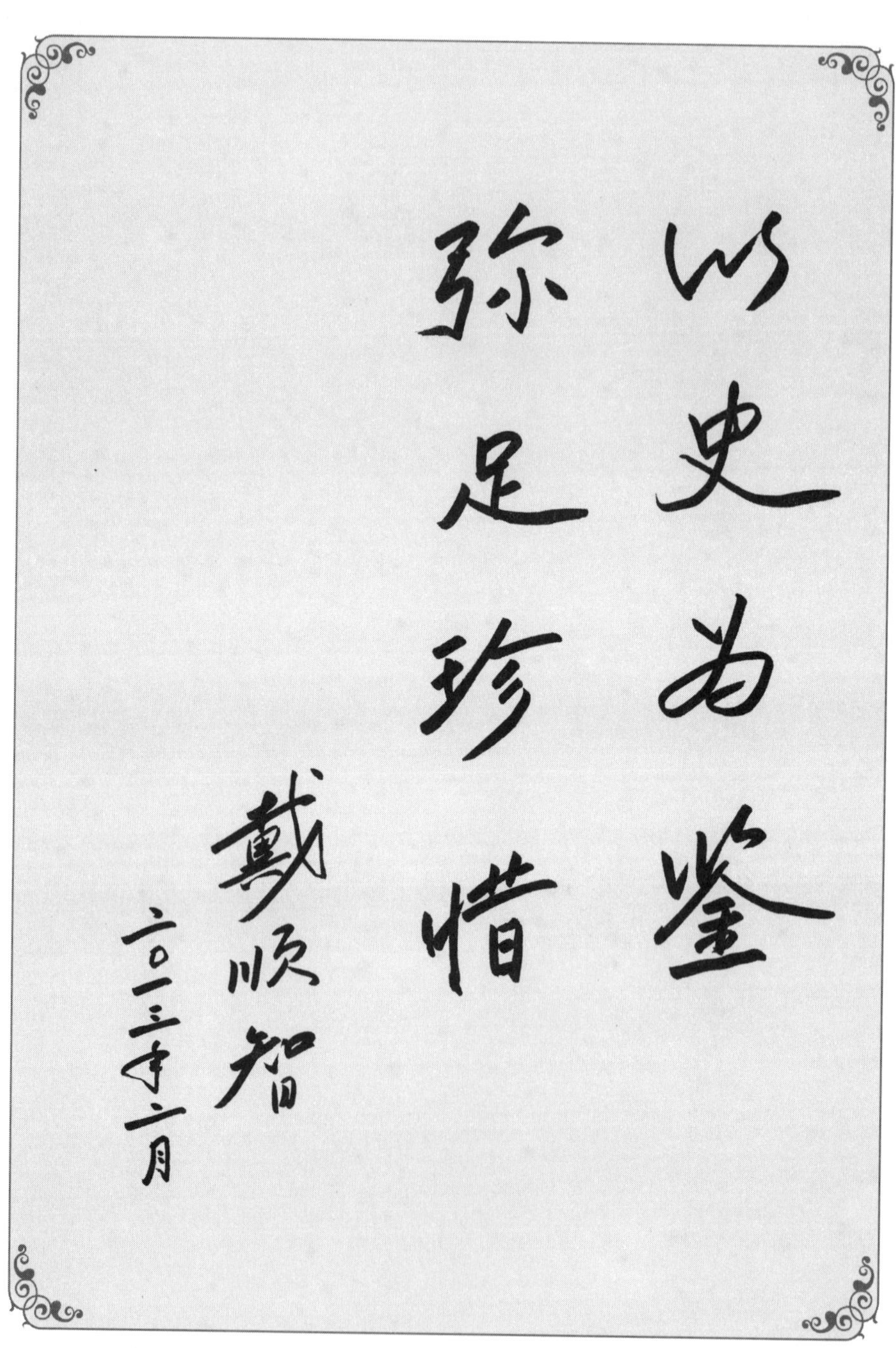

戴顺智（江苏省原副省长、江苏省政协副主席）

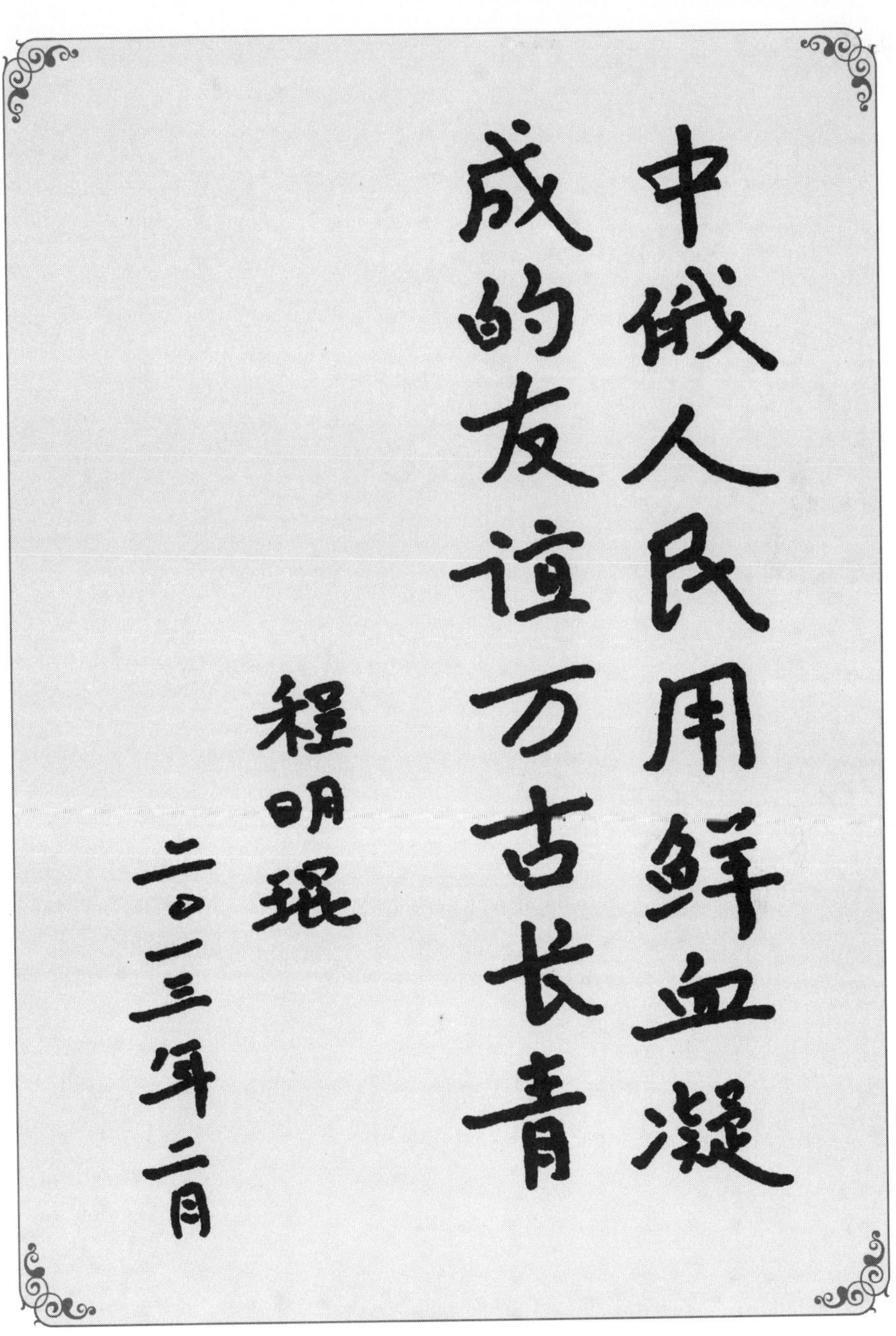

程明琨（《中国青年报》国际部原主任）

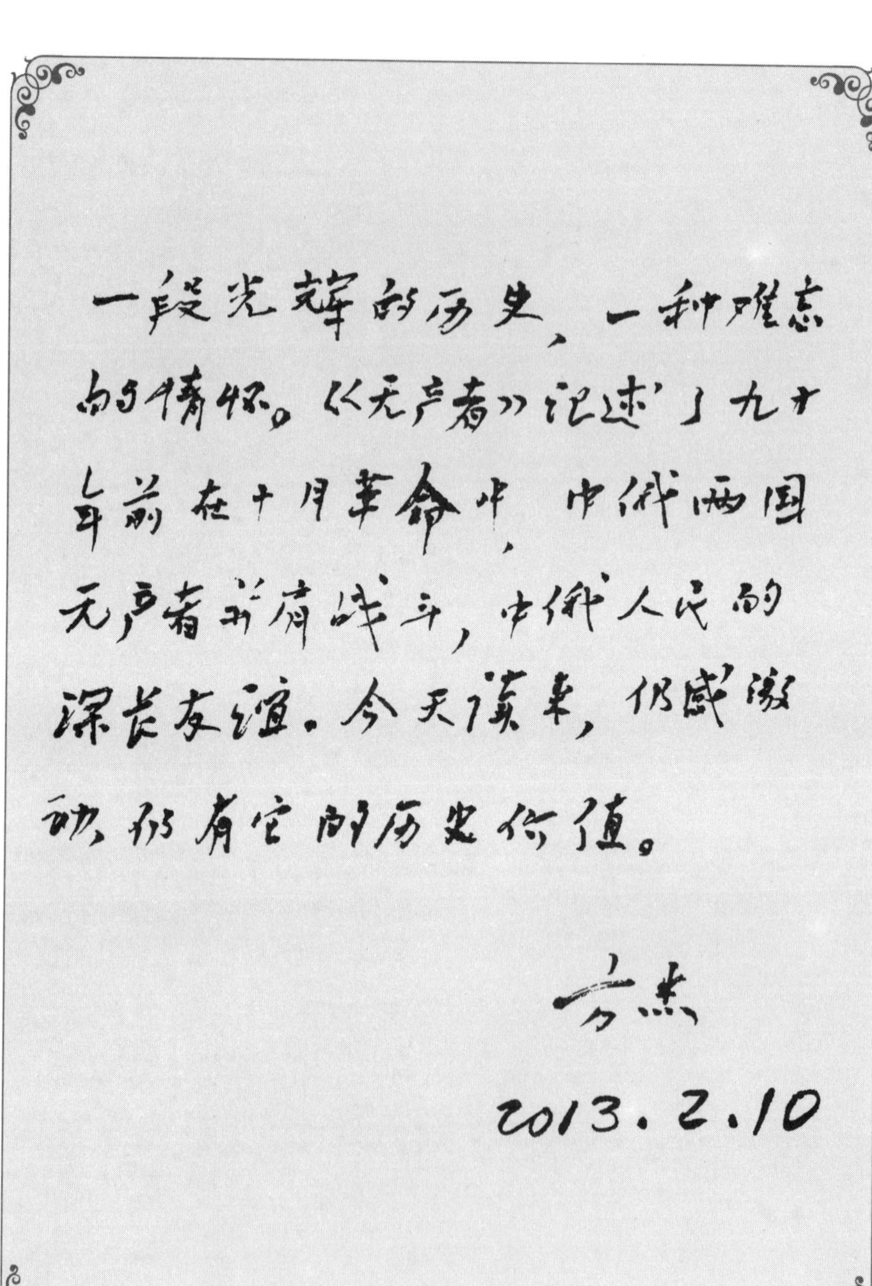
一段光辉的历史、一种难忘的情怀。《无产者》记述了九十年前在十月革命中、中俄两国无产者并肩战斗，中俄人民的深长友谊。今天读来，仍感激动，仍有它的历史价值。

方杰

2013.2.10

方　杰（文化部艺术司原司长）

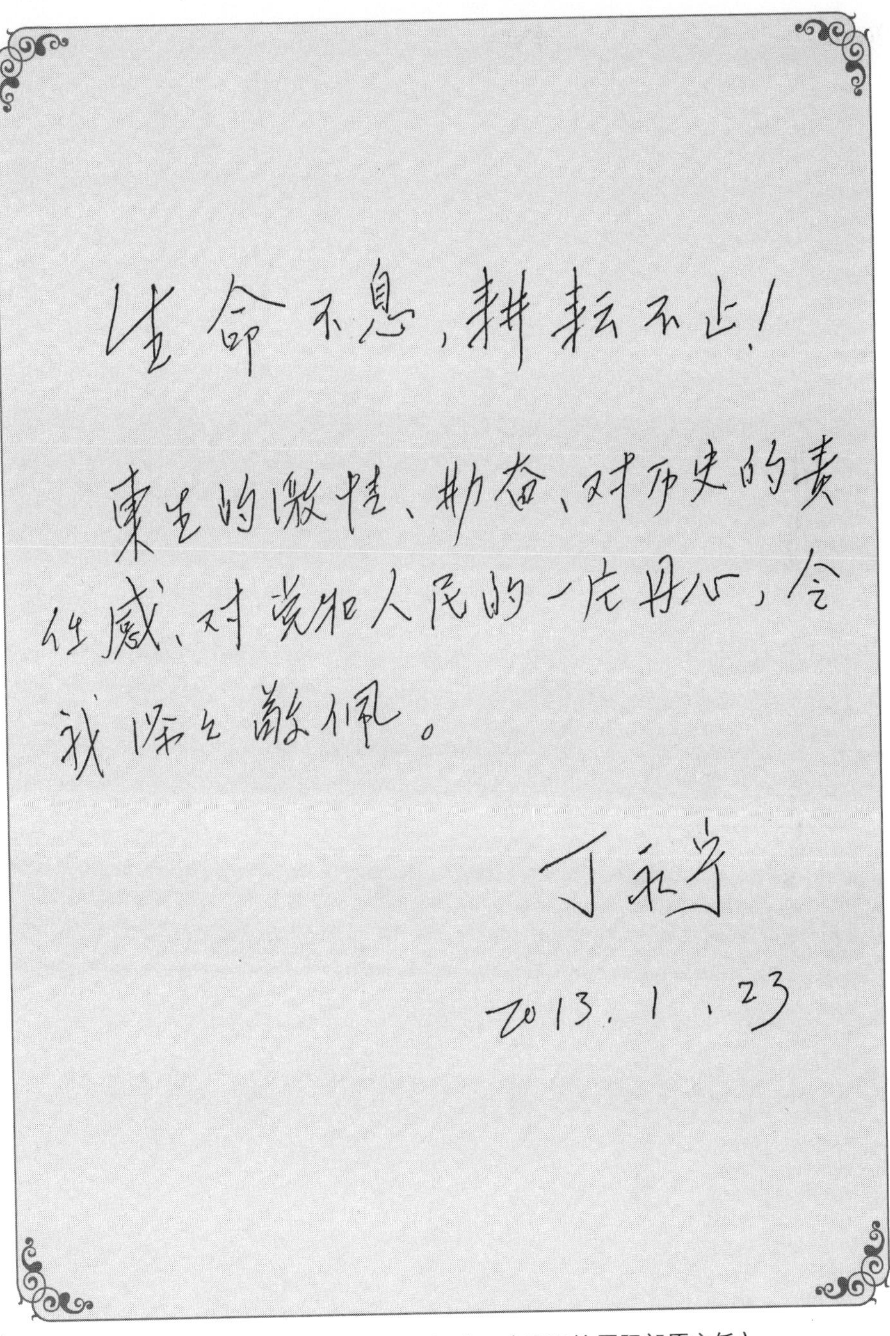

生命不息，耕耘不止！

东生的激情、勤奋、对历史的责任感、对党和人民的一片丹心，令我深深敬佩。

丁永宁

2013.1.23

丁永宁（新华社驻罗马尼亚记者、中国记协国际部原主任）

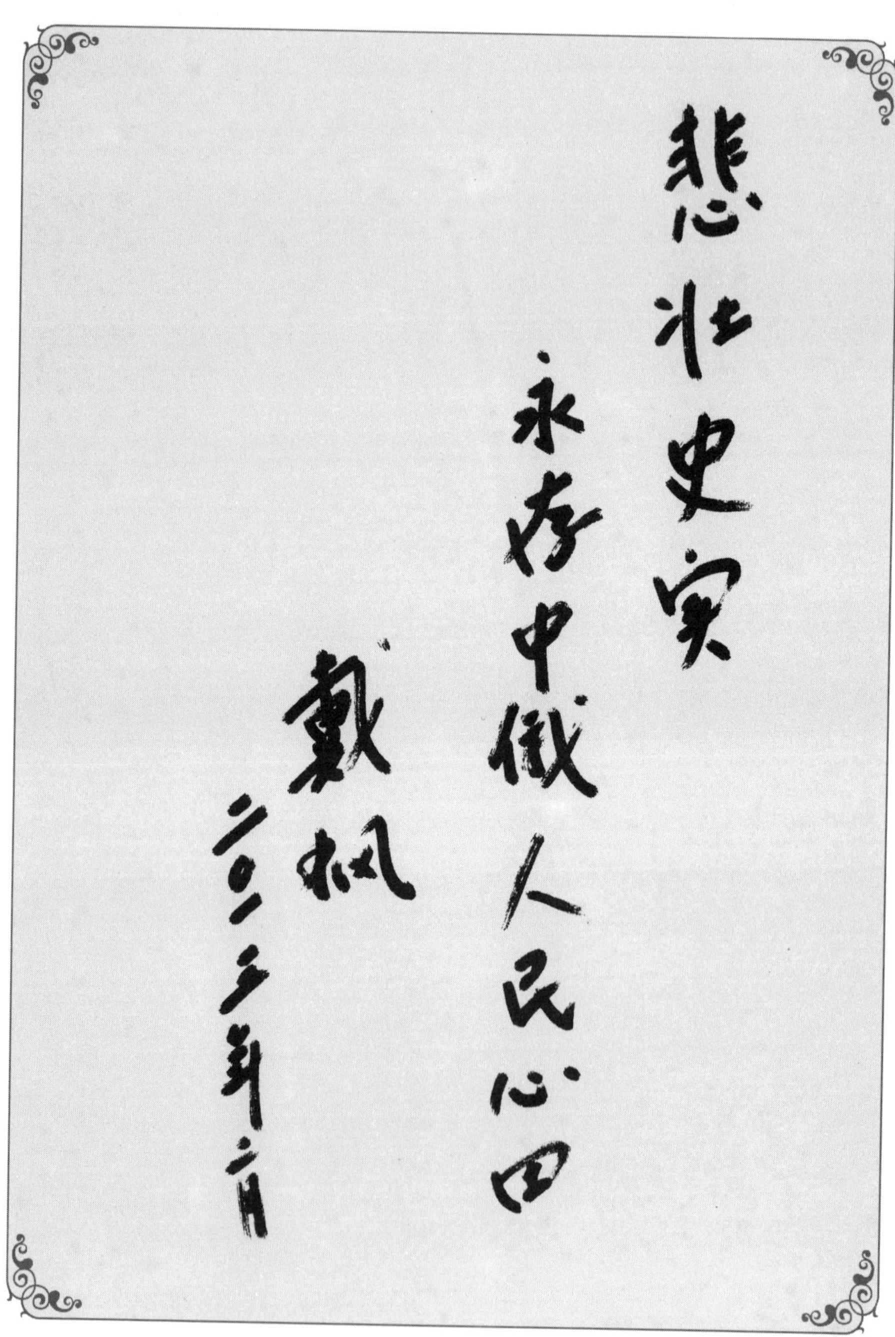

戴　枫（原《人民日报》驻莫斯科记者）

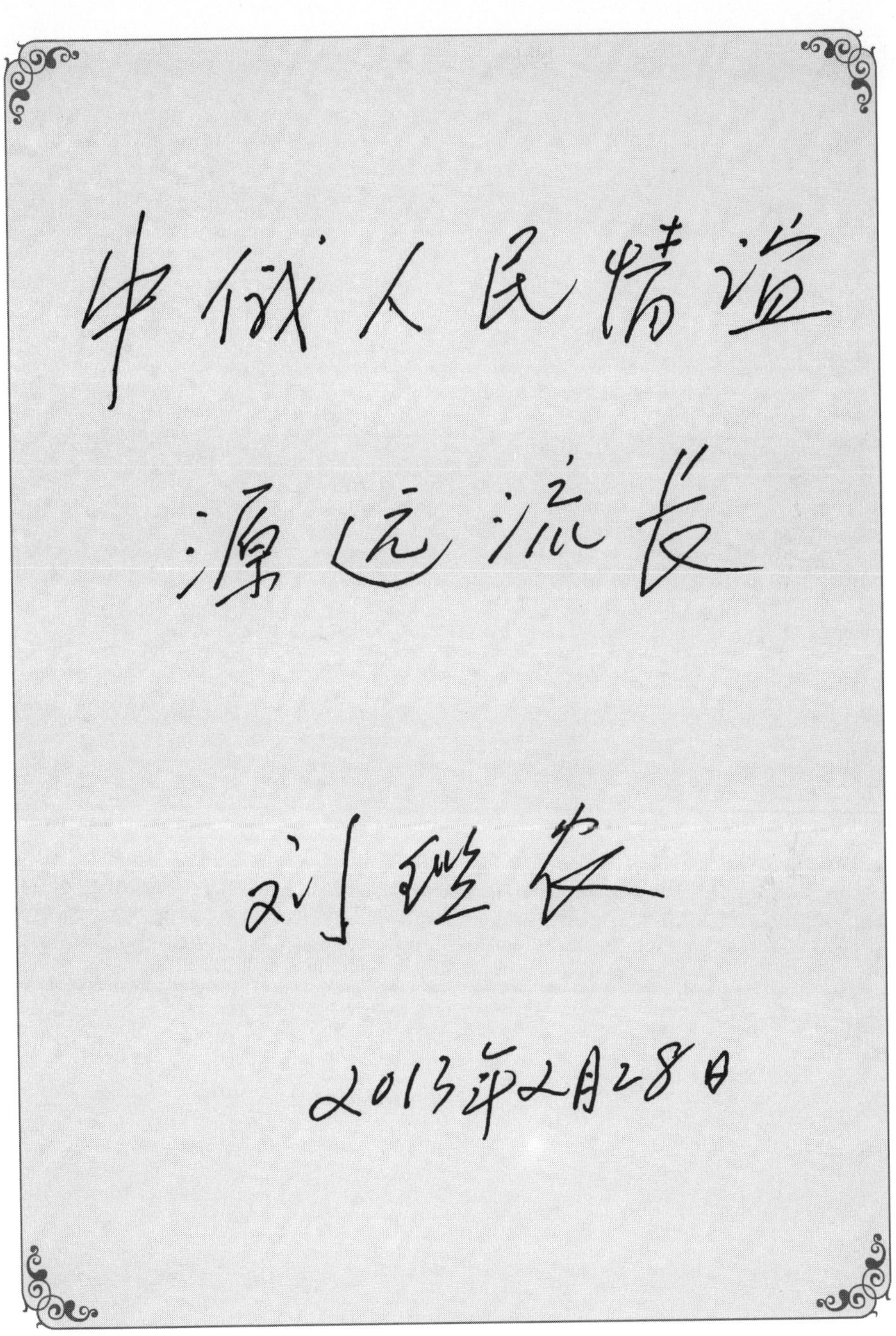

刘鑑农（中国社会科学院离休干部）

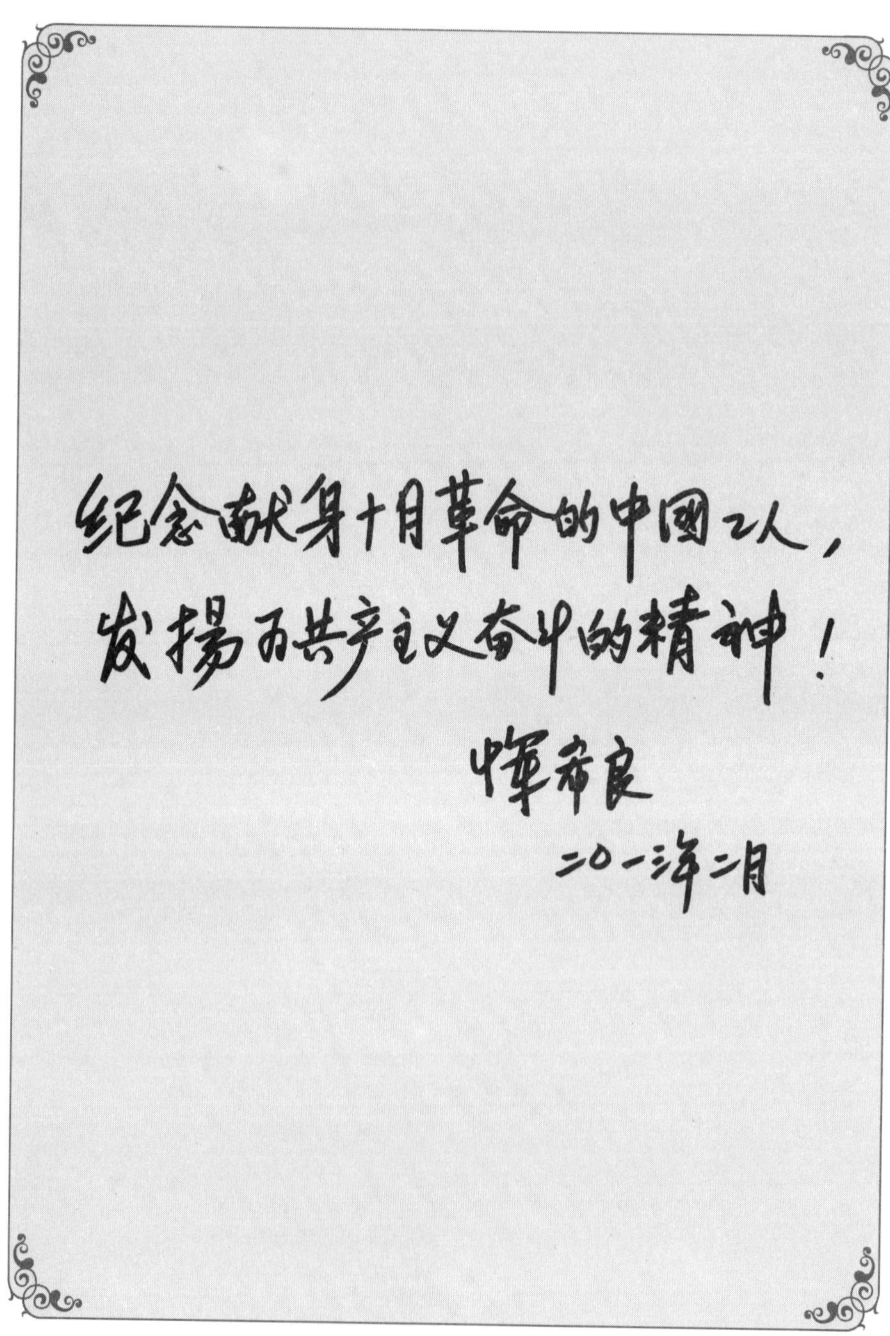

纪念献身十月革命的中国工人，
发扬为共产主义奋斗的精神！
恽希良
二〇一六年二月

恽希良（中国社会科学院研究员，恽代英之侄）

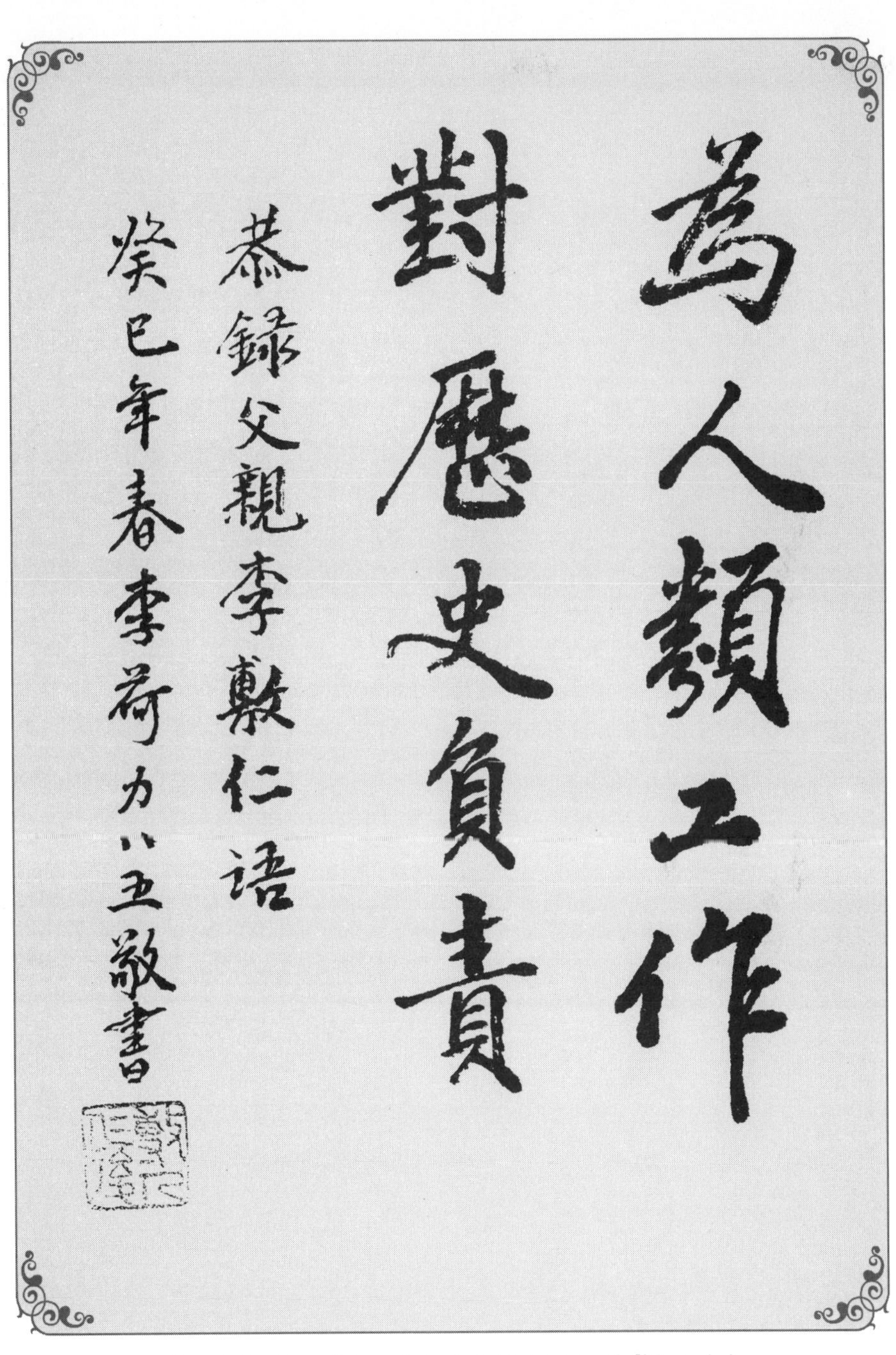

荷　力（延安大学北京校友会常务副会长、李敷仁之女）

我非常崇敬和怀念那些为俄罗斯付出艰辛劳动，为十月革命作出重大牺牲的中国劳工。《把历史留下》为数十万长眠在异国他乡的中国劳工树立了一座无形的纪念碑！

朱瑞真

2013.2.18

朱瑞真（中央办公厅翻译组原俄文翻译）

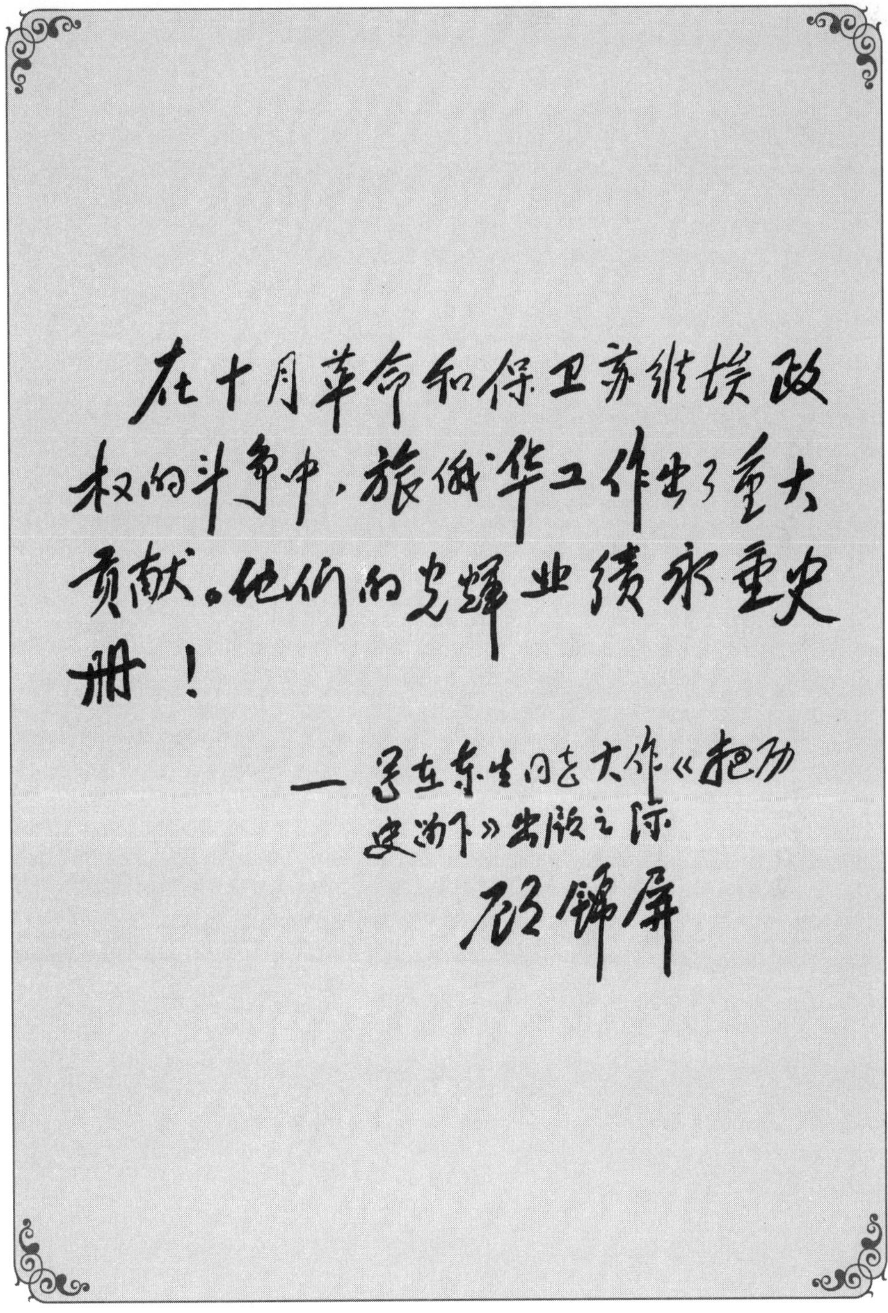
在十月革命和保卫苏维埃政权的斗争中，旅俄华工作出了重大贡献。他们的光辉业绩永垂史册！

——写在东生同志大作《把历史留下》出版之际

顾锦屏

顾锦屏（中央编译局原常务副局长）

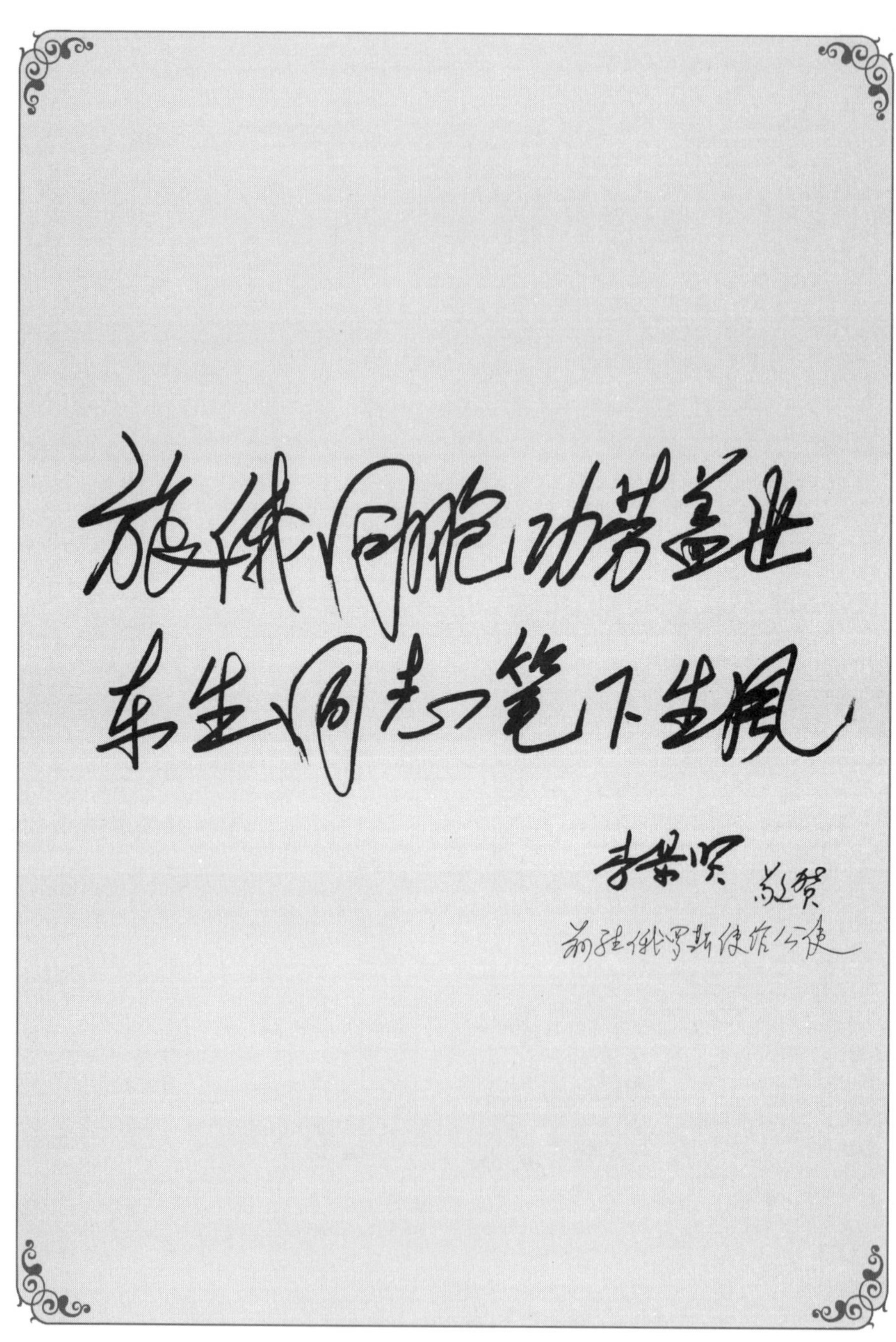

李景贤（前驻俄罗斯使馆公使）

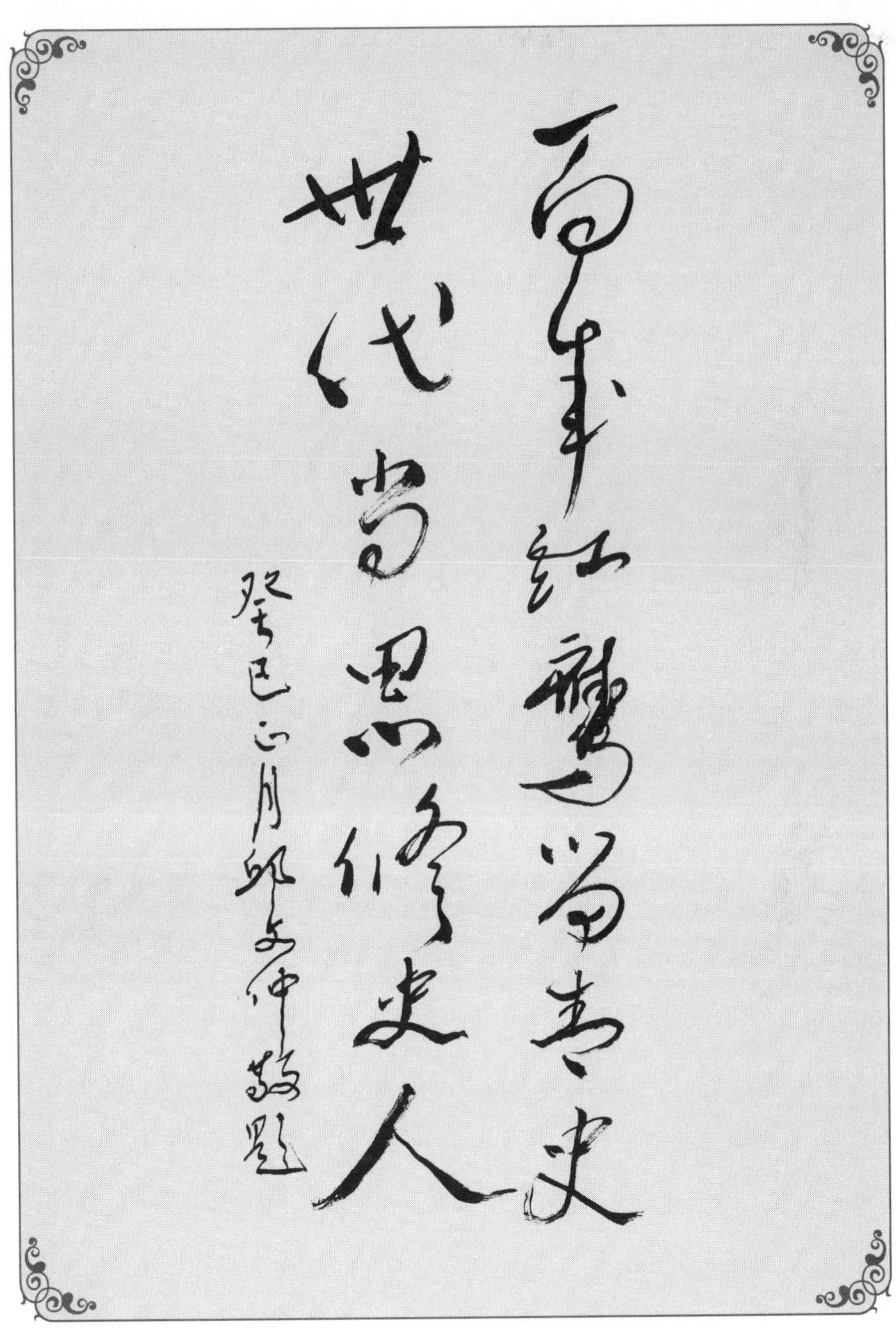

邱文仲（《农民日报》原副总编辑）

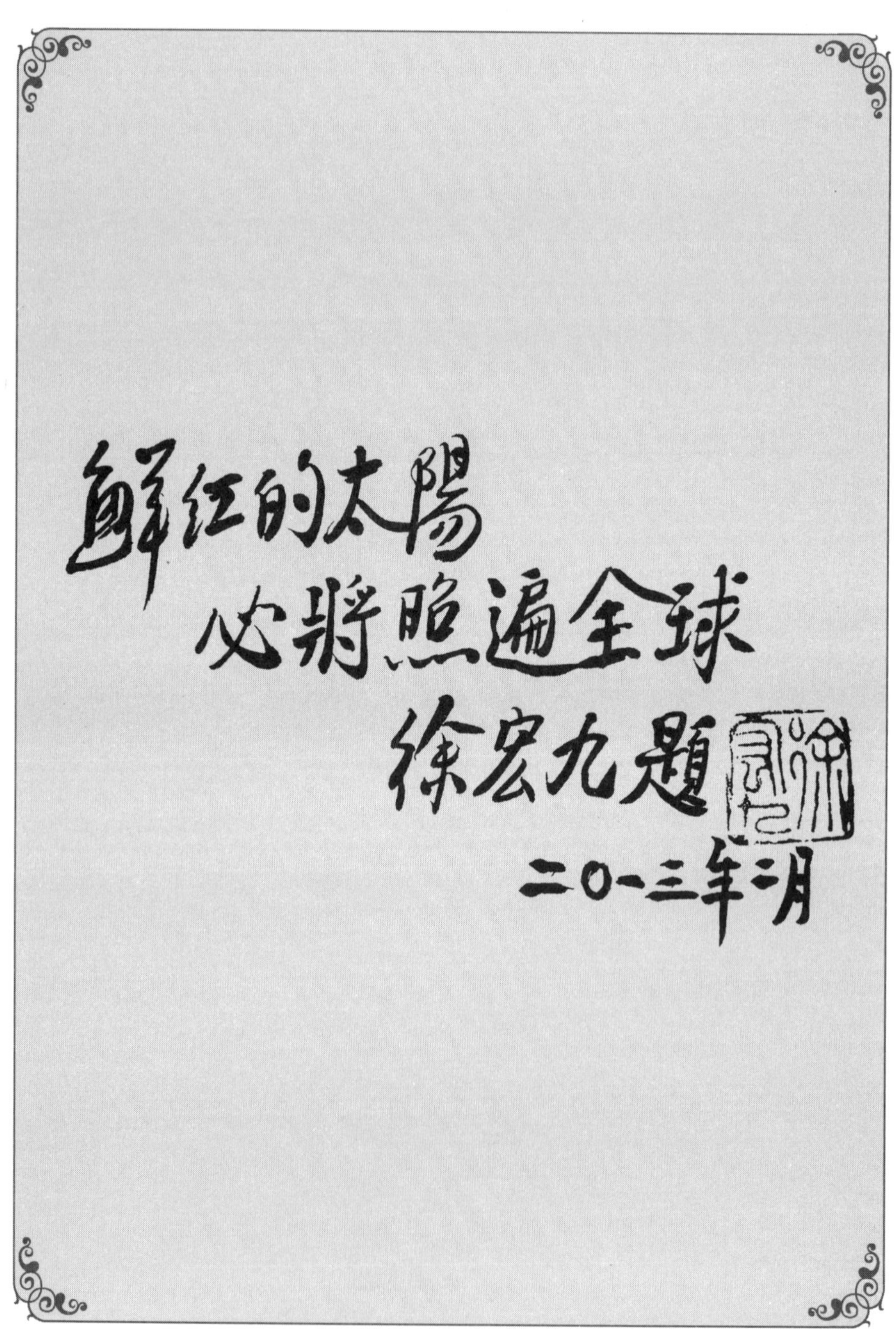

徐宏九（前驻捷克文化参赞、中央办公厅研究员）

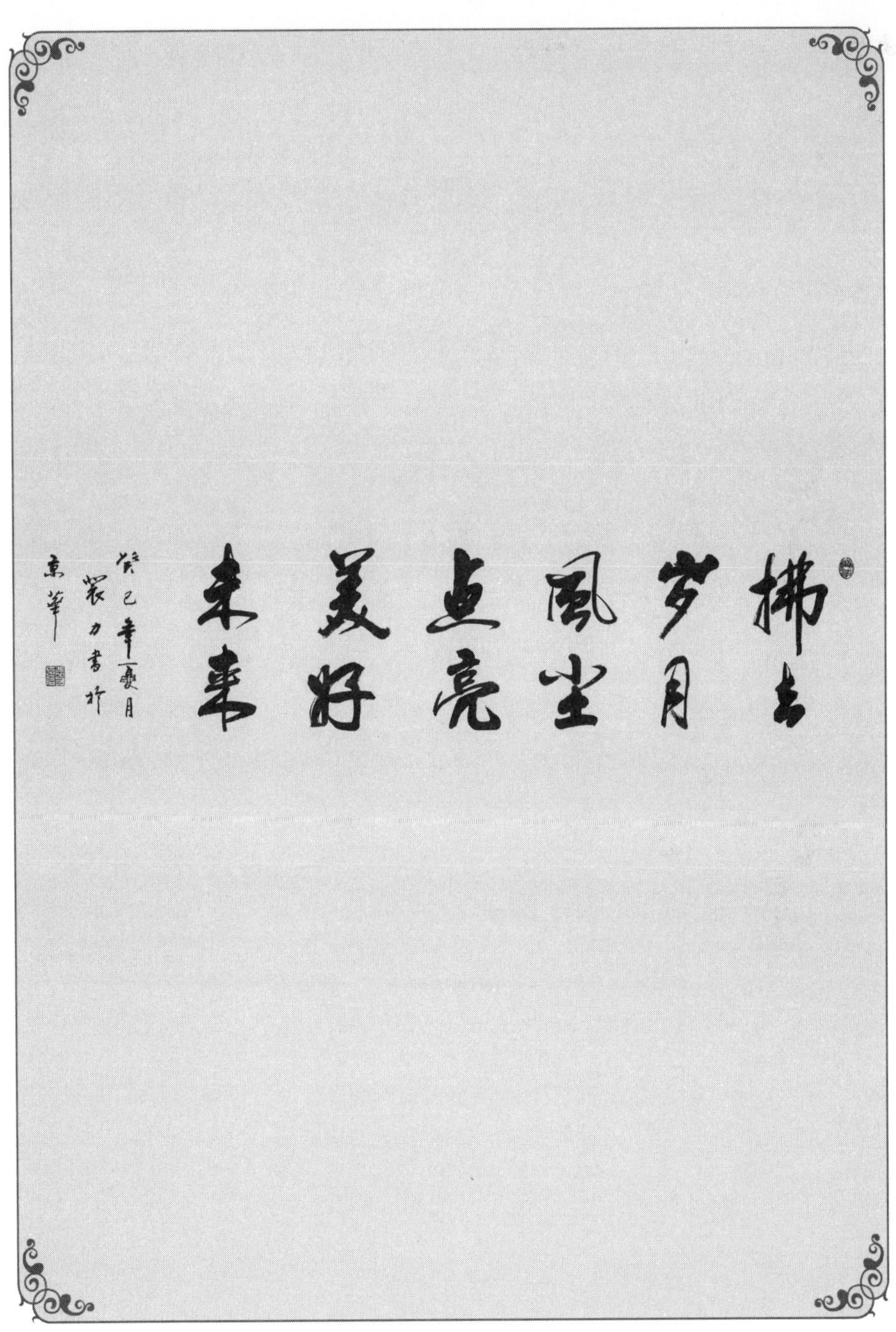

裴　力（《中国改革报》领导者周刊主编）

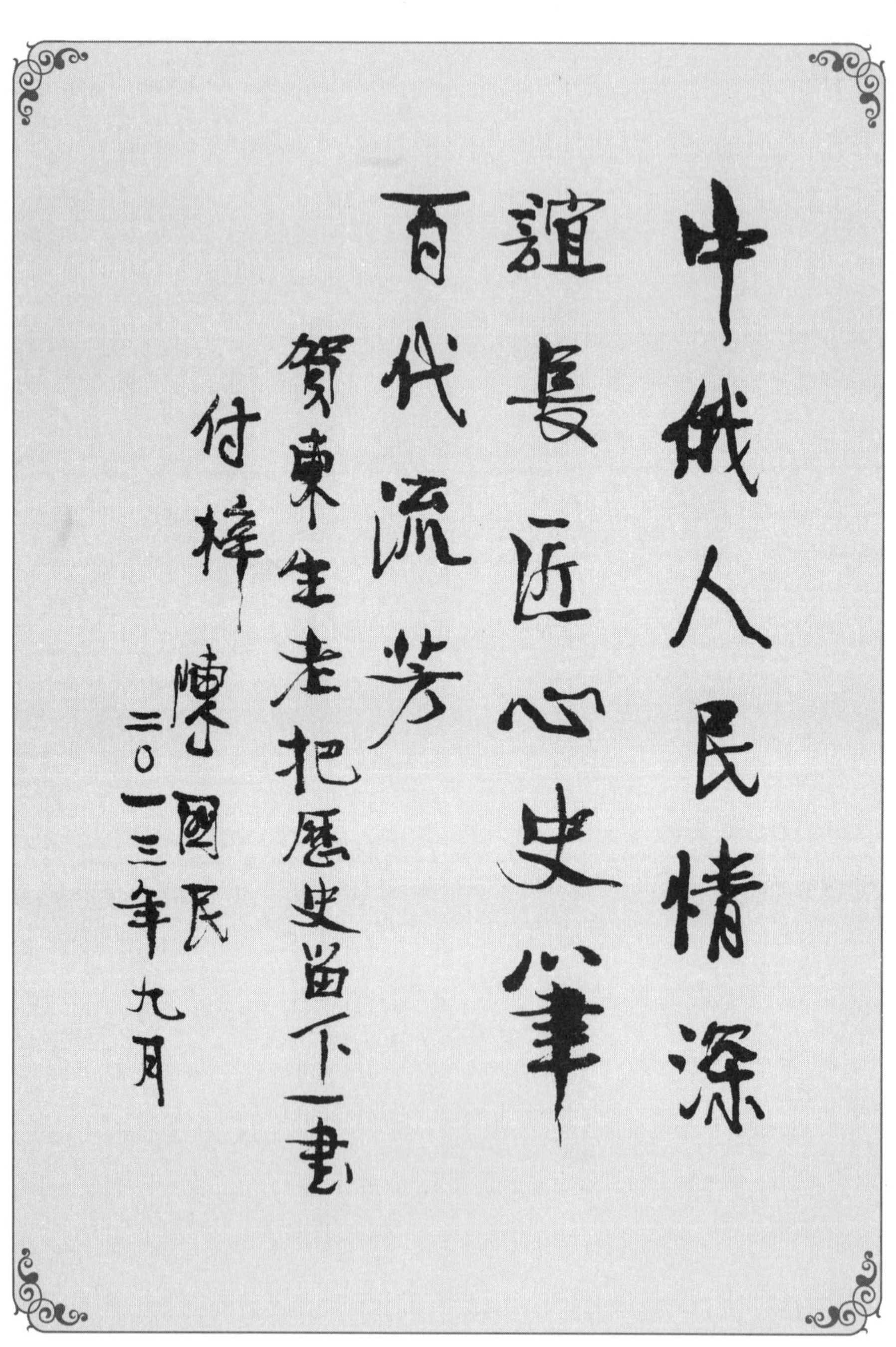

陈国民（北京百年风云文化艺术中心执行主席、中央党校中直分校原常务副校长）

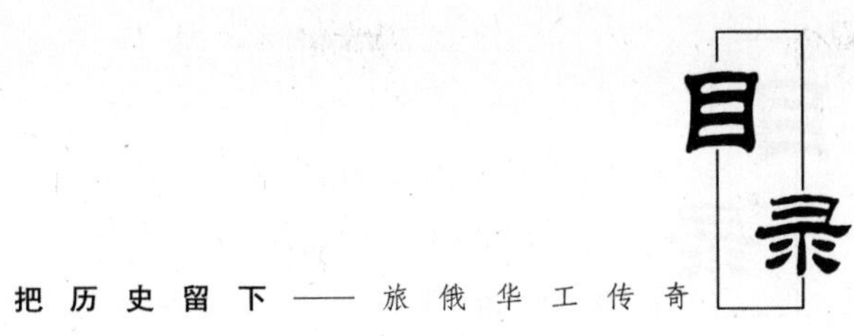

目录

把历史留下——旅俄华工传奇

通讯

电影剧本

目
录
把历史留下——旅俄华工传奇

话剧剧本

芭蕾舞剧剧本

卷首语

历史的闪光

——追忆中国人参加十月革命的采访与创作

天空，灰蒙蒙；大地，雾沉沉。桑拿天，心烦意乱。拿起笔，闭目深思，想写点什么以解闷。

突然，我的眼前闪过一道光——那是什么？是北极光，还是一团火？

不，既不是北极光，也不是一团火，而是历史的闪光。

我沉浸在回忆里，仿佛回到了过去，看见将近一百年前成千上万在北极圈里修铁路的华工，在俄国沙皇的皮鞭下，受尽了苦难与折磨；看见60年前在列宁格勒参观和采访停泊在涅瓦河上的“阿芙乐尔”巡洋舰，正是从这里响起了十月革命的炮声，而在喊着“乌啦！”攻打冬宫的英雄们中间就有中国人！

啊，中国人参加了十月革命！当年，对我来说，这完全是一个谜，因为在我去苏联之前，从来也没有听说过，更没有看到过有关的传说和记载。那么，这个谜是如何解开的呢？

1953年夏天，我们乘国际列车离开北京，经满洲里出境到了苏联——向往多年的世界上第一个社会主义国家。贴着窗户望呀，望呀，西伯利亚那一片无边无际的原野，何等的辽阔，何等的宽广，何等的亲切！七天八夜的火车，坐得人昏昏沉沉，晕车的人更是站都站不稳。到了，到了，终于到了终点站——莫斯科！我们住进了学生城——斯特罗门卡，莫斯科大学人文科学系的宿舍。西餐吃不惯，早晚还是要自己做中国饭。于是，经常要抽空到“自由市场”去买菜。离学生城两站有轨电车的路程，有一个很大的“自由市场”，里面有各种蔬菜、水果和小商品。就在这里，我忽然看见一个中国老人，长得又高又大，至今我还记得他的相貌：长方形的脸，浓密的眉毛，乌黑的大眼睛。新闻记者的敏感告诉我：奇怪！新鲜！这里怎么会有中国老人呢？我走上前，和他聊起来。他用生硬的汉语，夹着俄语单词，连带打着手势说，他是山东人，后来闯关东，到了奉天府，又到俄国做工，快40年了。

从这位山东大汉开始，在我心中留下了一个历史的谜团。我决心解开它，可又忙于学习，第一年特别艰难，根本无暇顾及。第二年，我把这件事，告诉了我的老同学宋健（在留苏预备部时我和他在一个班）。他说，他也遇到过一个中国老人，但不知道是怎么回事。1954年11月，我和宋健合作写的通讯在《中国青年报》上连载，其中第五段的小标题是：《在苏维埃土地上成长的中国人》，全文如下：

“从克里米亚回到莫斯科的列车停在哈尔科夫车站上。我们走上月台，迎面来了一个中等身材的老人。他胸前闪烁着一枚金光灿灿的‘列宁勋章’。‘啊，他是中国人！’几个人同声叫了起来。我们像久别重逢的亲人一般，拉着手，兴奋得半天说不出话来。他的眼睛湿润了……我们一会用中文，一会用俄语，交谈着。他是一个火车司机，生活在苏联已经几十年了。在社会主义精神教育下，他忘我地勤恳地劳动了30年，行车没有出一次事故，所以，苏联政府给予他最高的荣誉和奖励。他说：‘我在这里已安了家。苏联人待我像亲骨肉。’列车缓缓地开动了，车上的苏联人都向他挥手告别。有一个苏联人拉着我们的手感动地说：‘看，这是伟大的中国人民的骄傲！’我们说：‘这是我们共同的骄傲，他是中国人，也是苏联人。’很久很久，我们都为这件事激动得平静不下来，特别后悔忘了问这个中国人的名字。”

1956年，我到斯大林诺州（现在为乌克兰的顿涅茨克州）党报实习，作为记者先到州历史档案馆查阅，看这里有没有过中国工人。果然，有！我高兴极了。立即行动，查找线索去采访。1957年2月13日，《中国青年报》发表了我采写的《友谊是我们共同的生命》，这是我在国内发表的有关中国人参加十月革命的第一篇通讯。

1957 年是十月革命 40 周年，我先后又采写了四篇通讯，由新华社播发的两篇（一是《中国人参加了十月革命》，二是《俄国华工的命运》），《人民日报》发表的一篇《红鹰》，《中国工人》杂志刊登的一篇《烈士墓前》，并配有照片。

1958 年 3 月 4 日，《人民日报》又发表了我采写的通讯《国际大队》；同年，《苏中友好》杂志第 11 期刊登了我的专稿《苏中人民沿着友谊的道路前进》。此外，我用俄文在苏联报刊上发表了十几篇新闻和通讯，特别是《苏维埃俄罗斯报》刊登的长篇通讯广为传播，影响极大。可惜，这些俄文的新闻作品找不到了，而在中国报刊上发表的七篇通讯还保存至今，这是值得庆幸的。现将这七篇学生时代的习作结集发表，除了标题和个别文字上的改动外，内容都没有改变，可以说是“原汁原味”。所有的素材都是我采访所得，也就是“第一手材料”，没有借助于任何可供参考的书面资料，因为当时我对“中国人参加十月革命”一无所知。我不敢说，我是报道中国人参加十月革命的“第一人”。我想，在我之前，中外报刊和文艺作品中肯定还有过类似报道和描写，只是我不知道而已。但我敢贸然说一句，由于我和宋健 1954 年在《中国青年报》首次报道中国老人在苏联，特别是我 1957 年通过新华社、《人民日报》的集中报道，“中国人参加十月革命”这一页光辉的历史，才从“鲜为人知”变为“广为人知”。作为一个中国留学生，我可以自豪地说，主要由于我较早地发现、深入地挖掘、及时地报道了“中国人参加十月革命”这一重大的革命历史题材，我才无愧于祖国和人民的希望，获得了莫斯科大学高材生的纪念章，在通向真正的新闻工作者的征途上迈出了坚实的第一步。正因为我在苏联没有虚度年华而认真地学习、刻苦地钻研、勤奋地写作，《中国青年报》才破例地聘请我为“本报特约通讯员”，并在没有毕业之前就决定了我的命运——不再回到派出单位外文出版局工作，而到莫斯科担任《中国青年报》第一任驻苏联记者。

需要强调的是，苏联老师和同学，苏联报纸主编、主任、记者和编辑，苏联档案馆馆长、馆员和工作人员，给了我无私的帮助。说“无私”，确实如此，因为那是中苏友好的黄金时代，苏联人对我真正做到了“有求必应”、不厌其烦、慷慨解囊、主动热情，不仅不向我要一分钱，而且还提供了各种物质的便利，耗费了无数的精力和时间。年代久远，记忆模糊，仅我还能记得住的人和单位有：莫斯科大学新闻系主任胡佳科夫、副主任扎苏尔斯基，老师普利金娜、马孟托夫，同学加丽亚、玛亚、依戈尔、丽达、契金，《斯大林诺真理报》《阿尔泰真理报》《苏维埃俄罗斯报》，苏军中央档案馆、列宁格勒档案馆、阿尔泰边疆区档案馆、伊尔库茨克州档案馆、彼尔姆州档案馆、鄂木斯克州档案馆，等等，等等。可惜，我采访的笔记本全部丢了，但我留在记忆中的人和事，包括他们的相貌和当时的情景还清晰可见，而且越是回忆，越觉得恍如昨日，历历在目。可以说，没有他们的无私的帮助，我几乎是一无所获的。当然，尘封在档案库里和人们记忆中的珍贵史料还有很多很多。从 20 世纪 50 年代起，在中国和苏联，不断有人采访、写作，也有一大批老华工写了回忆录。记得，中国青年出版社的《红旗飘飘》丛书，就有一册全部是有关中国人参加十月革命的，可惜我把这本珍贵的书也给弄丢了。我手头还保存着一本 1961 年解放军文艺出版社《中国战士同志》，是苏联两位作家诺沃格鲁茨基和杜纳耶夫斯基的作品。这本 15 万字的报告文学，比较详细地介绍了旅俄华工参加十月革命的英雄事迹。值得一提的是，1958 年，这两位作家在莫斯科和我见面时，我把搜集到的素材和采访的线索毫无保留地告诉了他们。他们在作品里讲的故事和引用的档案材料，不少是我提供的。当年，他们是怎么找到我的呢？这就不能不使我回忆在《苏维埃俄罗斯报》实习的日子，特别怀念我的辅导老师苏多夫斯基。他是该报的副总编辑，矮胖而结实的身材，每天见面都和我紧紧地一握，微笑地招呼我坐在他对面，女秘书随即送上一杯热茶。他说话简单明了，办事干练果断，是我的一位好老师。那两位作家就是通过他认识我的。当时，我并不知道，他们写的是报告文学，我还以为他们要写长篇小说呢。也许，他们或其他的苏联作家已经写了，只是我不知道罢了。但据我所知，没有一位中国作家写过这种题材的长篇小说。当时没有，现在没有，我相信将来一定会有，因为这个题材属于重大的革命历史题材，是永恒的，不朽的！

从 1955 年我在顿巴斯煤矿采访了第一位参加十月革命的中国人开始，我就有了一种创作的冲动——写电影剧本！记得，1949 年 3 月随毛主席、党中央从西柏坡出发进了北京城，在香山露天广场有生以来第一次看电影，我就有了这种创作的冲动——写电影剧本！从此，我和电影结下了不解之缘。我认为，电影这门艺术太奇妙了，太感动人了！只是当时我还不知道要写什么，电影剧本又怎么写，可以说脑子里一片空白。现在，“中国人参加十月革命”——这是何等重要，何等新鲜，何等感人的题材呀！我成了有心人，凡是有关华工的材料，我都搜集、整理、挖掘，笔记本写得密密麻麻，可总感到素材太少，要采访、采访再采访！是他，《苏维埃俄罗斯报》副总编辑苏多夫斯基，第一个知道我要写电影剧本，第一个为我采访创造了最好的条件——以《苏维埃俄罗斯报》记者的身份，利用遍布在俄罗斯各州的记者站，让我随意挑选采访的地点、时间、对象，那真是从东到西，走南闯北，一路绿灯。不光吃、住、行免费，而且用俄文发表新闻、通讯，还给我可观的稿费，这对于一个穷学生来说，简直像发了大财。人们都说，“没有天上掉下的馅饼”，可在当年中苏人民亲如兄弟的时代，我不正是看到、尝到了“天上掉下的馅饼”么？我粗略地算了一下，为采访旅俄华工的事迹，我从西伯利亚、乌拉尔到北高加索，从阿尔泰到列宁格勒、北极圈，乘飞机（各种型号大大小小有七八种）、火车、汽车、拖拉机、雪橇等等，总共行程十万里，历时三百天，人物两百个。最令我难忘的是，我几次到西伯利亚采访，从炎热的夏天到寒冷的冬天，都受到了热情的接待。西伯利亚之大（有 1200 多万平方公里，而中国只有 960 万平方公里）、之富（仅贝加尔湖就积蓄了世界五分之一的淡水）、之美（壮丽的山川和动人的神话），真可谓天下第一，绝无仅有。为了采访一位老华工，我沿着他战斗的足迹，冒着摄氏零下 40 多度的严寒，乘着拖拉机，进了西伯利亚的原始森林。一只小白熊坐在我身边，望着窗外的白雪，那么的温顺、那么的可爱，使我沉醉在人、动物和自然和谐的欢乐之中，而忘记了一切。辗转万里，我终于找到了这位老华工。在白雪皑皑的大森林里，他在一堆篝火旁，一边烤火，一边向我讲述当年的情景，使我回到了十月革命以前的年代。他的姓名我忘记了，可他的音容笑貌，他苦难的人生，使我永生难忘。就是他，向我提供了几万华工在北极圈里修铁路的线索。于是，我又匆匆赶回莫斯科，再到列宁格勒，又去彼得罗扎沃茨克，本想再往北去摩尔曼斯克，因过度劳累病倒了。在彼得罗扎沃茨克——我在苏联采访华工命运的最后一站，我的收获最大，我的感受最深。

除了采访健在的老华工，最使我动心的是找到了几十张珍贵的照片。当我望着在哈尔滨招工站一群华工痛苦的表情时，我的心碎了。也正是从这一刻起，我下决心动笔创作电影剧本——《无产者》。

电影剧本怎么写？我不知道。到了苏联，电影院一上演中国电影，我就必看无疑。俄文电影呢，开始看不懂，只能猜，慢慢地，也就能看懂了。在莫斯科大学，每年考试加起来有二三十门，功课把人都“烤”焦了。为了给祖国争光，每门考试要得 5 分（最高分），我们都下了苦功夫，硬是门门都得了 5 分。一考完，我的第一件事就是泡在电影院里，有时候连饭都不吃，随身带着面包，从这家电影院跑到那家电影院，一天连着看三四场。这是我最好的休息，也是我最大的享受。想不到，我的俄语水平突飞猛进，到了可以用俄文思维、用俄文写作的地步。同时，我对电影语言——蒙太奇，也逐步熟悉起来，但仍然不会用文字来写作电影剧本。早在 1954 年，胡乔木到莫斯科治疗眼疾的时候，我就向他讲了华工参加十月革命并想写电影剧本的事，他答应回国后找一些书给我看看。果然，有人从北京给我捎来了十几本书，其中有电影剧本（包括卓别林的《大独裁者》、苏联电影《马克辛三部曲》），有夏衍论电影剧本的创作，等等。我如获至宝，贪婪地一口气看完了。直到此时，我才知道电影剧本是个什么样子，应该怎么写。从 1957 年起，除了必修的功课和必须参加的社会活动（时任中国留苏学生总会副主席兼《学习生活》主编）外，我集中一切力量埋头写剧本，一边写，一边看电影。三年级时，我们离开了学生城斯特罗门卡，搬到列宁山上，从七八个人住在一间宿舍，到一人一间的小天地，感觉到有生以来从未有过的安静与舒适。列宁山上的莫斯科大学巍巍壮观，是到莫斯科来的人必须参观游览之地。它成了苏联强大而兴旺的一种象征。世界上几十个国家成千上万名留学生慕名而来，在苏联最高学府学习被视为一种光荣和幸运。每周放映几次电影，我几乎场场都看。不管是哪个国家的，我都要看，只是中国电影数量太少，质量也不高，反映比较冷淡，而这一点也成了对我的一种激励——把剧本写好，为中国的电影事业作贡献！

剧本写出来了，改了又抄，抄了又改。当时还没有电脑，只能手抄，不知抄了多少遍，最后还请人装订成册，厚厚的一本，共103页，最后署上的日期是："1958年5月2日初稿。"最初的题目是《红鹰》，可能是沿用在《人民日报》发表的通讯（表现乌拉尔中国红鹰团的英雄事迹），后来才定名为《无产者》。毋庸讳言，《无产者》源于《共产党宣言》，因为只有"无产者"这三个字才能表明一切。主题当然非常鲜明："全世界无产者，联合起来！"

早在剧本装订成册之前，我就把初稿的草稿拿出来请人看了。首先把剧本的内容简介（约七八千字）译成俄文，由我的实习老师《苏维埃俄罗斯报》副总编苏多夫斯基给了莫斯科电影制片厂。该厂很感兴趣，找我谈了几次，但要中苏合作拍成电影，又必须经过两国政府文化部签订协议，这就复杂了，而时间也来不及，因为我很快就要毕业回国。此时，中苏正筹备合拍《风从东方来》，编剧林杉在莫斯科，我冒昧地带着本子去找他，请他批评指教。他倒是认真地看了，也专门找我谈了，提了许多宝贵的意见，可以说，他是我这个"小学生"在电影创作之路上遇到的第一位辅导老师。我也向他提供了许多素材（包括照片）、讲了老华工的命运，供他创作《风从东方来》剧本作参考。他为人谦和，热情认真，没有架子，使我感到很亲切。没想到，30年后，当我写的《巍巍昆仑》问世时，他还专门讲了一次话，写了一篇评论。当年，在莫斯科，谈到中苏合拍电影《无产者》的事，林杉建议我赶快写信给文化部，我也确实写了信，可惜后来就没有下文了。

1958年，我从莫斯科大学毕业回国，直奔《中国青年报》报到，在采访部上班。即使忙得不亦乐乎，我也没有忘记《无产者》。记得，第一件事，就是我到北京电影制片厂，巧遇转战陕北的老战友、西柏坡时代的老领导韦明，从周总理新闻秘书的岗位转到北京电影制片厂担任文学副厂长。他十分高兴，热情地接待，恳切地谈话，一次又一次。北影编辑部主任鲁勒仔细地看了剧本，又和责任编辑、编剧等几个人开会，要我参加听取意见。他们一致认为，这是一个非常好的题材，也很想把它搬上银幕，但是，剧本不成熟，需要花很大的力气修改。我已经在《中国青年报》工作，还有什么时间来修改剧本呢？

回国那年，正值“大跃进”，热火朝天，我兴奋异常，很想到农村去看看。正好，邓小平总书记率中央书记处候补书记刘澜涛、杨尚昆、胡乔木去河北，我也上了专列，先到徐水，亲眼看到“亩产十万斤”的稻子上坐着小孩，激动不已。万万想不到，这是假的，是浮夸风的典型。从河北到了山西，一天夜里，在太原郊区观看火箭发射，又是激动不已，而这倒是真的。万万没有想到，40 年后，我会投身于“两弹一星”的创作中。回北京不久，我又随中国青少年报刊代表团（团长方群、副团长朱元，团员有边春光、王惟诚、李致等）访问苏联。故地重游，我像回到了故乡，心中充满了喜悦，但我一直想着中国人参加十月革命的事，始终琢磨着如何修改《无产者》。1959 年，我从采访部转到农村部，随任景德主任“游山玩水”，先到河南七里营，后又去浙江杭州。正值新安江水电站动工，我们赶赴现场，在那里住了几天。我作为《中国青年报》“本报记者”，独立采写了第一篇通讯《雨夜火花》，受到了任景德等老前辈的赞扬。从杭州经宁波，乘船跨海到了沈家门渔港，又为《中国青年报》采写了通讯《渔民处处有亲人》，并破天荒地写了一篇评论。接着，我们乘小船到了普陀山，在庙里住了一夜，纯粹是参观游览，得到了充分的休息。回到北京，我又独自到了成都，去西昌采写了通讯《太阳当空照，彝家乐陶陶》，经重庆过三峡到了武汉。7 月，我从农村部转到国际部，意味着准备出国，要到莫斯科上任了。恰在这时，苏联青少年报刊代表团回访，我又随团到武汉，在胡耀邦接见时当翻译。这是我第一次见到耀邦同志，他给我留下了终身难忘的印象。9 月开始，准备行装出国。波兰团中央机关报派记者来华，我又陪同他去各地参观访问，并在天安门观礼台上观看国庆十周年庆典。作为回访，我代表《中国青年报》到波兰访问一个月。记得，那是隆冬季节，我乘国际列车抵达莫斯科，先到大使馆报到，又到苏联外交部办理登记手续，领到了《中国青年报》驻苏联的记者证，但我没有开始采访活动，紧接着又乘火车来到了华沙，受到了波兰团中央和新闻界的热情接待。

我的老同学李克是新华社驻波兰记者，正好回国述职，不在华沙，这对我是一个“致命”的打击。为什么说是“致命”呢？因为我在波兰病倒了——十二指肠溃疡出血，住进了医院，而身边没有一个亲人，没有一个朋友，身体垮了，精神也几乎到了崩溃的边缘。为什么会弄到如此地步呢？一句话：疲劳过度。波兰在东欧是个大国，但面积并不大，离开华沙，一直乘汽车采访，整整绕波兰一圈，睡不好，更吃不好，生活没有规律。起初只感到肚子痛，于是用从小养成的习惯——“饥饿疗法”，以为不吃或少吃就能治病，结果适得其反，越饿肚子越疼，一直熬到最后一站——波兹南，才去看医生，一检查：十二指肠溃疡！要我留下住院，这下把我吓坏了。一个月采访已近尾声，我能安心住在医院里吗？不，不行！我坚决要走，赶快完成采访任务。拿了点药离开医院，去哪儿呢？我没有回旅馆，直奔我驻波兰使馆大院，去新华社找李克，我以为他该回来了，不料他还在北京。记得，那天漫天风雪，我一个人在院子里走来走去，心情像天气一样糟透了。我为没有完成回访波兰的任务而忧虑、焦急、悔恨。回到旅馆，彻夜难眠。第二天，向王炳南大使汇报，我还是去了，详细谈了访问波兰的观感。原想在华沙多待两天，搜集第一次世界大战期间华工在波兰的材料，可惜肚子疼得厉害，身体支持不了，告别宴会一完，我就乘火车回莫斯科。

《中国青年报》驻苏联记者站只有我一个人，什么事都要亲自去办。幸好，新华社驻苏记者李楠、《人民日报》记者站戴枫，都是我的老朋友，尤其戴枫是我在莫斯科大学新闻系的同学（比我低一年级），对我照顾得无微不至。他会开车，为人忠厚、热情，成了我的引路人。办什么事，他都领着我一起去，如到外交部参加记者招待会，我始终跟着他。身体逐渐好起来，但还是不能劳累。我及时向《中国青年报》领导汇报了情况，社领导对我的健康状况很担心，要我马上回国治病疗养。1960年春夏之交，我便和戴枫一起，第四次乘国际列车从莫斯科回到北京，住进了小汤山疗养院。医生诊断我是十二指肠溃疡引发了神经官能症，只有疗养才能治好，于是生平第一次而“入静”学习做气功、打太极拳、舞剑、泡温泉浴等等，摆脱一切纷纷扰扰，平安地度过了生命的第一次危机。

正当我要再次出国上任的时候，突然接到调我去中南海工作的通知。我一下子转不过弯来，因为我事先毫无思想准备。我的理想仍然是当记者，特别是在苏联——我的第二故乡，一切都很适应、很熟悉，又熟练地掌握了俄语。当秘书，虽然并不陌生，但总归是“改行”，加之我生来喜欢“天马行空”，独来独往，自由惯了，而秘书必须“一切服从首长”的指挥，坐在办公室动弹不得，自由不得，多难受啊！尽管我思想不通，“赖”在《中国青年报》，迟迟没有去中南海，但也没有任何余地，必须服从组织决定，一切听从党的指挥。

1960 年 12 月 1 日，我在中南海正式上班，担任胡乔木秘书，而行装还在莫斯科。不久，我便进入了另一个天地——中央领导核心的神秘世界。我一头栽在文件堆里，从早到晚阅读各种各样的“绝密”文件，尤其是毛主席和外国领导人的谈话记录、中央政治局和中央书记处会议记录等等，像磁石一样吸引着我，使我到了废寝忘食的地步。当时，正值中苏两党论战越演越烈，这可能也是组织上决定我暂不赴苏而到中南海工作的原因之一，只是我并不知内情。我只听说团中央开始不同意把我调离《中国青年报》，后来中央办公厅副主任龚自荣发了火，说了一句：“中央要调个人来，就这么难！”可见，这件事由来已久。我现在回想，可能考虑到胡乔木参与中苏论战，要有一个懂俄文的秘书，加之他身体不好，要有一个生活上能照顾他的人，而我曾经当过他的秘书，对他比较熟悉，用起来得心应手吧。很快地，我便适应了秘书生活，而且越来越感到，在中央核心圈子里工作，可以知道很多重大事件的内幕，知道许多人想象不到的国内外“大人物”的“秘密”。这对一个记者和作家来说，是有绝对的好处和最大的吸引力的。也正是从这个时候开始，我慢慢地养成了战略思维习惯，比较善于从大处考虑问题，登高望远，胸怀天下，综合分析，纵览全局，从而为我后半生进行重大革命历史题材创作打下了基础，逐步形成了我追求排山倒海的大气势、大气概的风格。此外，在胡乔木身边，我不仅可以学到当记者学不到的东西，而且有各种便利的条件学习当一名好记者，并从一名好记者过渡到一名好作家。我当秘书不久，胡乔木就得了“疲劳综合症”。1961 年 8 月，毛主席致信胡乔木，要他专心养病，“从事游山玩水”，“不管时事”。这样一来，我的工作负担大为减轻，空闲的时间很多，创作的机会来了！其实，即使在波兰访问期间，我一直在想着《无产者》。锲而不舍是我的性格，认准了一件事，不干则已，一干到底，不管多么艰难、多么曲折，都动摇不了我的决心。我从箱子里拿出了在莫斯科装订成册的电影文学剧本《无产者》，拿出了在苏联各地档案馆搜集到的一百多幅照片，看了又看，想了又想；同时，又认真学习有关电影剧本的书和资料。中南海西楼周三、周六晚照例要放两场电影，再忙我也一场不拉。

准备好了，激情来了，我开始修改《无产者》，但这也只能悄悄地进行，谁也不知道我的这种“地下活动”，哈哈！1962 年，我把修改好了的《无产者》，直接送到了八一电影制片厂，没有通过任何人，纯粹是投稿，因为当时的风气就是如此，尤其我们这些知识分子，完全靠真本事，把“走后门”、“拉关系”当作可耻的行为。没有想到，我的稿子很快就受到了重视，八一厂编辑胡惠玲给我打电话，约我面谈。我第一次步入八一厂的大门，从此和它“难解难分”。“老延安”厂长陈播的热情真挚使我感动不已。在八一厂，特别是在责任编辑胡惠玲的悉心指导下，我开始学会了如何写电影剧本。剧本改了一稿又一稿，我也记不清到底改了几稿，只知道草稿一大堆，最后终于达到了可以发表的水平。《电影创作》编辑部主任方杰看了这个剧本很感兴趣，1963 年 1 月，在《电影创作》第 1 期全文发表。中国电影家协会又专门召开座谈会，由陈荒煤主持，蔡楚生、成荫等十几位专家发言（现作为附件收入本书）。我第一次认识了这么多中国电影界的权威，真感到受宠若惊。1963 年 8 月 29 日，《光明日报》用整版篇幅连载了剧本的片断，还特别加了一个《编者按》，全文如下：

> “电影文学剧本《无产者》所描写的是十月革命前夕中俄无产者团结斗争的故事，时间虽然过去了半个多世纪，今天仍然有着现实的教育意义。
>
> 第一次世界大战期间，沙皇政府勾结中国的封建买办，招募了十几万名华工，运往俄国各地去做苦工。华工们受着帝俄资本家的压迫和剥削，过着非人的生活。《无产者》描写了俄国北方的华工，

在布尔什维克党的引导下，和俄国工人团结起来，反对共同的敌人，最后参加了伟大的十月革命斗争。

从剧本中可以看到，中俄无产者用鲜血凝成的友谊，是可歌可泣的，是牢不可破的。今天，苏联领导人却亲美反华，联印反华，破坏社会主义阵营的团结，背叛了无产阶级国际主义的原则，违背了列宁的遗教。他们和当年的布尔什维克的英雄形象，形成了何等鲜明的对照！历史将会证明，任何破坏中苏人民伟大友谊的勾当，破坏全世界无产阶级革命团结的勾当，都是注定要失败的。

剧本全文较长，这里发表的是它的片断。"

《无产者》在国内外引起了轰动。这下不得了，苏联报刊连篇累牍地发表文章，攻击我"忘恩负义"，仅从《参考资料》上看就有十几家之多。八一厂决定投入拍摄，请李俊任导演。他正在拍《农奴》，马上从西藏飞回北京。全厂召开了动员大会，从上到下表决心。正当热气腾腾要上马的时候，康生不知怎么知道了，他像魔鬼一般从阴暗的角落里，发了一句话："华工的情况很复杂。"这句话，就像一根棍子打下来："暂停。"一切又归于沉寂。我被打懵了。康生是什么人？他和胡乔木来往较多，关系很好。记得，《看愚公怎样移山》要出书，我请胡乔木题写书名，他很谦虚，说字写得不好，请陈伯达写吧。陈伯达久拖不写，胡乔木又请康生写，康生欣然应允，很快就写了。单从这件事即可看出，康生对胡乔木是很尊重的，对我的名字也是知道的，可在我印象中康生始终是一个"神秘人物"。

面对如此严峻的局面，我怎么办？苦恼、烦躁、气愤……胡乔木发现我的情绪不好，问我怎么回事。我原原本本地向他作了汇报，他听后很不高兴，要我去找康生面谈。我说，他怎么会见我呢？他随即给康生的秘书李鑫打了电话，约好了时间，我去了钓鱼台。康生刚刚午睡起床，一边剥着山东小花生吃，一边眯着眼睛听我说。我慷慨激昂地讲了一个多小时，他一声不吭。我讲完了，他不回答我的问题，而是大谈毛泽东思想，从拉丁美洲的革命形势到农村包围城市，东拉西扯，漫无边际，而"华工"的事只字不提。我急了，只好拿出事先想好的最后一招：是不是先搞话剧，请中央领导花一个晚上审查，然后再谈拍电影的事？他连声说："好，好，好。"天黑了，他客气地留我与秀才们（吴冷西、胡绳、熊复、姚臻、王力等正在康生领导下写"九评"）共进晚餐。吃了饭，我匆匆赶回中南海，向胡乔木汇报。他听后一言不发，只轻轻地叹了一口气，显然，他心里也是不平的。我只好立即行动，一方面给中国青年艺术剧院写信，商谈改编话剧的事；一方面给主管文艺的中宣部副部长兼文化部副部长林默涵写信，问他《无产者》能否公开出版。很快地，青艺派王正前来，由他当责任编辑，负责和我联系，辅导我改编话剧；林默涵也电话告诉我，可以公开出版《无产者》。我先易后难，把电影剧本《无产者》加工成电影小说，使读者更容易理解，更爱看。1964 年，上海文化出版社出版了《无产者》。此时，我正和范长江一起商量创作转战陕北的电影（即《巍巍昆仑》）。他仔细看了我的《无产者》，极为赞赏和激动，当即挥毫题写了书名。

话剧，我是爱好者，写剧本却是门外汉。幸好我"干一行，爱一行"，既然要写话剧，我就得从头学起，从零开始。晚上，一有话剧演出，我就买票去看。白天，一有空闲，我就埋头看剧本。那些日子，我满脑子是话剧，连做梦也想着话剧，简直如痴如狂。我的留苏同学邓止怡是青艺的总导演，他对《无产者》情有独钟，全心投入。我一次又一次登门拜访，在他家里听他讲课。可以说，在话剧创作之路上，他是我的第一位老师，而王正就是我的第一位辅导老师，是他们两位手把手地教我如何写话剧的。邓止怡不厌其烦，再忙也是有求必应，剧本看了一遍又一遍，即使出差到了沈阳，我和王正也跟着他。剧本出来了，老师打了"及格"分，下一步怎么走？青艺院长吴雪决定，由我当众朗读剧本。我像士兵开赴战场一样，做好了一切准备，整装出发了。大礼堂，静静悄悄，鸦雀无声，听众被我的声音所吸引，掌声一阵接一阵。离开大礼堂，我声音嘶哑，几乎说不出话来。据说，我走后，吴雪立即把大腿一拍："上！"青艺全体总动员，要上这部戏。可是，康生的"华工情况很复杂"这句话，像"紧箍咒"一般，使人动弹不得。"青艺"请示文化部，这个戏能不能上？文化部又请示中宣部，最后的结果还是："暂停！"这一停，停了 40 年！啊，这个倒霉的《无产者》，关在不见天日的地牢里，受着炼狱的煎熬与磨难，呼天唤地，欲哭无泪。有人说，幸好“青艺”没有排这个戏，否则“文革”中吴雪、邓止怡还不又加上一条“苏修特务”的罪名么？我倒不在乎，“文革”没有触动我的“苏修”神经，因为我是“反修”的呀！否则，“苏修”十几家报纸为什么要骂我呢？

“四人帮”粉碎了，我欢欣鼓舞，跃跃欲试，要把《无产者》从地狱里救出来。1988 年，我把《无产者》剧本从箱子里翻出来，在导演指导下，日夜修改，精心加工，请江苏人民艺术剧院排练。1989 年，初春三月，《无产者》改名为《路，洒满鲜血》，在南京首演，除由中宣部常务副部长王维澄主持的全国思想政治工作研究会年会参加者观看了演出，我又特地邀请北京 12 个单位的 14 位专家专程去南京看戏。他们不仅看了戏，而且还连续两天举行座谈会，座谈会的记录找不到了，但发言人的名单还保存至今：

3 月 30 日座谈会名单

1. 王正（中国剧协） 2. 王石（中国青年报） 3. 刘祖禹（中宣部） 4. 金栋贤（八一电影制片厂） 5. 张辉（江苏省文化厅）

3 月 31 日座谈会名单

1. 王禹时（全国政协） 2. 梁光弟（中宣部） 3. 李庆臣（文化部） 4. 方祖安（外交部） 5. 吴云琪（中国社会科学院） 6. 王亚瑾（中南政法学院） 7. 赵棣生（新华社） 8. 孙振（全国摄影家协会） 9. 郭建光（文化部） 10. 王郑生（中宣部）

大家对该剧进行了热烈的讨论，一致认为这是一台好戏，必须到北京正式公演。据悉，戈尔巴乔夫 5 月访华，经文化部艺术局（局长方杰就是当年《电影创作》编辑部主任，对《无产者》当然非常了解）批准，江苏人艺准备赴京演出。经费怎么办？当时，市场经济的车轮已经开始运转。我的留苏老同学戴顺智（扬子石化创办人）时任南京市市长，靠他帮忙找了企业，筹集到十万元。这真是“雪中送炭”啊！有了这笔钱，江苏人艺才敢于承担重任。南京方面，人们整装待发；北京方面，连剧场（民族文化宫礼堂）都已预定好了。万事俱备，只欠“东风”。偏偏在这个时候，祸从天降，“风波”骤起，天安门广场人山人海，南京人来不了，演出“暂停”。这一停，又停了18年！戈尔巴乔夫访华结束，苏联解体，东欧剧变，十月革命成了“问题”，列宁也成了“问题”，《无产者》呢，自然也成了“问题”，打进“十八层地狱”，“永世不得翻身”了。

不过，且慢，“十月革命”是历史事实，它的伟大意义不容否认。

俄国十月革命的胜利，是人类历史上一个划时代的事件，极大地改变了20世纪世界历史的进程……极大地鼓舞了中国人民和中国的先进知识分子。……对中国革命产生了巨大的影响。[①]

即使在今天的俄罗斯，“……经过十多年的整合和反思，现在俄罗斯的史学已经基本步入正轨、继承和发展了，大多数学者对十月革命的评价已经渐趋客观。他们普遍认为十月革命不是俄国历史发展的偶然现象，列宁是伟大的革命家和战略家。”[②]

十月革命和列宁已永载史册。时间越久远，其影响和意义看得越清楚，越显得光辉而伟大。毛泽东早就指出：“十月革命一声炮响，给我们送来了马克思列宁主义。”正是依靠马克思列宁主义，我们党九十多年来才能率领全国人民克服重重困难从胜利走向胜利！那么，《无产者》所歌颂的中俄人民的伟大友谊难道会过时吗？不，没有过时，永远也不会过时！

睁开眼，炎热的桑拿天，已经过去。秋高气爽，蓝天白云，一切又归于宁静。眼前的那道光没有了。可是，当夜深人静时，我躺在床上辗转反侧，久久无法入睡。啊，那道光又在我脑海里出现了。这是什么光？是北极光！它七彩缤纷，赤橙黄绿青蓝紫，交相辉映；它变幻多姿，有条状、带状、伞状、扇状、片状、葫芦状、梭状、圆柱状、球状

---

① 参见中共中央党史研究室：《中国共产党历史》第1卷，中共党史出版社2002年版，第36—37页。

② 饶彬彬、王德禄、毕维伟：《俄罗斯人还念着十月革命》，《世界新闻报》2006年8月21日。

等等；它神奇莫测，是太阳能流与地球磁场碰撞产生的放电现象，一束束电子光河，在离地球 60 英里的天空，释放出一百万兆瓦的光芒……啊，多么美丽，多么壮观！无法用语言来形容，因为任何语言在它面前都显得苍白无力。科学家森迪把北极光现象称为“欧若”——古罗马神话里代表“黎明”的女神。如果把人类最崇高的理想——共产主义，比作是一轮红日，那么，无产者发动的“巴黎公社”和“十月革命”，能不能看作是红日初升前的“黎明”呢？北极光的出现，只有在严寒和夏日的黑夜，才显得如此的壮丽。可以想象，在几千年的人类社会中，象征着“黎明”的新的“十月革命”，会不会出现呢？在她没有出现之前，那就暂且把已经成为过去的“十月革命”，看作是历史的闪光吧。

天空，灰蒙蒙；大地，雾沉沉。我放下笔，闭目深思，从过去走向未来，仿佛进入了神话世界。突然，北风呼号，大雪飘飘。我的眼前又出现了那道光——北极光！正是 60 年前我在北极圈里采访时看到的北极光！我沉浸在深深的回忆之中，想着那些修铁路的华工，想着中国和俄国的无产者，想着“十月革命”，想着列宁……我的思路被激情淹没了，我的热血沸腾起来了。我在心里默默呼唤着，全世界一代又一代，跨世纪、跨千年的兄弟姊妹们，请你们记住并相信——

冬天到了，春天还会远吗？
乌云挡不住，“黎明”女神就要来到。
奋斗吧，鲜红的太阳必将照遍全球！

（2006 年 8—9 月，北京）

序一 悬理与真理①

宋 𥫗

20 世纪是人类史上天翻地覆的伟大时代。两次世界大战，激烈的革命，社会主义兴起，殖民主义灭亡；科学跃进，技术腾飞，生产力大发展。凡从那走过来的人，都有说不尽的激扬悲壮。

科技如江河奔腾，一泻千里。人类掌握了飞翔、潜海，征服着太空，遍探太阳系；驾驭原子能，生产消费实现电气化、信息化、智能化；解开生命之谜，创造新物种，改造农牧，战胜瘟疫，人类得普享古稀天年，生命如歌。

一战衍发了十月革命，诞生了第一个社会主义国家。二战埋葬了法西斯，民族解放席卷全球，104 个殖民地国家独立。延续了 400 多年的殖民主义体系彻底崩溃。

中国推翻了帝制，肇始共和，新中国诞生。抗美援朝，不再受外辱。科教兴国，经济腾飞，控制人口，不再挨饿。改革开放，工业化夙梦成真，现代化指日可待，挤进了世林，赢得了尊严。

人生暂短，万世一瞬，沧海一滴。生逢这伟大时代，千祺万幸，今生之福也。自忖，祖代四人，曾祖八位，偶合育后，缺一无我。“因缘合，诸法生”（《俱舍论·卷六》），释家的前世因缘说，实不全非。

求达公理是人类理性夙求，“朝闻道，夕死可矣”（《论语·里仁》）。“吾爱吾师，吾更爱真理”（亚里士多德）。“我们为探求真理而生”（蒙

① 作者宋健（笔名宋𥫗），原国务委员、国家科委主任、全国政协副主席。《悬理与真理》一文曾在 2012 年《中国社会科学报》连载，现全文发表作为本书序一。

田）。“吾为爱真理之故，不敢有所逡巡嗫嚅以迎附此社会……人生最高之理想，在求达于真理”（李大钊）。“对真理的知识的追求并为之奋斗，是人类最高的品质之一”（爱因斯坦）。“为求真理，常将一切置之度外”（巴金）。先贤英烈都刻骨铭心。

20 世纪，世人奋起，舍生取义，为公理而战，牺牲两亿人。[①] 扫荡邪恶，提升理性，岁月如潮。

然而，新世纪世事并未大善，邪恶尚在横行，天下仍充满不平。20 世纪还留下许多谜团和悬念，令亲历者迷茫，史学家踌躇，科学界无奈，哲学家瞠目。余累于些凡 40 年，常不识道之所在，痛心疾首，致患忧郁。今近耄耋，仍求教于贤达，寻觅于科哲，祈有所悟，朝闻而夕走。爰记下所履，偶得一隙之明，奉诸时贤后达哂忖。

真理流迁

忆昔日，每逢科学突破，事业成功，或圣战胜利，顿觉公理澄澈，真理在握，夙求成真，不尽愉悦。然而数十年后再看今日之世界，强权肆虐，恐怖盛行，公理糟改，波谲云诡，是非颠倒。讵料，过去公认为真理的科学定律也在不断改变，每令科学界惶悚。哲人有云，真理是一个历史过程，百年太短，或许过程未完，轮回未了。或说，道无至正，理无至善，改变即进步，辩证法使然。下列数案是 20 世纪对吾辈震撼最大事件，粗粒解说未足释疑。

1543 年，哥白尼出版《天体运行论》，日心说推翻了地心说。天文观测证实，地球以每秒 30 公里绕太阳转，日心说遂成绝对真理凡 400 年。然 20 世纪天文观测又发现，太阳率其行星家庭族每秒 250 公里速度绕银心旋转，每 2.5 亿年运行一周，谓之银年。银心说置换了日心

---

① 参见 R. S. McNamara and J. G. Blight，*Wilsons's Ghoslt*：*Reducing the Risk of Conflict*，*Killing*，*and Catastrophe in the 21st Century*，New York；Public Affairs，2001.

说，使后者称为隘理。[①②③]

牛顿力学主宰了现代科学300多年，被誉为“上帝的定律”，“普遍的绝对真理”，“物理科学、精神科学和政治科学都可以建立在牛顿力学基础之上”。[④] 20世纪牛顿力学的绝对时空被爱因斯坦的相对论所“推翻”（1905）。相对论断言，世界上不存在绝对的标准时空，任何物质的形状、时间、度量、运动速度都是相对的，因人所处的地位（坐标系）而异。尽管爱因斯坦关于任何物体的速度都不可能超过光速（30万公里/秒）的推论使向往太外的宇航学家感到沮丧，相对论已成为20世纪物理学的主流。[⑤] 20世纪初，大量实验又证明牛顿力学不适用于描述分子、原子、亚原子等微观粒子的运动规律，被1889—1927年期间创立的量子力学取而代之。庶乎牛顿力学在低速宏观运动中依然近似有效，就从普适绝对真理变成了狭理。

出版于公元前300年的欧几里德几何学，两千多年来一直被认为是科学理性思维的典范，至今是世界各国的标准教本。它从19个定义、5条公设和5条公理出发，演绎出465个定理，对现代数学、技术科学和哲学的发展，产生了根本性的影响。[⑥] 19世纪的数学家，俄国的罗巴切夫斯基（1792—1856），匈牙利的波尔约（1802—1860）发现，《几何原本》中关于直线可无限延长和平行线的公设，是不可能被证明的假说。他们创立了非欧几何，适用于地球表面的大地测量和其他弯曲空间。20年后，德国数学家黎曼（1826—1866）又创立曲面微分几何（1850），这成为广义相对论的数学基础。爱因斯坦把时间和空间统一起来，断言含有质量和能量的时空是弯曲的。与欧氏几何大异者有，任意三角形内

---

① 参见胡中为、萧耐园：《天文学教程》（上册），北京：高等教育出版社，2003年。

② 参见朱慈盛：《天文学教程》（下册），北京：高等教育出版社，2003年。

③ 参见 N. F. Comins，*Discovering the Essential Universe*：*From the Stars to the Planels*，New York：W. H. Freeman and Co. 2003.

④ 详见圣西门：《论万有引力》、《圣西门选集》卷1卷，王燕生、徐仲年、徐基恩等译，董果良校，北京：商务印书馆，1979年，第87－140页

⑤ 参见爱因斯坦：《引力的场方程》，《爱因斯坦选集》第二卷，范岱年、赵忠立、许良英译，北京：商务印书馆，1983年。

⑥ 欧几里德：《几何原本》燕晓东编译，北京：人民日报出版社，2005年。

角之和可能大于（球面空间）或小于（双曲空间）180 度。非欧几何把欧氏几何的适用范围压缩到“无穷小的区域”，使之成为名符其实的隘理。①②

曾长期被认定为绝对真理的守恒定律今已大变。20 世纪以前，质量守恒是“无可辩驳的、绝对牢固的、不可动摇的公理”，“在任何时候，任何地方，对任何人都是自明的，从未有人认真怀疑过”。③ 数种物质相互作用（物理的或化学的）前后总质量必守恒。20 世纪初原子物理实验发现质量可转化成能量，如原子弹、氢弹爆炸和反应堆中核反应。粒子物理实验中的“双生现象”证实：一个质量为零的高能光子能转变成一对有质量的带电荷的粒子。④ 于是，质量守恒变为质能守恒。

比利时天文学家勒梅特（1894—1966）于 1927—1932 年提出一个惊人的假说：宇宙中物质都发源于一次温度极高、能量密度极大的火球大爆炸。20 年后美籍俄裔科学家伽莫夫（G. Gamow，1904—1968）杜造了“大爆炸宇宙学”一词。1960 年代英国数学物理天文学家（R. Penrose，S. Hawking，G. Ellis，J. Wheeler，etal.）从广义相对论出发证明宇宙引力坍缩或大爆炸开始时，时空中必存在奇点，由一个闭蔽曲面（closed trapped surface）所包围，那就是宇宙初始边界，时空从这里开始。⑤ 按天文观测数据推算，大爆炸发生于 137 亿年前，初温高达 10^{10}K，膨胀冷却 3 分钟后能量转变为核子（质子、中子），1 万—30 万年后形成轻原子物质（氢、氦），10 亿年后聚集成恒星，30 亿年

① 详见《非欧几里得几何学》，《中国大百科全书（数学卷）》，北京：中国大百科全书出版社，1988 年，第 195—198 页。

② 参见张文彦、支继军、张继光主编：《自然科学大事典》，北京：科技文献出版社，1992 年

③ 参见叔本华：《充足理由律的四重根》，陈晓希译，洪汉鼎校，北京：商务印书馆，1996 年。

④ 参见 Y，Ne'eman and Yoram Kirsh. *The Particle Hunters*，Cambridge：Cambridge University Press，1996.

⑤ 参见 P. J. E. Peeble，L A. Page. Jr and R. B. Partridge，*Finding the Big Bang*，Cambridge：cambridge University Press，2009.

后形成星系，再100亿年演化成今日的宇宙，才有了地球和人类。[①②③]这个“狂想”居然和天文观测（星系分布、宇宙膨胀、宇宙微波背景辐射），原子物理和高能粒子物理实验基本相洽。本为谑笑狂想的“大爆炸”一词竟成正名，被科学界主流誉为“近代宇宙学标准模型”。若问：火球何来？答曰：真空中冒出来的；或戏曰：“上帝不喜欢这种笨问题”。质量、能量守恒的公理终于演变成“无中生有”（ex nihilo）。尽管有人极不情愿接受大爆炸假说，[④⑤⑥]但“多数人的意见即真理”的信念仍主导文化、政治和科学界。[⑦⑧⑨]哲学箴言“真理常在少数人手里”，被判为少数人的歧见。[⑩]

公理、定律流迁在其他科学领域也不断发生。魏格纳（A. Wegener，1880—1930）的大陆板块漂移说改变了地壳铁板一块的公理。[⑪]生物学中，拉马克（Lamarek J. B. 1744—1829）的后天获得性状能遗传的理论仍在争论之中，有证据表明至少在免疫系统中成立。[⑫]新科学发

---

① 参见 Y. Ne'eman and Yoram Kirsh. *The Partiele Hurrers*. Canbridge: Cambridge University Press，1996.

② 参见 P. J. E. Peeble，L A. Page Jr and R B. Partnide，*Finding the Big Bang* Cambridge：Cambridge University Press. 2009.

③ 参见史蒂文·温伯格：《最初三分钟——宇宙起源的现代观点》，冼鼎钧译，北京：科学出版社，1981年。

④ 详见 E. J. Lemer，*The Big Bang Netuer Happened*，New York：Vintage Books Random House Inc，1992.

⑤ 详见 J. Hoffman，“Q&A：Impossible Thoughts”，*Nature*，vol，468，2010，p 1039

⑥ 详见 E. Bianchi，Carlo Kovelli，and Rocky Bolb，“Is Dark Energy Really a Mystery?” *Nature*，vol 466，2010，pp 321—322.

⑦ 牛津字典对真理的定义中有：多数人信仰的即真理。参见张柏然主译编：《牛津英汉双解字典》，上海：上海译文出版社，2011年。

⑧ 参见李瑞环：《牢记大多数》，《人民政协报》2010年4月23日，第2版。

⑨ 参见王锡伟：《真理新论》，北京，人民出版社，2009年。作者主张多数人的意见即衡量真理的标准。

⑩ 参见沈致远：《一个亮点，通篇伏笔——评霍金新书〈伟大的设计〉》，《科学》2011年第1期。

⑪ 参见张文彦、支继军、张继光主编：《自然科学大事典》，北京：科技文献出版社，1992年

⑫ 参见罗伯特·库恩：《走进真实——科学的意义与未来》，上海：上海人民出版社，2006年。美国诺贝尔奖得主生物学家 D. Raltimore 坚持认为，拉马克的获得性状可以遗传的理论至少在免疫系统成立。

现迫使科学公理、定律不断改变的事不遑枚举，插科《忆秦娥》聊示斯情：

辨公理，先贤穷经皓发。
卫公理，义士殉道，英烈血洒。
讵料公理嬗变，定律囿阈，至理在杳涯。
阴能暗物，大爆炸，玄论难察。①

社会科学使命在研究人类社会，生产、生活、科学、文化是它的基态。战争和革命使社会迅速变化，20 世纪留下的悬念最多。

两次世界大战，空前惨烈。卷入一战（1914—1918）者 33 国，参战军队 6500 万，战死 850 万，伤 2100 万。欧人痛心疾首，召开巴黎和会（1919），盟誓不再相戮。仅 20 年后，二战又起（1937—1945），参与国增至 66 个，参战军队 7260 万，战死 1680 万，伤残 2100 万。

两次大战祸首，都是科技和哲学“保持着时代高度”的发达国家。常云科学是理性的杏坛，技术是智慧的硕果，哲学是真理的渊薮。然而，那里有科学、哲学而无正义，有强权而没有公理，邪恶成魁，人性丧尽，罪恶滔天。②③ 二战后，朝战、越战、伊拉克战争、阿富汗战争、利比亚战争，侵凌不断，“八国联军”源头依旧。是科哲孱弱，义不压邪，抑或文明堕落，人性返祖，势强必霸？④

1949 年新中国诞生，人们浩气正炽，青年壮志初展，百业肇端。

---

① 20 世纪末，天文学观察太阳绕银心运行轨道，轨道以内能看到的物质只占应有总量的 10%左右，90%的物质不知为何物，称为暗物质。又根据对超新星的观测和宇宙微波背景辐射的精密测量断定，宇宙在不断膨胀，故宇宙中可能存在阴能量。细算结果表明，可见物质只占总物质的 4.56%，阴能量占总能的 72.8%，与牛顿引力相反，阴能量相互作用是斥力，是宇宙膨胀的动原。暗物质、阴能量究为何物，至今不明。参见 Adrian Cho 的综述，Science，vol 330，2010，p1615.

② 参见 R. S. McNamara and J. C. Blight. *Wilsons's Chost*：*Reducing the Risk of Conflict*，*Killing*，*and Catastrophe in the 21st Century* New York：Public Affairs，2001.

③ 参见孙中山：《三民主义》，《孙中山全集》第 9 卷，北京：中华书局，1986 年。

④ 参见 Nicholas Wade. *Before the Damn－Recovering the Lost History of our Ancestors*，New York：Penguin Press. 2006.

然而，“反右”大转向，伤害了50万精英。“大跃进”，天灾人祸，牺牲千万，接棒“文革”，醉乱20年，以天崩地坼，巨人尽逝，精英悴老，桂销铜枯而告终。是左患，右滥？狭理抑玄理？真理或谬误？①

对吾等震撼最烈的是“九一三事件”。到1971年，“文革”迷茫已5年，“斗批改”，“学习班”，劳动改造等都难得转变。唯“大树特树”收效不菲。十年大树，九大（1969）副帅、亲密战友、接班人，常人已习非成是，嵌入章典，无需再转。

1971年10月忽闻“折戟沉沙”，顿觉头晕眼花，满头雾水，久久不敢悟其所闻。稍后，“决议”、传达、报导，史料如潮，都曰详实可信。② 然而，“真理”变化如此之快之陡，二年之中180度大转向，与科学理性相左，与逻辑相悖，顿觉公理前提和信念基础坍塌。夫法理已备，接班主事，顺理成章，何需沉沙。暮年野心？妻儿胁迫？是必然中的偶然，偶然中的必然？逻辑背反，盍辩何证？

苏联垮台是对社会科学公理体系的严峻挑战。十月革命建立社会主义，30年完成工业化，40年攀上科学顶峰，建奇功于二战，立世界之一极，成全球灯塔。70年后，石破天惊，东欧翻版，苏联解体，塔灯泯灭，图腾坍塌。革命家伤神，老兵啼血，学者逡巡，夙冤猖嚣。十年祭，廿年奠，诠释如涌。情报局诡计？阶级复辟？钢人独裁，专政异化？改革失控？自毁抑他杀？是非迄无定论。③④⑤⑥⑦⑧ 20年后，邻哲从忧懼中醒来，着手改换前提，重构公理体系，归纳新命题，演绎新原

---

① 参见中共中央党史研究室编著：《中国共产党历史》第二卷（1949—1978），下册，北京：中共党史出版社，2010年。

② 同①。

③ 参见德米特里·格奥尔吉耶维奇·诺维科夫：《反思苏联解体，展望复兴未来》，《中国社会科学报》2011年6月16日，第6版。

④ 参见陆南泉等主编《苏联真相——101个问题思考》北京：新华出版社，2010年。

⑤ 参见思源：《苏联亡国的原因》，《炎黄春秋》2007年第10期。

⑥ 参见沃尔科戈诺夫：《胜利与悲剧——斯大林的政治肖像》，苏群译，赫崇骥校，北京：新华出版社，1989年。

⑦ 参见雅科夫列夫：《一杯苦酒——俄罗斯的布尔什维主义和改革运动》，徐葵、张达楠、王器、徐志文译，北京：新华出版社，1999年。

⑧ 参见周有光：《朝闻道集》，北京：世界图书出版公司，2011年。书中认为，苏联解体是自杀——安乐死。

理，以求灾后重建，重整山河。是生存的必须或历史的无奈？随波逐流抑护泥蓄芳？待考。

均贫富，等贵贱，兼爱互利（墨子），“大同之世，天下为公，无有阶级，一切平等”（康有为《大同书》）是古今仁人和穷人的理想世界。体现高度平等的空想社会主义曾是现代社会诸学科的伦理源头，有300多年的历史和实验。美国贝赛尔（Conrad Beissel）的宗教共产新村，法国摩莱里（Morelly）平均分配，衣食相同的公有制，[①] 英国欧文（Robert Owen）的拉纳克苏格兰工业新村（New Lanark，Scotch Village），法国傅立叶（F. M. C. Fourier）的法朗吉（Phalange），路易·勃朗（Louis Blanc）的集体化，蒲鲁东（P. J. Praudhon）的无政府大锅饭，太平天国的“公产主义”，[②] 苏联的集体农庄（1930—1990），中国的人民公社（1959—1978），红色高棉的全民供给制和废除货币（1975—1980）等，都曾兴旺一时，终因成员逸散，饥荒危机或政治变动而消亡。[③] 邓公倡导改革开放以后，中国取消人民公社，解散生产队，废止大锅饭，先富带后富，很快摆脱了贫困，经济高速发展，工业化进程加快。实践表明，以公有制为主体的社会主义市场经济是当前国际形势下能走得通的富民强国路。然而，曾相信过大集体、大锅饭是社会主义基础阵地的人们，[④] 为社会主义奋斗终生的革命家，情系首阳的先贤，梦寐以求真理的科学界，都伫盼着科学解释，为何“只有在集体中个人才能获得自由和全面发展”的原理，[⑤] 20世纪却变成“死症”？[⑥] 人性欤？时愆欤？社会科学若夫失察初原而逡巡嗫嚅，全无亮

① 参见罗森塔尔·尤金编：《简明哲学辞典》，北京：三联书店，1973年。

② 参见胡绳：《从鸦片战争到五四运动》，《胡绳全书》第6卷，北京：人民出版社，1998年。

③ 参见王爱飞：《波尔布特》，北京：中国文史出版社，1997年。

④ 参见逄先知、金冲及主编：《毛泽东传（1883—1976）》（上册），北京：中央文献出版社，2004年。

⑤ 参见马克思、恩格斯：《费尔巴哈》，《马克思恩格斯选集》第1卷，北京：人民出版社，1972年。

⑥ 转引自杨献珍：《尊重辩证法》，《我的哲学“罪案”》，北京：人民出版社，1981年，第167页。文中引用胡耀邦同志在辽宁海城调研时说，统得太多，管得太死的集体经济是害了一种“死症”。

度，必成留欠后人的债务。

社会是复杂的巨系统。社会科学研究对象常处于矛盾、冲突和变化之中，受政治形势影响极大。看来，20 世纪社会科学的各种理论，如社会学、经济学等学科的知识都是有限的，不足以完全描述这个复杂而多变的社会。唯物史观阐明了 20 世纪前的人类社会，眺望未来，把社会主义留给了后人。经过 100 多年的革命、论战、成功和曲折，仍未认清什么是社会主义。①

胡耀邦（1915—1989）晚年在一首《寄调渔家傲（1988）》的谐词中诉说了求达真理的艰难：②

> 科学真理真难求，你添醋来我加油，论战也带核弹头。
> 核弹头，你算学术第几流？
> 是非面前争自由，你骑马来我牵牛，酸甜苦涩任去留。
> 任去留，浊酒一杯信天游。

胡耀邦新历了路岐险隘的苦涩之后，仍怀着“青松寒不落，碧海阔逾澄”的信念，走完一位革命家和受人尊敬的浏阳仁人的一生。

黑格尔曾说，哲学是真理的王国，是一切科学和真理的中心。一位德国诗人诺瓦利斯（No－valis，1772—1801）说，哲学能带给我们上帝、自由和不朽。德国是古典和当代哲学的故乡，康德、黑格尔、叔本华、尼采、马克思、恩格斯等都是德国人！凡科学尚未认识的真理，无力解释的谜团，或许哲学能给人以指示，让你明白。哲学是望远镜，视野大于科学，远于科学。那里是真理的渊薮，可能蕴藏着你急需的咨询。于是我转而求教于哲学。

---

① 参见邓小平：《结束过去，开辟未来——1989 年 5 月 16 日会见戈尔巴乔夫谈话》，《邓小平文选》第 3 卷，北京：人民出版社，1993 年。

② 参见于光远：《胡耀邦赠我的一首词》，《百年潮》1999 年第 4 期。

狭理和时理

20 世纪初，中国很多学者不喜欢哲学。遗而不老的近代学者王静安（1877—1927）就不堪累于谬误伟大的形而上学，可爱者不可信，可信者又不可爱或不能爱。[①] 庄子的是非论："彼亦一是非，此亦一是非；彼出于是，是也因彼，是亦一无穷，非亦一无穷"（《齐物论》），苟释为"是非罔辩"，胡适斥之为反动。[②] 奇哲尼采（1844—1900）不惑之年后狂言、玄说不断，雷电超人，恶就是善、真理即谬误等，令人厌恶。[③④] 英国语言哲学家拉姆塞（F. P. Ramsey，1903—1930）和艾耶尔（A. J. Ayer，1910—1989）等提出"真理多余论"："真的、假的这些词不具有任何内容，它们是多余的，完全可以删去"，"甚至真理也是不必要的概念"。[⑤] 这类夸张晦惛，使委身于实证求真理的科学家们感到屈辱和愤懑。曾任复旦大学校长的行为学家郭任远曾愤斥这类哲学是科学的敌人。[⑥]

二战后，世风大变，科学界主流逐步汇聚于辩证唯物论和唯物史观。辩证唯物论，稳立于唯物基石，排除唯心谬误，接受古典辩证法精华，克服机械唯物论缺陷，与近代科学技术新成就密洽，故被视为现代科学世界观和方法论最客观的全面陈述，成为世界各国科技活动争相遵守的潜规范。逡于时势者，常守而不布，或另撰新名，异称而同归。

牛顿（1642—1727）以后，科学技术突飞猛进，惊人成就目不暇接，以大自然、科技、社会为对象的科学哲学逐步成为现代哲学的主要组份。英国物理学家霍金近谑言："（经典）哲学已死，瞠乎科学之后使

---

① 参见王国维《自序二》，甘春松等选编：《王国维学术经典集》（上册），南昌：江西人民出版社，1997 年。

② 参见胡适：《中国哲学史大纲》北京：东方出版社，2003 年。

③ 参见尼采：《尼采生存哲学》，杨恒达等译，北京：九州出版社，2003 年。

④ 参见海德格尔：《尼采》（上册），孙周兴译，北京：商务印书馆，2008 年。

⑤ 参见金炳华等编：《哲学大辞典》（下册），"真理多余论"词条，上海：上海辞书出版社，2007 年。

⑥ 参见郭任远：《行为学的基础》，北京：商务印书馆，1927 年。

然”，意似在兹。[①②] 科学哲学托始于与希腊（亚里士多德，前 384—前 332），横渡中世纪的自然科学，崛起于文艺复兴之后（培根，1561—1626），繁荣于 19—20 世纪。今学派林立，名目繁多，范畴不同，方法各异，然基本概念多渐近于辩证唯物论，从不同角度丰富了科学哲学的内涵。

科学哲学分为本体论（Ontology）和认识论（Epistemology），前者认定世界和宇宙包括人类在内，都是客观存在；后者视思想为客观世界在头脑中的反映和推理，是第二性的。除唯心论和怀疑论外，哲学各派都认为世界是可知的。“凡以知，人之性也；可以知，物之理也；以可知人之性，求可知物之理，而无所疑止之，则没世穷年不能遍也。”（《荀子·解蔽》）爱因斯坦的归纳在科学界已成为公识：“我们对客观世界的感觉是真实的，但那是间接的，我们所获得的事实和概念，可能永远不是最后的，而是一步一步接近真理。”[③] 现代物理学家简述为：“世界有秩可循，人们能够理解，实验可以检验，语言和数学可以部分表达。”[④]

时空有序，物有形迹，事有原委，真理可寻，是非可辨。这是 300 多年来科学界积益而成的基本理念。由莱布尼兹（G. W. Leibniz，1646—1716）提出，经沃尔夫（Christian Wolff，1670—1754）和叔本化（Arthur Schopenhauer，1788—1860）诠成的“充足理由律”，至今是科学推理的逻辑圭臬，可化意为：存在必享有时空，变化必循因果，行为必有动机，前提应该真实，推论合乎逻辑。[⑤⑥] 存在为实，因果相

---

① 参见沈致远：《一个亮点，通篇伏笔——评霍金新书〈伟大的设计〉》《科学》2011 年第 1 期。

② 参见 Stephen Hawking and Leonard Mlodinow, *The Grand Design*, New York: Bantam Books, 2010.

③ 参见 A. Einstein, *Ideas and Opinions*, New York: Crown Publisher, 1954.

④ 参见 C. H. Townes, *Making Waves*, Woodbury: Amencan Institute of Physics Press, 1995.

⑤ 参见叔本华：《充足理由律的四重根》、陈晓希译，洪汉鼎校，北京：商务印书馆，1996 年。

⑥ 参见叔本华：《作为意志和表象的世界》，石冲白译，杨之一校，北京：商务印书馆，2009 年。

嬗，是科学哲学的前提公设。逻辑学关于思维形式规律和求达真理的科学规则。17世纪以后，数理逻辑的出现和发展（莱比尼兹、弗雷格、罗素等），用严密的数学演算取代了古典逻辑的修词雄辩。通过名词定义标准化，谓词运算规范化，实现了命题演算程式化、机械化和实用化。新的逻辑系统如非经典逻辑、模态逻辑，模糊逻辑等还可以处理带有随机因素的多态命题。

宇宙中的一切，从沙粒、太阳到人类，除却已逝都处于不断变化之中。除变化及其规律以外，世界上没有什么东西是永恒的。① 太阳50亿年后将灭，大地1亿年后要重组，禾草岁岁枯荣，人群年年不同。大自然和社会都没有最后状态。科学至今所掌握的知识和真理，都是只适用于今日知识水平和文化环境的狭理和时理，即相对真理，连数学、物理也不例外。百年前曾认为数学定理是永恒的，无需革命。自哥德尔（1931）和图灵（1948）以降人们才认识到，即使是数学中的定理也只是相对的，远不是绝对真理。②③④ 科技迅进，知识猛增，观念必因新知而变。数千年人们认为我们生活的空间是平直的，现已弯曲。原以为物质的基本粒子是小球，后又是波、场、共振态，又像滴、P一膜，甚至又似弦。⑤⑥ 社会生活、生产、文化和环境也在变。少年置换了耆老，新伤压过了旧痛，矛盾不断转移。盖观念嬗变，公理飘移，真理流变，势所必然。若夫保持狷介，坚守平直，只认球，拒识波，不听弦声，不视恶色；师夷齐清风，步陶潜守志，笃信亮节，不胜悲壮，庶几留下灯火，垂鉴后人。鲁迅尝说："回复故道的事是没有的，一定有迁移；维持现状的事也是没有的，一定有改变。有百利而无一弊的事也是没有

① 参见恩格斯：《路德维希·费尔巴哈和古典哲学的终结》、《马克思恩格斯选集》第4卷，北京：人民出版社，1995年。

② 参见张景中、彭翕成：《数学哲学》北京：北京师范大学出版社，2010年。

③ 参见宋华：《数学与真理》，《前沿科学》2010年4期。

④ 参见 Ian Stewart "*The Mathematics of* 2050," in John Brockman, ed. The Next Fifty Years: Science in the First Half of the Twenty-First Century, New York,: Vintage Books, 2002.

⑤ 参见 Stephen Hawking and Leonard Mlodinow, *The Crand Design*, New York: Bantam Books, 2010.

⑥ 参见 Michia Kaku *Introduction to Superstrings and M - Theory* (2nd edition), New York: Spnnger-Verlag, 1999.

的，只可权大小。”（《且介亭·杂文二集》）首阳已殁，桃源已泯，人满大地，欲求更贴切的科学真理，建立理想社会，后世另需善谋。

生物学和古生物学已有铁证，现代人类与哺乳类真兽亚纲的灵长动物共祖，经500多万年进化而来。7万年前还不穿衣服，5万年前尚不会说话，1万年前才有农业，7500年前才开始畜牧，5000年前才有文字。现代科学只有400年的历史，工业仅300年，会飞行才100年。①②③ 理性思维历史太短，知识和经验积累有限。和地球生命史相比，现代科学尚在幼年，我们对客观世界的观察和经验是瞬历，即若大多是真理，那也只是相对的狭理或时理。

从古迄今不断有人质疑，人对客观世界的认知和理解能力是否有限？是否万物都有迹可察？④ 古贤早注意到人的生理弱点：目不能全视，耳不能广听，鼻不能博闻，口不足以辨是非，体不能飞，智不足以旷天地，是谓“六阏”（《列子·杨朱》）。的确，眼、耳、鼻、舌、体是兽类为生存、觅食、繁后等近需遗馈给人类的器官，拙于远察以认知宏观世界。人眼得到的外界信息占所需的80%，但可见光中占自然界电磁辐射频宽的10^{-24}，相当于79个音程的一个，肉眼见识极微。⑤⑥ 20世纪科技进步，已能把任何电磁辐射转变成可视信号，令人目已能全视。光速有限（每秒30万公里）限制了人眼和望远镜的视界（140亿光年，约为10^{23}公里），按现有物理知识，人类将永远看不到视界以外有什么。⑦⑧ 物理学家正在寻找可能比光速快的信号，如重力波，以扩

① 参见 Nicholas Wade. *Before the Dawn—Recovering the Lost History of our Ancestors*, New York: Penguin Press, 2006.

② 参见《简明不列颠百科全书》第8卷，北京：中国大百科出版社，1986年，第269页。

③ 参见 J. M Roberts, *History of the World*. New York: Penguin Books, 1997.

④ 参见 J. D. Barow, *Impossibility: The Limit of Seience and the Science of Limits*. Oxfoxd: Oxfoxd University Press, 1988.

⑤ 参见倪衡建、石增立主编：《基础医学概论》，北京：科学出版社，2005年。

⑥ 参见 Encyclopedia Britanica, Chicago: Encyclopaedia Britanica Inc vol. 18, 1993, P. 196.

⑦ 参见 Zhang Bing, “Astrophysics: Most Distant Cosmic Blast Seen”, *Nature* , vol. 461, 2009, pp. 1221—1223.

⑧ 参见 N. R. Tanvir, et al. , “Aγ—ray Burst at a Redshift of z≈8. 2”, *Nature*, vol. 461, 2009, pp. 1254—1257.

大视界，看到更远。是否能找到，尚未可知。人耳靠接收介质中传播的声波感知信息，但只能听到自然界全部声波频段的 10^{-6}，比蝙蝠、鲸鱼的听力窄 2—3 倍。20 世纪发明的超声波和声纳技术，可收认任何频率的声波，将其转变成光、声、电信号供人们全听。嗅觉、触角也因遥测、遥感技术而延伸。盖六阏之羁已松，人类观察和认识世界的能力可望大增。然而，受科学事业规模、资金、技术所限，这种增强迄今仍然是局部的，专注的，限于急需范围之内。人类欲全面克服六阏，尚待时日，还需科技新知。

社会科学中观念、公理流变更快。法国大革命前后，人们曾认为自由、平等、博爱是普适的伦理道德标准。卢梭（1712—1778）首先提出，平等是不可剥夺的天赋人权。美国《独立宣言》依据的是不证自明的公设：人人生而平等，生命权、自由权和追求幸福的权利是造物者赋予的不可转让的权利。法国大革命的《人权宣言》宣称，人们生来是并始终是自由平等的，以不损害别人的权利为限。此命题千年争议不断。北宋哲学家张载（1020—1077）断言人生来就不平等："生有先后，所以为天序；小大、高下相关而相形焉，是谓天秩。天之生物也有序，物之既形也有秩。知序然后经正，知秩然后礼行。"（《正蒙·动物》）孙中山认为，卢梭的平等论没有历史和事实根据，从未见过有天赋平等的道理，因为它符合民心，适应潮流，遂受到欢迎，立千载大功。有如神权、君权都是人造的，不是天生的自然真理。[①] 20 世纪的人类学和医学观察表明，在生理各方面人人不同，身高、体重、膂力、视力、听力、记忆力、智力、癖好都有差别，都服从正态分布的钟形曲线。[②③④] 人类社会是差别、有结构、有组织、有分工的群体，"明分使群"，欲铲除一

---

① 详见孙中山：《三民主义·民权主义》，《孙中山全集》第 9 卷，北京：中华书局，1986 年，第 254 页。

② 参见 R. J. Berrensltein and C. Murray，The Bell Curve—Interligence and Class Structure in American Life，New York：Siman Schuster，1994.

③ 参见 "Human Intelligence"，in Encyclopedia Britanica，Vol 21，Chicago：Encyclopedia Britanica Inc.，1993.

④ 参见 *Nature*，vol,. 443，2006，P. 145.

切不平等是幻想。[①] 后人解释说人人平等指政治权利。美国立宪时没有给黑奴和妇女选举权，后者的公民权是19世纪的黑人解放运动和20世纪女权运动争得的。妇女获得选举权在美国、英国、法国、加拿大和瑞士分别是1920年、1928年、1944年、1950年和1971年。[②] 美国正是打着“机会平等，利益均沾”的旗帜参与八国联军侵略中国，取得了在华租界、领水和通商口岸的不平等特权。当代西方哲学家也索性把“平等”改为“正义”或“公平”。[③④]

在社会科学公设中，“自由”是涵义变化最多的概念，古罗马奴隶欲摆脱枷锁争自由劳动。18—19世纪，资产阶级革命高举“自由平等”的战旗，埋葬了奴隶制，摧毁了封建专制，催生了工业化，驱动了科技进步，人类进入工业文明时代。受侵略、被压迫人民求解放，争自由。裴多菲（Petofi Sandor，1823—1849）的一首诗“生命诚可贵，爱情价更高；若为自由故，二者皆可抛”，把自由提至崇高。20世纪，自由平等打倒了殖民主义，被殖民国家都争得了独立和自由。

回溯历史，各代人争自由目标各异。南唐后主李煜：“花满渚，酒满瓯，万顷波中得自由”（《渔夫》）。法国革命家罗兰夫人（1754—1793）被处死前忿詈“自由，自由，天下多少罪恶假汝之名而行。”[⑤] 孙中山领导革命时说，中国人需要的是凝结成团，而不是自由，一盘散沙。[⑥] 严复（1853—1921）坚决反对卢梭的生而自由论：“初生小儿，法同禽兽，生死饥饱，权非己操，断断乎不得以自由论也，”[⑦] 瑞士作

---

① 参见吴景超的《中国工业化问题的检讨》一文，该文于1937年被《独立评论》杂志转载，分三部分在第231、232和233号上连载。

② 参见D. Calton, *Eugenics*: *The Future of Human Life in 21st Century*, Oxford: Abacus, 2001.

③ 参见J. A. Rawls, *A Theory of Justice*, Cambridge (Mass): Harward University Press, 1999.

④ 参见弗朗西斯·福山：《大分裂：人类本性与社会秩序的重建》，刘榜离等译，北京：中国社会科学出版社，2002年。

⑤ 转引自梁启超的《罗兰夫人传》，参见鲁迅：《花边文学·推己及人》，《鲁迅全集》，第5卷，北京：人民出版社，1982年。

⑥ 参见孙中山：《三民主义》，《孙中山全集》第9卷。

⑦ 参见约翰·穆勒：《群己权界论》，严复译，北京：商务印书馆，1981年，“译序”。

家凯勒（G. Keller，1819—1890）断言，自由的最后胜利是无果之花，断子绝后。

文艺复兴以降 400 多年后，思想界、科学界、法学界逐步达到共识：人类从自然状态联合成社会，并非为了自由，而是为了生存、安全和幸福才合作成团，逐步演变成现代社会。在高度分工的文明社会中，孤孑意味着泯灭。苟欲素居，即成离群蜂蚁，飘零秋叶，残春落花，虽不再受缚，取得了自由，但已面临死亡。鲁滨逊只身荒岛 28 年，始终离不开社会。[①] 个人自由必须服从自然、理性和社会规范的限制，即法律的光荣约束。法国大革命时的《人权宣言》(1789)，联合国《世界人权宣言》(1948)，中华人民共和国宪法（1982）中都规定，公民享有信仰、言论、出版、集会、结社、游行、示威等自由，但应遵守法律，不得损害国家、社会、集体的利益和其他公民的法定自由和权力。[②③④⑤] 自由和纪律，民主和集中，是矛盾中的两个方面，只有在社会实践中平衡统一。毛泽东的理想是："造成一个又有集中又有民主，又有纪律又有自由，又有统一意志，又有个人心情舒畅，生动活泼，那样一种政治局面"。轻重缓急，只能由法律界定。然而，法律也不断变化。矛盾转换，流俗飘移，观念更新，法律也不得不改，自由含义每需重审。[⑥]

宇宙无限，岁月迁流，人类迄今所积累的经验和知识，殆为局域的、有时限的、与当时科学水平和社会形势相洽，从而多是不完备的相对真理。有些垂范长久，有的将来未必仍真。永恒的、普适的、具有终级意义的绝对真理，只能是综合归纳不断丰富的相对真理听全体才能企及的范畴。

毛泽东的一段话极中肯綮："在绝对的总的宇宙发展过程中，各具体发展过程都是相对的，因而在绝对真理的长河中，人们对于在各个一

---

① 参见笛福：《鲁滨逊漂流记》，方原译，北京，人民文学出版社，1978 年。

② 参见洛克：《政府论》，瞿菊农、叶启芳译，北京：商务印书馆，1982 年。

③ 参见孟德斯鸠：《论法的精神》，张雁深译，北京：商务印书馆，1978 年。

④ 参见卢梭：《社会契约论》，何兆武译，北京：商务印书馆，2003 年。

⑤ 详见《中华人民共和国宪法》(1982)，北京：人民出版社，1982 年，第 2 章，第 33—40 条。

⑥ 参见 S. Vago, *Low and Societg*, Englewood Cliffs: Prentice Hall, 2007.

定发展阶段上具体过程的认识只具有相对真理性。……客观世界的变化运动永远没有完结，人们在实践中对真理的认识也就永远没有完结。”[①]

恩格斯高度评价黑格尔辩证法的革命性。是黑格尔首先把整个自然的、历史的、精神的世界视为一个不断运动、变化、流转和发展中的过程，并企图揭示这种运动和发展的内在联系。这是他的巨大功绩。哲学对真理的认识是一个过程，包括在科学发展史中，总是从较低阶段到较高阶段，愈升愈高，永远不能通过所谓绝对真理的发现而达到终极高度这一点而无路再进。人类历史同认识过程一样，也永远不会有某种尽善至美的理想状态。完善的社会，完美的国家是只在幻想中才能存在的东西。在恩格斯看来，把绝对真理撇开，沿实证科学和辩证思维去寻求相对真理，古典哲学就在黑格尔处终结了。这就是黑格尔指出的哲学发展的道路。[②] 恩格斯特别感叹道，黑格尔的思想解放作用，只有亲身经历过的人才能体会得到。

20世纪科学技术新成就，中国和各国人民的胜利和曲折，都再三指示我们，我们现在掌握的科学定律只有相对意义，不可能是绝对的最后真理。[③] 就连物理学也没有过对任何时代都完美的定律形式。[④][⑤] 没有永恒的普适的法律和道德模板。世界上也不可能存在人人都满意的经济制度。[⑥] 陆海沧桑，一切都在前进。历史无绝代，社会无终态，科学无止境。自然科学中还有一些重大问题，我们只能猜想则不能证明，如生

---

① 毛泽东：《实践论》，《毛泽东选集》第1卷，北京：人民出版社，1991年，第295—296页。

② 参见恩格斯：《路德维希·费尔巴哈和古典哲学的终结》，《马克思恩格斯选集》第4卷，北京：人民出版社，1995年。

③ 爱因斯坦曾说，大家都认为，当我回忆一生工作时会感到坦然和满意。但事实恰恰相反。在我提出的观念中，没有一个我确信坚如磐石，我也没有把握自己总体上是否处于正确的轨道。参见 A. Einstein，*Ideas and Opinions*，New York：Crown Publisher，1954.

④ 参见王蒙、冼鼎昌：《从来没有一种完美的形式——文学与物理学的对话》，《世界科学》2007年第8期。

⑤ 参见 John Brochman，ed，What we believe but cannot prove：Today’s leaming thinkers on science in the age of certainty，London：Haper Perennial，2006.

⑥ 参见 Amartya Sen，“Social Choice Theory，” in Kenneth J. Arrow and M. D. Intriligator，eds.，Handbook of Mathematical Econmics，vol. 3，Nonhholland：Elsevier Science Publisher，2005，pp. 1073—1181.

命之源、宇宙之根，人类之终等。[①] 绝对真理是一个“恶无限”的命题。[②] 终极的绝对真理是可无限完善的极致，是无尽长河之根，永不能完工的殿堂，可近而永不能达的无穷级数极限，人生不足企及的超限目标。

搁置绝对真理，专注相对，在时代条件可能达到的程度上去认识、寻求狭理、时理，解决本国、当代问题。这就是辩证唯物史观指示的航向。

悬理与理想

真理是人们对客观世界的正确反映。从感性认识到理性推理和逻辑断而形成推论。实验和实践是检验推论为真谬的最高标准。[③④] 只有被实践证实了的推论才是真理。显然，如此定义的真理标准适用于研究迄今已发生过的现象和事件，已基本结束了的运动和过程，如雷雨、风暴、超新星爆发，已建成运行的工程设施，一场已结束的战争，已发生过的社会运动等。只要掌握了现象或事件发生前后的资讯，就能对其真伪、因果、是非作出判断。这个准则全然不能适用于评价关于未来的理念、理想、规划计划、预测预报等尚未发生或尚未结束的运动。因为还没有可靠的经验和观察数据去判断其成败和真伪是非。尽管它们可能是根据科学信仰，过去的经验和知识，为应对当前急需而设定的目标和路线。这种未经证实的先验理想和筹谋只能称之为悬而未决的悬理。

前提荒谬，目的卑鄙，手段诡诈的妄想是反动邪念。康德称之为非理性，从理性中分离出来，以维护理性一词的善意。近代史上曾流行过一些邪念玄妄，蛊惑过千百万人上当受骗，对社会造成过巨大灾难。18

---

① 参见王蒙、冼鼎昌：《从来没有一种完美的形式——文学与物理学的对话》，《世界科学》2007年第8期。

② 毛泽东：《实践论》，《毛泽东选集》第1卷，北京：人民出版社，1991年，第295—296页。

③ 参见叔本华：《作为意志和表象的世界》，石冲白译，杨之一校，北京：商务印书馆，2009年。

④ 参见毛泽东：《实践论》，《毛泽东选集》第1卷。

世纪殖民主义盛行时，荷兰医生，博物学者 P. 坎珀发表论文（1781）称，“有色人种是劣等亚种，命定成为欧洲优等人的奴隶”，怂恿贩卖了 3000 万黑奴。[①②③] 德国外交官戈宾诺（Joseph－Arthur Gobineau，1816—1882）在《人种不平等论》中说：“雅利安人种进化程度高于闪米特人、黄种人和黑人，应防止血缘污染。否则雅利安文化会失去生命力和创造性，陷入腐败堕落。”[④] 英国名作家威尔斯（H. G. Wells，1866—1946）在《理想的新共和国》（1902）中写道：“新共和国应当由最美丽、坚强和优秀的种族后代组成，那些劣等民族，黑人、黄种人、棕色人、犹太人应走开，最好让他们死亡，必要时杀死他们也值得。这个世界不是救济院，不能让他们传播劣质。”[⑤] 这类谬理邪说曾为法西斯军国主义作伥。希特勒上台（1933）后，把消灭犹太人、吉普赛人和黄种人列为国策，声称“帝国的血缘应保持纯洁，过去的一切灾难都与血缘因素有关。”[⑥] 爰二战时屠杀民族 600 万人。日本丑类文人接踵放诞：“大和民族与罗马、雅利安人等优等民族并列，是亚洲人的父亲和领袖。要保持自己的纯洁，不要与汉人结婚。满洲国人是臭虫，南京人是害虫，应赶走他们，放逐到南亚。反日的要消灭。”[⑦] 东京帝国大学地理教授 Komaki Tsunekichi 在《全球政策研究》一文中论证，“大东亚共荣圈没有边界，欧洲、非洲都是亚洲大陆的一部分，美洲是东亚，

① 参见联合国教科文组织出版办公室编：《15—19 世纪非洲的奴隶交易》，黎念等译，北京：中国对外翻译出版公司，1984 年。

② 参见艾里克·威廉斯：《资本主义与奴隶制度》，陆志宝、彭坤芝等译，北京：北京师范大学出版社，1982 年。

③ 参见 A. G. Hopkins，*An Economic History of West Africa* London：Longman，1975.

④ 参见 Gobineau，*An Essay on the Inequality of Human Races*，Trans. Adrian Collins，New York：Fetig，1967.

⑤ 参见 R. Dawkins，*The Ancestor's Tale*：*A Pilgrimage to the Down of Life*，London：Phoenix，2004.

⑥ 参见希特勒：《希特勒自传——我的奋斗》，吴迟仁译，拉萨：西藏自治区文艺出版社，2010 年。

⑦ 参见 J. W. Dower，*War without Mercy*：*Race and Power in the Pacific War*，London：Pantheon，1987.

澳洲是南亚。所有大洋相通，都是日本海。"①神学家中田"考证"："《圣经》中所说天使降自东方，即指日本人，上帝将靠日本征服世界，以实现《旧约》。"②这类反动荒诞的恶念诳语，已被科学推翻，为历史埋葬。

自古至今，常出现玄理善念，设想地上天堂，寻觅万物至理，梦幻未来美景，虚构鸿猷捷径。盖因无科学根据，或缺乏历史经验，或前提不真实，目标不可行，措施不实际，南辕北辙，致灾蒙难而失败，最后被证明是幻想、空想、梦想。前鉴不远。

保障生存，追求幸福，憧憬未来，奋力进取，是人类天赋。其他噍类只求存于现在，而人类生活在历史中。禀赋使我们能记住过去，劳备明天，求索新知，筹谋未来。

人类凭智慧、理性和进取精神，与生物本性互动，加速进化，戳力发展，故雄于动物界。③④凝练出理想目标，归纳成理论，形成方针、路线、韬略，制定方案、计划规划并付诸实施，可统称为筹谋未来，是人类最高理性行为。若夫人无远虑，不筹不划，靠天吃饭，飘游苟存，将无异于鸟兽。

对未来美好事物的想象和期盼俗称为理想。合乎科学原理并有可能实现的理想是指示奋斗方向的灯塔，推动社会进步的动力，凝聚社会的纽带，激励创新的战旗，催动进化的激酶。没有共同理想的凝聚，社会必将分崩离析，一片散沙，甚至颓靡堕落，听任天灾人祸逞凶或"八国联军"宰割。在现代社会中，一个既无信念又缺乏理想的人，有如海上无舵之帆，大漠中的孤孑浪子，随时可能迷失方向，被浪涛或风沙湮没。百年耻辱，数千万同胞的血，后人不敢懈怠。

对未来事物的科学筹谋是指遵循史鉴，根据已积累的经验和知识，

---

① 参见 J. C. Lebra, ed. , *Japan's Greater East－Asia Co－Prosperity Sphere in WWⅡ*, Kuala Lumpur：Oxford University Press，1975.

② 参见 J. W. Dower，*War without Mercy*：*Race and Power in the Pacific War*，London：Pantheon，1987.

③ 参见 R. Dawkins，*The Ancestor's Tale*：*A Pilgrimage to the Dawn of Life*，London：Phoenix，2004.

④ 参见 M. W. Strckberger，*Evolution*，北京：科学出版社，2002 年影印本。

对现实状态的正确把握，为求达理想目标而谋划的合乎逻辑的发展方针。然而，任何筹谋，作为哲学命题，即使是合乎科学原理和逻辑规划的推理，其前提和目标中必含有不完备、不自洽的先验假设和尚未显现的未知因素。逻辑判断中也定会出现假言命题和选言命题，使结论产生多值性、可变性和随机性。故未经实践证实的筹谋，还不是哲学意义上的真理，那只是追求真理过程的开端，属于有待实践验证和修改完善的悬理。毛泽东说，不论在变革自然和改革社会的实践中，人们原定的思想、理论、计划、方案，毫无改变地实现出来的事是很少有的。人们不但常受到科技条件的限制，也受着客观过程的发展及其表现程度的限制。部分错了或全部错了的事都是有的。许多时候须反复失败多次，才能纠正错误认识，达到与客观过程的规律相符合。①

检验筹谋、理想的真理性须有一个过程，其长短取决于客观事物发展进程，可粗分为短（近）程和长（远）程两类。建大桥要 3 年，修铁路 5 年，南水北调 12 年（2002—2014），属短程理想。构思“高峡出平湖”经历了 73 年（1919—1992），设计施工又 16 年（1992—2008）；②中国民主革命花了 50 年；工业化需 100 年，都是长程理想。实现近程理想目标，客观过程短，局势、环境、条件变化小，科学知识充足，经验丰富，信息充分，理想离真理就近，实现的可能性就大。今日设计建设工程、南水北调、高速铁路、飞机、火箭、舰船、五年计划等，成功率都很高。故短程科学理想的真理性极大。

分段逼近

评判长程理想真理性的固有困难有二：一是系统复杂；二是很多未来因素不可预知。复杂系统，或称为复杂巨系统，如生物体、社会、生态和宇宙，规模大、子系庶、组分杂、变量多、交联互动。有些事不能

① 参见毛泽东：《实践论》，《毛泽东选集》第 1 卷，北京：人民出版社，1991 年。

② 参见中国工程院三峡工程阶段性评估项目组：《三峡工程评估报告：综合类》，北京：中国水利水电出版社，2010 年。

量化，未来状态预测难。天灾、人祸以及科学进步和技术发明常随机发生，不可能预知。社会需求，民意风尚，随时而变。挨饿时温饱第一，有饭吃后求小康，富裕以后盼幸福，善度一生望长寿，永无竟时。是故远程理想是永不可能完备的命题，总含有先验陈述的悬理成分，故不可能有明确的状态设计和准确的路线图。经验集自往日，理念发于先验，经验主义和教条主义都不可能一意独断。

远程理想在实现以前属理性逻辑推理，由公理前提、逻辑演绎和推论三项组成。经典哲学曾认为，前提如公理、公设、公意、公识，是不证自明的真理，是推论得以成立的根据和出发点。哥德尔不完备定理证明了即使在数学、物理这些精密科学中也很少有完备的和完全相容的公理体系。在社会科学命题中有些公设不真不假，或大半为真、局域为假。例如，由51％多数选票通过的公意是半真半假。可能有多数人的共识，而没有“全民的公意”。公理、公识都随科学进步、知识更新、历史更迭、社会演变和局势迁移而变化。昔日为是，今日成非，此时为真，彼时或为假。传统形式逻辑中一些简明推理规则，如三段论法：大小前提为真则推理必真；或排中律：两个相互矛盾的判断不可能全假，必有一个是真的（简称“不可两不可”），在这里都不能适用。19—20世纪数理学家们建立了多值逻辑、模态逻辑、概率逻辑、模糊逻辑和时序逻辑等，适用于处理含有“必然”、“必定”、“可能”、“也许”、“偶然”、“时态”（过去、现在、将来）等的前提命题，按照约定的运算规则，可由计算机演绎出可靠的推论。

处于远方的长程理想，目标常宏美简约，罕有准确定义和精细描述，也不可能事先标出路线详图。人类求达至善有如长征或登峰探险，顶峰并无经纬度标，也许数峰并存，间有沟壑，只能按“最小作用原理”、“极值原理”等“摸着石头过河”,[①][②] 先攀局部高地，凭高眺远，再谋后策。长远战略只能分段循序逼近。数学家华罗庚20世纪60年代推广“优选法”时尝说：科学实验如爬山，若没有数学表达，不明峰在何处，那就学瞎子爬坡，试着爬，按优选法总能爬到坡顶。若有数峰，先摸到的不准是最高。既事先未知，暂无全息，只好先攻上近峰，再徐图新谋。[③][④]

电子计算机是20世纪科技的新武器，与它相关的数学理论和方法，如递归函数论、数理逻辑、数值代数、寻优决策、概率计算、过程分析、系统仿真、系统反演等都有了大发展。所有这些理论中几乎都采取了“走一步，看一步，修正一步，即“摸石头过河”的工作方式，提高了计算效率和结果的可靠性，遂使模型仿真成为与科学实验并列的新知识源。[⑤]“测量—反馈—控制”，即前进一步，测评一步，矫正一步，是控制论学科的中心理念和基本方法。2007年10月24日中国成功发射了嫦娥一号（CE—1）绕月卫星，分5步飞，10天后与35万公里外月球相会，第六次修正了速度和方向，最后于11月5日准确进入绕月轨道。系统科学和航天技术都证明，“摸着石头过河”是认识客观真理和求达长程理想目标极为现代的科学方法，与辩证唯物论和唯物史观密合。

短过程和近程理想（悬理）是完全可以分析的。计算仿真是20世纪发展起来的锐利科学武器，已在宇宙学、天文学、物理学、航天航海

① 参见威廉·詹姆斯：《真理的意义》，刘宏信译，桂林：广西师范大学出版社，2007年。

② 最小作用量原理，或称最大效益原理，是近代物理学从300多年的科学实验中抽象出的公理：自然界物质总是沿消耗最小或功效最大的途径运动。18—19世纪归纳成原理，作为前提公理肇述牛顿力学、电磁场、粒子物理、量子力学、相对论和控制论等学科，称为欧拉—拉格朗日—哈密顿原理。参见 Michia Kaku Introduction to Superstrings and M—Theory (2nd edition), New York; Springer—Verlag, 1999; Chen Ning Yang, Selected Papers (1945—1980), with Commentary. New York: W. H. Freeman and Company, 1983；李政道：《粒子物理和场论》，汤拒非等译，济南：山东科技出版社，1996年。

③ 参见华罗庚：《优选学》，北京：科学出版社，1981年。

④ 参见华罗庚：《优选法平话及其补充》，北京：国防工业出版社，1971年。

⑤ 冯康、周毓麟、黄鸿慈、石钟慈：《计算数学》，《中国大百科全书（数学卷）》，北京：中国大百科全书出版社，1988年，第353—356页。

和一切工程科学领域广泛应用。只要知识基本完备，信息充分，即可构建模型，预估短期发展趋势和未来状态，为多方案选优决策提供方便。钱学森根据技术科学和航天技术的经验，提出“综合集成技术”（Meta-synthetic Engineering），把局部分析、模型仿真、方案选优和风险评估等结合起来，寻求解决复杂系统问题的途径，是求达近程理想的可靠方法。[①] 英国物理学家霍金称之为“依赖模型的实在论”（Model－Dependent Realism），拉近了模型仿真与真理的距离。[②]

短程理想能接近现实，逼近真理。差错出自马虎，失误源于苟且，都是可以避免的。然而，长程理想则不尽然，前提流迁，公理嬗变，目标漂升，新觖不可预见，偶事不能预知，故达鹄详图不可能预决，真悬理也。长程理想有如大海般行中的远方灯塔，天穹北斗，为征者指向是矣。至于远征路线，有如长征，势蹇路险，三改终点，悲壮曲折。以系统科学看，理想无至善，真理无绝伦。欲达远谋，唯一办法是分阶段循序前进，逐段选优。不怠探测反馈，调整方向，矫正偏见，因势利导，以应不测。“摸着石头过河”实为现代科学思想之精髓，科学发展之良策。

要之，追求真理，进取未来，提升理性，必伴有风险、曲折以致灾祸，常需付出牺牲。成功自失败中冲出，真理从谬误中趟过。懵于理想，昧乎新知，不筹谋未来，听任命运摆布，理性会退化，科学要枯萎，人将沦同鸟兽。人类已在这两难的路上走了很久。

20世纪的垂示是，唯有科学有资质引导前进的路。科学者，史鉴明镜，真知之薮，理性新高。虽非全知万能，然其求真天职激励我们进取，实证和自省机制利于纠正错误，减少灾祸。科学方法保障实现短程目标，可靠地谋划远程未来。科学与光明同在。

悟至此，豁然开朗，昔之忧郁戛然而止，怨疑俱消。

---

① 参见钱学森：《论系统工程》，长沙：湖南科技出版社，1982年。

② 参见 Stephen Hawking and Leonard Mlodinow，*The Crand Design*，New York：Bantam Books，2010.

序二 诔悼华工

宋 铧

今人有权说这个世界是我们的。其实我们都生活在历史之中。生理禀赋和文化传承使我们记习祖训睿智和生存经验，接受成律俗规呵护，享用前人遗产，饷食祖传五谷，劳碌今天耗用，备用明天所需，为后人筹措未来。社会是由已逝、尚存和未来组成的连续系统，历史和未来都是基本要素。

没有人能孑然于历史之外或与社会隔绝而独立存在。每个人都缘祖传基因出生、成长、入世。现代遗传学证明，40 代以前的每一个留有后裔的古人都是我们的直系祖先①，体内每一个细胞中都含有他们的部分基因拷贝，他们的命运都影响着我们的生命。没有“玄武门之变”，就不会有贞观之治和唐三百年，李姓就不会成为今一亿人口的第一大姓。没有八年抗战和解放战争，很多人就不可能出生。历史上的重大事件，自然或人为的福乐与灾难，愉悦和折磨过彼时的人们，也都密切关联着今人的命运。千丝万缕的遗传和物质文化锁链把今人后代紧缚在历史车轮之上。每代人都有责任辨识前辙，评析故道，吸取教益，以至改定目标，开辟新路，建造新车，改革社会。

20 世纪的狂风巨浪，两次世界大战，社会主义兴起，殖民主义灭亡，新中国建立，苏联解体，对中国人的命运产生过重大影响。辛亥革命，推翻了帝制，两次复辟，南北两个政府对峙达 18 年之久。一战爆发（1914 年 8 月）之初北洋政府宣布中立，袁世凯死后又宣布参战，加入协约国集团，派 20 万华工去欧洲助战。列强趁机作奸，把鸦片战争后募贩“猪仔华工”的恶行推向高潮。

1916 年英国先后在威海、青岛设招工局，共招华工 14 万去法国战场，其中分往英军 9.6 万人，法军 3.7 万人，美军 1 万人，驱其挖战壕、运物资、送弹药等苦役。

不少华工死于战场。战后，部分遣返回国，部分散落欧洲各国[2][3]。比利时和法国边界小镇弗兰德斯市曾是战地中心，近郊红罂粟山坡上至今存有死难华工墓地，受到比利时地方政府保护，向后人宣示着一战华工们的苦难命运[4]。

一战初期，中国参战前，沙俄以支援协约国为名，获准在哈尔滨、保定等地设立华工招募站，先后从东北、河北、山东、河南招工 20 万，派往前线为俄军服务，战地死亡 7000 多人；部分派到俄罗斯各地做修铁路、伐木、挖煤等苦工[5]。

近代史上最惨无人道的掠掳华工的是日本法西斯军国政府。二战期间（1941—1945）日本政府决定掠捕中国劳工去弥补国内劳力不足。据部分统计，五年内有 169 批，38935 人运往日本，分配到 35 家企业作苦役。路上死亡 2823 人，苦役中死亡 20%以上。日本投降后企图隐瞒罪行，家人终不知亲人下落。[6]

1917 年俄国十月革命期间，路过和滞留俄罗斯各地的 6 万多华工参加了红军。在乌拉尔·彼尔姆省阿拉白耶夫斯克煤矿的华工组建了 1500 人的“中国团”，编入红军第三军十九阻击师，由华工领袖任辅臣任团长。1918 年 10 月 27 日该团被最高苏维埃命名为“国际红鹰团”。参加战斗百多次，战功卓著，誉遍苏俄，名垂青史[7][8][9]。1918 年 11 月红鹰团团长任辅臣和 1000 多名战士在战斗中牺牲。在乌拉尔·彼尔姆边疆区的伊洛沃镇建有陵园，碑刻“这里葬着为苏维埃事业而牺牲的红军国际营中国战士。1918。”[10]。

笔者于 1955 年 7 月曾在离莫斯科 200 公里的科夫洛夫市见到一位姓李的老人。河北保定人，当过兵，做过苦工，十月革命后娶俄妻定居。见到中国学生如会亲人，邀家做客。他问我的第一个问题是：“现在中国的大皇帝是谁?”我一时语塞。他 1916 年袁世凯复辟当“大皇帝”时被招募到欧洲参战，故语词定格于 40 年前。他诉说，有幸活下来的华工，虽久居异国，思乡之情从未消减。活着不能回乡，死也要落叶归根。无力马革裹尸，改用食盐填满棺木运回祖茔，烂柯故土。俄人惊奇，曾新造一词“盐民”（СОЛИНАД）专指称华人。

沿西伯利亚铁路两侧村镇、北方冻原、森林边寨散落着无数死难华工的墓冢。横卧的木牌上，字迹已被冰雪风雨蚀损。有的还依稀可认：“保定府献县王三合，40 岁寿终”，“河间府东北角小屯村（某某），39 岁终”[11]。想必是尚且活下来的难友们表达的期盼：有朝一日，父母子孙或乡梓亲友能认知亡友的归宿，烧一炷香，祭奠天涯孤魂。俄罗斯的北方接近北极圈，卡马河畔在北纬 60°，冬天严寒，俄人也罕到。对于子孙后代他已永远失踪。

早在鸦片战争后不久，西方列强就开始从中国私募“猪仔华工”，运往东南亚、北美洲和拉美各殖民地做苦工。史籍有记载的 100 多万人。

1845—1875 年间，英国在厦门、汕头、香港、澳门开设德记洋行，招募华工 50 万，分为“契约工”和“债务工”，统称“猪仔工”。分别运往古巴 14.3 万，秘鲁 12 万，其他运往夏威夷、圭亚那和东南亚，转卖给各地英国农场主和矿主。契约工签 8 年卖身契，每人预付 800 元，以 2—3 倍价格转卖给雇主。债务工每人预借 100 元，运至海外义务劳作 3 年后逐年偿还。据清使陈兰彬和容闳实地考查，鸦片战后 30 年间运往古巴的“猪仔”347 船，共 10 万多人。海上航行 3—6 个月，路上死亡 17033 人，发生过 52 次夺船返航暴动[12][13]。

从 1888 年到 1931 年 40 年间，荷兰在华南各地招募猪仔工 30 万，运往印尼诸岛做苦工，死亡率高达 50%。有史家说，“若非华工之力，雅加达几不存在”。

1849—1882 年美国招募债务工 30 万去旧金山，每人预借 125 元，做工后偿还。其中 10 万人派往修建中央太平洋铁路最艰难的中西段，1869 年建成通车。大量华工在工地死亡，后人在旧金山建有纪念亭以悼亡灵。中央铁路公司承认，“倘无华工参与，美国实无胆略去完成如此艰巨的工程”。然而，美国会却于 1882 年通过排华法案，禁止华工入境。

加拿大于 1880 年招募 15000 名华工修太平洋铁路中西段，死亡

3000 人。时任首相麦唐纳报国会："倘无华工之助，该路无法按期完成，西部资源无从开发。"

1990—1920 年，英国从福建、广东招募猪仔华工 20 万，到马来亚（今马来西亚）矿山、农场做苦工，后留下定居，致闽、粤移民成风。今华裔占马来西亚人口的 1/3，新加坡的 2/3，共约 1000 万人。史家云："马来半岛之有今日之繁荣，皆华工劳力肇赐。"

清初袭明制禁海。《大清律》规定，海岸线 50 公里内禁止居住，出海者以叛反通敌论罪，一经拿获，立即正法。鸦片战后迫于列强压力，改为允许华工出国，但不准回国。光绪九年（1884）废除禁归令。二次鸦片战争后，清政府与英、法、美、俄分签《天津条约》（1858）。美代表提议中国派领事到国外保护华工和侨民利益。清廷代表回复说："敝国习惯，向不派使国外。敝国大皇帝拥有万民，财富不可计数。区区浪民，漂流海外，何暇计及？更何暇与此类游民计及锱铢？"此等蔑民恶策是华工在国外做奴隶、受欺凌、遭惨杀和非人待遇的内因。

清末民初，外侮内腐，军阀肆虐，国败家破，流离世界各国苦大仇深的华工侨民最先响应孙中山的革命呼号，成为辛亥革命的先锋。1894—1904 年孙中山在檀香山华侨中成立兴中会，日本横滨、中国香港、南非建立了分会，提出"驱除鞑虏，恢复中华，创立民国，平均地权"的革命宗旨。1905 年在东京成立同盟会，新加坡（1905）、中国澳门（1906）、泰国（1907）、缅甸（1908）、高棉（1910）、菲律宾（1911）、南北美洲（1910）等地侨团中建立了分会。华侨知识界奋袂攘衿，宣传革命的报刊雨后春笋般出现于华人社区。辛亥前孙中山发动八次武装起义的资金、武器都来自华侨捐献。故孙中山称华侨是辛亥革命之母。

从鸦片战争到八年抗战的一百年间，在清政府默许贩仔和官役名下西方列强从中国骗卖华工逾百万人，实与 16—19 世纪西欧殖民主义从非洲贩卖 3000 万黑奴的醜行同科，都是列强种族歧视和殖民主义侵略的劣迹。国碎家难，前鉴不远，后人不敢忘却。

东生学兄不嫌弃我，命我为新作《把历史留下》写几句应响。同命共天，盍不共鸣。忆 60 年前，1952 年同班学外语，1953 年同车负笈。

他学文科，我习理工，术业隔山。时代大潮把我们冲到一起，高山流水，终成知音。他少长于新四军麾下，又从延安走来，目睹过惊涛骇浪，经历过胜利辉煌。我来自僻乡，他又大我两岁，故终生呼为兄长。莫斯科大学读书时，他发表新闻通讯、报告文学等，尝赐我拜读。他对一战赴俄华工的命运产生了极大兴趣和激情，利用实习、假期独自去各地调查华工足迹轶闻，到陵园献花，墓地凭吊，搜集了大量档案资料。看到1920年华工在彼得堡城出版的华文《旅俄华工大同报》，他如获至宝，心潮澎湃，彼时竟有同行为华工办报！据鄙薄所知，东生是亲察和收存赴俄华工资讯的第一人。1964年出版的电影文学剧本《无产者》就是他凭亲采史料塑作的[14]。

甲子春秋，东生发表数百万字作品，著作等身。《巍巍昆仑》、《昆仑纵队》、《天地颂》等，为文曲折委婉，充满激情，实则倚剑指天，脍炙数代人口。时光飞逝，人生暂短，缘分永难再遇，机会不可复得。今春，他无虑耄耋，不畏丝尽泪干，决定把亲察自存旅俄华工资料梳理付梓，以文补史，为悲啸百年的近代史添一宗史实公器，诔悼前烈，传诵灵犀，殷殷来者。学兄是一团不灭的火。

参考文献：

①Chang J. J.，*Recent Common Ancestors of all Present－day Individuals. Advances in Applied Probability*，31，1001－1026，1999.

②肖广德：《两枚一战华工纪念章》，《人民政协报》，2008年11月12日。

③参见《鲁迅全集》（卷4），第431页，注5。

④刘歌：《红罂粟与华工故事》，《人民日报》2013年6月3日。

⑤http//www. baike. com/wiki/（维基百科）。

⑥《解放日报》2013年9月9日。

⑦程栋、刘树勇、张卫编著：旧中国大博览（上册），科普出版社1995年版，第364页。

⑧东生：《红鹰》，《人民日报》1957年10月22日。

⑨任辅臣（1884－1918）辽宁铁岭人。1908年秘密加入共产党，

1914 年率赴俄华工到彼尔姆省矿区工作，1917 年组织红军中国团任团长，在诺伏一屠林战役中牺牲，年 34 岁．苏维埃政府于 1918 年 12 月 28 日发表讣告，称红鹰团是东方战线上最坚强最可信赖的部队，任辅臣作为世界革命的忠诚战士把毕生精力献给了苏维埃的伟大事业．我们将永远记住这位中国人民的儿子。列宁接见过任辅臣的夫人和子女，称颂他是优秀的布尔什维克，卓越的指挥员，中国工人阶级国际主义精神的优秀代表。1989 年 11 月 2 日苏联最高苏维埃主席团在北京举行仪式，追授任辅臣红旗勋章。1993 年 11 月 28 日铁岭烈士陵园竖立塑像纪念这位国际主义英雄战士。

⑩参见东生同志早期赴俄北方各地调查一战时期华工做苦工故地时所拍摄的墓地照片。

⑪同⑩。

⑫参见李为麟编著：《华侨革命史》，台湾正中书局 1988 年版。

⑬参见李新主编：《中华民国史》，中华书局 1982 年版。

⑭参见东生著：电影文学剧本《无产者》，上海文化出版社 1964 年版。

序三　不能忘却的历史

千百年来人类社会不断进步，走过了漫长而曲折的道路。曾经出现的奇特自然风景、盛大社会场面，还有不同时代的人群在这些自然社会环境中顽强进取，构成了为以后几代、几十代人不能忘却的往事。把这些往事用文字记录下来，这就是历史。在社会进步的早期，人类文明尚处于蒙昧阶段，文字手段的运用也不熟练，所以很多往事未能及时地记录，久而久之细节变得模糊，等到人类开始关注这段往事时，只剩下一些轮廓不甚分明的记忆，那就是属于传说的历史了。到了近代，虽然人类可以运用的文字手段已经充分成熟，但有些社会进步的运动在刚发端时，不可能马上引起历史学家的注意，因此也会发生记录缺失、记忆模糊的情况，历史学家的责任应是在这些社会进步运动取得成功之后，及时地追溯往事，尽量地还原细节，把比较真实的历史记录下来，留给不断进取的社会和永葆青春的人类。

差不多一百年前，俄国社会主义革命酝酿并发生，极其深刻地影响着近百年来人类社会的发展与进步。当时有几十万中国工人（华工）被征集招募到俄罗斯修建西伯利亚大铁路及相关工程，因为机缘凑巧，他们当中许多人参加了十月革命，成为社会大转折大变革的参与者和见证人。但当时中国在世界政治的地位很低，而旅俄华工本身处于社会底层，并不具有吸引社会关注的力量，所以他们的事迹淹没于历史前进的大潮中，不为人知，只是留下一段历史的传说。

到60年前，中国革命在俄国革命的影响下获得伟大胜利，中国和苏联建立起亲密的友谊，共同建设社会主义新社会。这时历史工作者开始注意十月革命时期华工的参与与贡献，其中最值得称道的就是东生同志。他1953年至1958年在苏联莫斯科大学新闻系学习，最早注意到旅俄华工的历史性贡献。为了寻找华工的足迹，他几乎走遍了整个苏联，写了系列报道，成为中国关注华工命运的第一人。

东生同志很早就开始从事革命宣传工作，曾参加解放战争中中共中央转战陕北的重大军事行动，被毛泽东主席赞誉为“生力军”。他对我们党的斗争历史怀着深厚感情，自然关注与我党历史发端有着密切关系的俄国十月革命的种种细节。当他得知旅俄华工曾参与十月革命时，立刻以革命战士的高度热情加文艺工作者的深刻眼光，开始了长达半个世纪的探寻工作，他在采访报道之后，尝试用文艺的手段反映这一段历史，先后写成电影文学剧本《无产者》、话剧《路，洒满鲜血》和芭蕾舞脚本《北极光》等等。用他自己的话来说，就是要把历史留下，让一百年前旅俄华工的往事传说成为鲜活的历史而为当代的人们所了解、认识并且记住。他的热烈愿望是希望人们记住旅俄华工用生命和鲜血在中俄百年历史上写下的辉煌一页。

作为中国革命的后代，我热烈赞许东生同志所做的重要工作。中国的共产主义战士当然应该关注我们的运动在发端时期所经历的那些意义深远的往事并给以正确的实事求是的解释。毛泽东主席说过，“十月革命一声炮响，给我们送来了马克思列宁主义”。在中国共产党诞生前后，一批革命先驱曾赴俄考察学习，他们是中国接受十月革命影响的代表性人物，其意义非常重大。而旅俄华工直接参与十月革命，意义也不应小看。尽管后来他们并没有成为中国革命的中坚力量，那是当时社会条件所决定的，没有办法改变，他们的历史贡献还是应该受到肯定和纪念。

我支持东生同志的工作，也还是因为我现在担任中俄友协会长职务，对中俄关系的发展十分关注。我认为旅俄华工为一百年来中俄关系的不断进步作出了自己的贡献，他们的命运及事业，构成了中俄友谊史上最初的篇章。中俄两国从18世纪开始发生经济文化方面的联系，并且成为邻国，300年间曾发生了许多事件，而真正友好关系的开始还是20世纪初年十月革命发生之后。旅俄华工参与十月革命并作出自己的贡献，表明中国人开始站在俄国人一边，共同为争取社会进步的事业奋斗。所以这是值得当代中国人纪念的历史。我也相信俄国朋友在完成自己国家社会进步事业的历程中，也会珍爱这一段维系着俄中友谊的历史往事。

现在东生同志出版新书《把历史留下——旅俄华工传奇》，这是凝聚了他半个多世纪心血的宝贵著作，将对中国人民了解自己争取社会进步的历史，对中俄两国人民了解中俄友谊的历史产生积极影响。我们表示热烈欢迎，并敬祝成功！

陈昊苏

2012年7月27日

序四 留下的历史道义 呼唤的历史责任

——读作家东生新著《把历史留下》

邱文仲

(一)

说来真有意思，我能在54年前就拜读了作家东生新著《把历史留下》中的电影文学本子《无产者》，纯属“因祸得福”。

那是1959年9月12日，星期六下午，《中国青年报》国际部开会讨论工作，已定首任“本报驻苏记者”正做出国准备的东生也在场。末了，我因工作安排有点纠结发了两句牢骚，遭致领导批评。散会后，东生见我心气不爽冲我一笑：“嘿，老弟明天来我家坐坐。”第二天下午，我从东城海运仓赶到西四羊市大街赴邀。刚一落坐，东生从书架抽出一本书神秘地说：“给你看样好东西！”我接过第一眼就“镇”了——老解放区出版、纸已泛黄的刘少奇《论共产党员的修养》，封面是朱德总司令手书体的名章，翻开首页，朱老总手书蝇头小楷的眉批跃然纸上。东生告诉我，这是他在转战陕北时胡乔木勉励他好好学习的，可以借我拿回细读，并再三嘱咐这是革命文献，千万保管好。

接着，东生又拿出一个大本——16开、百十页、全部手写和手工装订的电影文学脚本《无产者》，也让我拿回去，看后提点意见，并说旅俄华工参加十月革命的历史真是可歌可泣，真该大书特书！

两个“珍本”在我手上十多天。说真话，我是一次次含泪捧读的。对照伟人，对比先人，我是猛吸其精神营养，哪顾得“修改意见”，阅后奉还。遗下“欠账”。

没有想到，54年后的2013年1月18日，在中国记协老新自工作者迎春团拜会上，与东生重聚相叙。几天后，他打来电话，说准备出版《把历史留下》一书，嘱我评议几句，并派人送来一摞书稿。怀着知遇之恩，也算补偿“欠账”，我欣然试笔。

（二）

读罢《把历史留下》这本书，尤其重读《无产者》、品味《卷首语》，令人动情其悲壮史实，静思其历史价值。这岂止是一本文学艺术读物，分明是一部沉封百年之后昭告于天下的“宣示书”，一部华工版“历史教科书”。它所涉及的中国近代革命史、中国工人运动史、中苏（俄）两国关系史与国际共产主义运动史都应记其浓重一笔！留下这段历史，就是传承历史道义。

第一，这段历史留下的，是“血泪”，是“血战”，更是唯物史观的一次科学应验。

以往的华工史，从南洋胶园到北极筑路、从东瀛劳工到西方淘金，国人常听的、史料记载的华工们，多为饥饿、苦役、鞭笞、虐杀等等，受尽洋人欺辱，挣扎死亡线上，血淋淋、悲惨惨、让人心碎。而本书展现的旅俄华工，却是给中国争光的历史画卷。他们不忍苦痛，愤而抗争，组社团、闹罢工、搞起义，卑贱的“穷苦力”开天辟地头一回登上那个时代的舞台、成为那个社会进步力量——无产者；一群外来的“打工仔”，一跃成为俄国十月革命中一支支冲锋陷阵、血战疆场的“红鹰团”。他们活得轰轰烈烈，受人敬仰！

从“血泪”到“血战”，是科学的唯物史观还原了那段历史的真容。列宁说过，马克思主义以前的历史理论，至多是考察人们历史活动的思想动机，而没有考究这些动机的原因，没有摸到社会关系总体发展的客观规律性。本书的精华恰是考察了华工的思想动机（打工求生）之后又把他们放到十月革命这个“社会关系总体发展”的洪流去考究，终将华工们历史活动的真实价值挖掘出来。

第二，这段历史留下的，是“人格”、“国格”的诠释，是爱国主义英雄、国际主义战士的垂范。

古往今来，有纯真透亮的爱国主义精神与国际主义情愫；也有民族利己、祸害人类的那种“日本侵略者与希特勒的爱国主义”（毛泽东语）；也有委身敌寇、背叛祖宗的“国际主义”。本书记录的旅俄华工们，正是前者。

他们大字识不了几个，但是“时势造英雄”。一旦他们登上那个历史舞台，经受那场风雨的洗礼。便心系天下，胸有大任，爱博于内，厚德于外，国格人格，溶于灵肉，信守践行。

“他们是中国人，又是苏联人。”作为中国人，他们身居异域，依恋祖国，关注国家安危，在中华民族灾难深重的年月，他们闪烁着民族觉醒的星光。作为苏联人，他们融入其间，忠贞不二，为十月革命与苏维埃建设献出一切，黄皮肤、黑头发的中国汉子胸前佩戴金光闪闪的列宁勋章。

下面两段史料，更显他们的赤子之心。

1922年6月4日

赤塔中国工人会议

出席代表500人

会议决议（摘要）

我们是中国的国民寄居于赤塔，我们的故乡及财产通通在北满地带。我们强烈反抗日本帝国主义灭亡中国的政策，救中国出半殖民地位的苦痛。

（1）我们要求日本政府撤回在中国的军队；

（2）我们亟须要求中国政府召开国民会议，用公开平等表决中国国事；

（3）我们更亟须要求中国政府与苏维埃俄罗斯及远东共和国政府缔结经济及军事联盟，避免祖国被日本及其他帝国主义瓜分。

1922年6月6日

齐尔诺夫斯基煤矿区中国工人会议

出席人数250余人。

会议决议：

——现在我们不要信任什么军阀，不要听那些甜言蜜语的演说。

——中国劳动者自己应该主持自己与全国国民的生命。

——消灭帝国主义，铲除资本阶级！

两段史料，弥足珍贵，合盘托出旅俄华工们的爱国心声与国际使命。

第三，这段历史留下的，是厘清了“施舍”与“互援”的国际关系准则。

上了岁数的老人还会记得：新中国成立之初，限于当时的国际环境与历史条件，人们脑子里装了不少“一边倒”呀，“无私援助”呀，“苏军解放了东北人”呀，甚至歌曲唱着“苏联老大哥哟，帮咱建设新国家”呀等感恩的说词。似乎中苏之间只有单向“施舍”，而无双向“互援”。特别是上世纪 60 年代，中苏关系破裂后，赫鲁晓夫大发“救世主”的癫狂，欲置中国人民于死地，苏联一些媒体攻击东生“忘恩负义”，使这种畸形国际关系简直不可理喻。

到底谁援助了谁？这段历史留下的真情却是：千千万万的中国人早就把最珍惜的青春年华献给了俄罗斯大地，又用最宝贵的鲜血与生命援助了十月革命。他们践行了“援助历来是相互的”国际关系准则，无愧于两人民族，可以安魂于九泉之下。

（三）

书，出版了。有籍可考，历史留了下来，由此流传下去。若问“一传”者谁？责无旁贷——我们！

或许有人还问：百年陈事，与今何干？答：“温故而知新”嘛！

毫无疑问，当年旅俄华工们归根结底留下一个大大的“爱”字——爱华夏祖国，爱新兴世界，爱进步人类，爱中国同胞……乃是一笔宝贵的精神财富。精神贵在传承，贵在发扬光大。因此，它不能只留在书本里，不能“压箱底”，更不可说说了事。倒是它具有“知新”的现实意义与深远意义，必须留在人的心灵里，化在人的行为中。

首先，现在举国上下都在向往民族伟大复兴的中国梦。怎么实现中国梦？习近平总书记说：“必须弘扬中国精神，这就是以爱国主义为核心的民族精神，以改革创新以核心的时代精神。”值此大势大计，读读这本书，看看当年旅俄华工们怎样身居异域、忠诚祖国，关注祖国安危的；看看他们怎样远离故土、依恋祖国，不忘祖国，不忘民族凝聚的；看看他们怎样以勇敢勤劳的民族美德为祖国赢得荣誉的。这将为我们今天的爱国主义精神注入新的动力，为实现中国梦鼓励加油，激励出改革创新的活力。

其次，随着经济高速发展，综合国力增强，国际地位提高，当今中国已经走上国际舞台的中心，倡导互利双赢的新型国际关系，担起世界和平发展的更大使命。中国梦与世界互动“不仅造福中国人民，而且造福各国人民。”担此内外使命，读读这本书，看看当年旅俄华工们怎样心系天下，胸怀国际主义使命感；看看他们怎样融入外域、情同兄弟，表现国际主义情义的；看看他们怎样出生入死、不遗余力，给人造福、视同为己的善良心地。这将启示我们深塑与国际地位相称的国民形象，深化与国际主义精神相称的高尚情结。例如扩大世界视野，放眼大局全局；观察国际大事晓以大仁大义；处理涉外事宜体现大度大气。

再次，世界开放了中国，国人遍布全世界。外国人抬高了对中国人的关注度。就此国家形象所及、国民素质所系，我们那些办外交的、做外贸的、当留学生的、搞授外劳务的、旅游观光的，以及其他拿“绿卡”等人，应以何等民族气节与精神风貌亮相于世界？读读这本书，看看当年旅俄华工们怎样重国格、讲人格做社会精英，看看他们怎样重诚信、守本份受人家尊敬的。这将感染着我们面对世界不卑不亢、坦荡阳光、堂堂正正、大大方方，大节谨慎、小节不糙。这就是：多一分自尊，少一些自贱；多一分文明，少一些愚蛮；多一分儒雅，少一些骄悍；多一分诚信，少一些食言；多一分涵养，少一些纠缠。让国人个个成为当年莫斯科街头戴勋章那样文明的体面的受人敬重的中国人。

（四）

感谢作家东生！感谢他受尽“比唐僧还唐僧”的千辛万苦，历经

“九九八十一难”式的磨练，终于实现了“北极取经”之夙愿，留下了这部民族争气的史卷。

他留苏5年，学业繁重，公益繁忙，却又拖着瘦弱的身体，走遍俄罗斯大地。从西伯利亚、乌拉尔到高加索，从阿尔泰到列宁格勒、北极圈，乘飞机，坐火车、汽车，搭拖拉机、雪橇，靠两条腿步行，历时300天，行程10万里，走访200位老华工，直到劳累病倒。

他不谙电影文学，偏又选择这种传媒，愣给自己加了一门功课，读书、观摩、求教、走笔。苦上加苦，加大负荷。

本子出来了，命运多舛。一波是中苏关系有变，“不合时宜”，一波是“文革”浪起，鬼魅刁难。拍电影不行，改编话剧，话剧受阻，改成“芭蕾”……把一桩拂尘淘金的历史课题丢来甩去，一拖几十年。

当今流行一句衡量价值观的口头禅：“图什么呀?”是呵，东生他如此义无反顾，如此不屈不挠，究竟图个啥？当我边读书稿边思其时，脑子里不禁浮现一个问号：旅俄华工事逾百年，到20世纪50年代也有个世纪，为什么文人史家少有笔墨，黎民百姓“鲜为人知”，而唯被一位二十出头的学生慧眼识珠？东生自己说源自“学新闻的敏感”。我以为此话过谦。让我们引用列宁纪念《国际歌》作者欧仁·鲍狄埃逝世25周年纪念文章吧：“一个有觉悟的工人，不管他来自哪个国家，不管命运把他抛到哪里，不管他怎样感到自己是异乡人，语言不通，举目无亲，远离祖国，他都可以凭《国际歌》的曲调，给自己找到同志和朋友。”可见，东生在莫斯科见到第一个中国人时，他不是停留“老乡见老乡”的亲热感新奇感上，而是凭着《国际歌》曲调、《共产党宣言》的引领，找的是无产者“同志和朋友”。无产阶级革命历史的失踪者。这是一个马克思列宁主义者唯物史观的良心召唤，一个中国共产党人自觉担当的历史责任！可敬啊，东生！

百年红鹰留青史

世代当思修史人

通

讯

“友谊是我们共同的生命”

蓝天上飘过几朵浮云，柔和的阳光照着雪地。“烈士公园”笼罩在一片肃静里。王德云老人走到墓前，轻轻低下了头。

在1921年初春卡拉瓦娜娅车站附近同白匪的一场众寡悬殊的残酷战斗里，27个红军战士壮烈牺牲了；其中，有一个年轻的中国人辛初（译音）。现在烈士们就长眠在这里。每年青年们都在这里集会悼念。

王德云站在墓前，一群女学生围着他，要他讲述那充满革命风暴的遥远的年代。王德云并不知道辛初，也许老人和他一起打过仗，但是，像辛初这样无声无息地为苏维埃政权而捐躯的中国人一共有多少啊！

三年多来，我碰到不少中国老人。有的已白发苍苍，有的还精神抖擞，胸前佩着“列宁勋章”。他们是怎么来的？他们的命运又怎样？

我怀着一颗激动的心，走进了斯大林诺州（现名顿涅茨克州）国家历史档案馆。在这里我了解到，在第一次世界大战期间，帝俄资本家从中国“输入”了大批廉价劳动力。据初步统计，单在顿巴斯就至少有3000多中国人，而在整个俄国，又何止几万？

王德云永远不会忘记他是怎样离开了灾难深重的祖国的。九岁时他给地主放猪，后来当长工，受尽了折磨。1916年3月，24岁的王德云同两千名被招募的工人一道，挥泪告别了亲人来到俄国。他在西伯利亚修铁路，到罗马尼亚挖战壕，又在矿井里度过地狱般的日月。

不久，俄国掀起了十月革命的巨浪。被侮辱、被奴役的中国人，立刻在布尔什维克的率领下，拿起武器，为自由、面包而战。他们和俄国兄弟一起，以自己的鲜血和生命，在内战史上写下了可歌可泣的光辉的一页。关于他们，在苏联人民中间还保有着鲜明美好的回忆。

当时王德云是中国连的战士，后来当了事务长。他说：“中国连连长叫李双，连副是魏秉丞。连里人管白匪叫‘白眼狼’，管自己叫‘布尔什维克’。我们许多弟兄都牺牲了。单在雅西诺瓦达车站和‘二十八号矿’附近，中国连损失了一百多人。”王德云老人激动地说：“但是，我们的血没有白流，新的生活诞生了。我们和俄罗斯人、乌克兰人像兄弟一般平等友爱。”

“我们生活得很好。”王德云说。1950 年，工作了 28 年的老采煤工王德云开始养老了。按照新法律，现在他的养老金比过去增加了 50%。

大厅里挤得满满的。进不来的人都拥在门外。台上挂着列宁和毛泽东像，台前是巨幅红布标语，上面用俄文、中文写着“苏中友谊万岁!”。

晚会隆重地开始了。老矿工库斯科夫第一个讲话。他在 1918 年是个红军战士。在他们的师部领导下有个第 18 中国连，共有 300 多人，绝大部分是青年。库斯科夫和中国人一起并肩作战了一年。中国连以勇敢闻名于全军，多次受过白发将军查以采夫师长的表扬。连里有两面被子弹打穿的军旗，上面分别用中俄文写着：“前进，为了革命!”库斯科夫在这里又回想起中国战士的英勇事迹。他说：1919 年 5 月 22 日，在雅西诺瓦达车站附近，有一场激烈的战斗。在白匪猛烈炮火下退却的红军伤亡很大。这时一个中国士兵，在高高的干草堆上，从侧面向敌人开起火来，因而部分转移了敌人的火力。同伴们撤走了，他才爬下草堆，可是白匪已经把他团团包围。敌人叫他投降，他不肯。干草堆着了火，顷刻间，浓烟升起，烈焰冲天。可是中国人没有跑出来，他在干草堆里一直战斗到最后一息。

大厅里寂静得连人们的呼吸都听得见。全场起立默哀，悼念所有为苏维埃政权而英勇牺牲的中国同志。

大厅门口起了骚动。77 岁的老矿工茹尔，冒着大雪，由孙子扶着来到这里，一直走到台上。“同志们，我不能不讲几句话。”他说，“1919年4月，我们在列宾车站跟白匪打了一仗。三个中国战士被打死了。我们用牺牲五个俄罗斯士兵的代价，在枪林弹雨中，抢回他们的尸体，隆重地埋葬了他们。当时多少人流了泪啊！”老人眼睛红了，他停了一会激昂地说：“同志们，我们的友谊是鲜血凝结成的！世界上有什么力量能动摇它呢？没有，永远不会有！”

共青团员拉丽莎走上了台。她说：“我们永远记住那些为俄国革命而牺牲的中国人，像记住自己的父亲一样。在希特勒占领期间，顿巴斯附近有共青团地下组织，其中有一个中国青年叫王采（译音），他是个机灵、勇敢、忠诚的团员。法西斯匪徒严刑拷打他、利诱他，可是他坚贞不屈，宁肯死也不出卖同志。”拉丽莎代表全体团员送给我一盏矿灯，上面还刻着字。她说：“矿灯是光明、和平、幸福的象征。愿它的光永远照耀着苏中青年的友谊之路。”

……夜深了。炼钢厂那边的天空，被染成了一片玫瑰红。我们在雪地上走着。茹尔老人慢慢地说：“青年们好好记住，我们永远一道走，肩并肩，手携手。友谊是我们共同呼吸的空气，是我们共同的生命！”

（1957年2月13日《中国青年报》）

中国人参加了十月革命

你知道吗？中国人参加了十月革命！他们，前仆后继，舍死忘生，紧紧跟随着伟大的列宁和布尔什维克党，为建立苏维埃政权同敌人进行了殊死的搏斗。中国人的鲜血曾经同俄国人的鲜血流在一起……

在沙皇俄国，据估计，约有几十万中国人。从远东到摩尔达维亚，从中亚细亚到遥远的北方，到处都留下了他们的足迹。在这些人中间，有一部分由新疆流入中亚细亚；绝大部分则从上海、大连、哈尔滨来到俄国。他们在异乡修铁路，做小买卖，打零工，种菜。第一次世界大战期间，俄国劳动力非常缺乏，俄国资本家同中国的官僚买办做交易，从中国输入了大批廉价劳动力。

据 1918 年 7 月彼尔姆省苏维埃的《消息报》载，革命以前，单在俄国欧洲部分和西伯利亚一带，就有 40 多万中国工人。

他们大都是东北、山东、河北和江浙一带的贫苦农民。在俄国资本家的压榨下，他们像一群牛马，过着黑暗、悲惨的日子。

革命的风暴渐渐逼近了。中国工人们在布尔什维克的号召下，同俄国工人一起，开始向资本家进行斗争。本德拉城的许多中国工人曾经因为参加革命活动而被资本家解雇。

十月革命给中国工人第一次带来了光明。很多人虽不十分了解革命，但他们都知道：革命是对穷人有好处的。所以，他们毅然参加了攻打冬宫的战斗，有人还成了列宁的卫士；后来，他们又成批地参加了游击队和赤卫队、红军，为保卫苏维埃政权，为自由和解放而战。他们称布尔什维克党为“红党”、“穷（人的）党”，而每个人，不管是不是共产党员，都称自己是“布尔什维克”。

这第一批中国的红色战士，遍布在内战的各条战线上。红军部队里，有个别的中国士兵，有中国班、中国排、中国连、中国营、中国团，也有中国国际大队。

1918 年 8 月 29 日，彼得格勒（即现在的列宁格勒）红军司令格拉瓦茨基下令，将城市的第一区中国大队正式改编为“彼得格勒中国国际大队”，队长是俄国人布契科。同年 9 月，中国大队奉命开往科兹洛夫城，去接受南方战线司令部的指挥

1918 年初，莫斯科成立了中国营。莫斯科沙巴洛夫卡街一幢石造的三层大楼就是这个营的营房。中国营有 180 人，是由本德拉城的中国工人组织起来的。营长孙伏园，出身于一个贫苦的公务员家庭。在红军第二革命军代表大会上，他建议大力组织红色中国连队。在苏联革命博物馆里，珍藏着几张莫斯科中国营的照片。

1918 年 6 月 13 日，《红军报》（彼得格勒出版的军事报纸）登载了一则题为“红色中国营”的新闻，上面说：“中国红军战士已经超过一千八百人，数目正在不断增长中。萨马拉和西伯利亚组织中国营的工作最为顺利。西伯利亚至少将有一万中国人参加红军。”

我在莫斯科遇见的中国老人李希惠、刘宝金，就是在伏尔加河上的萨马拉（即现在的古比雪夫）参加红军的。李希惠说，他们那个中国营有 500 多人，曾经攻打过雅罗斯拉夫尔和基辅城。在一次士兵集会上，共青团员李希惠看到了列宁。至今他还牢牢记得列宁在会上讲的一句话：“不劳动者，不得食！”

在南方，有一个红色中国团。此外，在红军第九射击师里，有一个第十八中国连，300 多人，全部是顿巴斯的矿工。连长是李双，连副是魏秉丞。他们在伏罗希洛夫同志的指挥下，曾经转战于哈尔科夫、顿巴斯和顿河之间，参加了解放罗斯托夫和乌克兰的战役。我在斯大林诺遇见的 73 岁的老人吴国宗，就是这个中国连的机枪排长。他三次身受重伤，从 1923 年起开始领优抚金。另一位老人王德云，原先打游击，以后是孙伏园的部下，在敖德萨附近头部受伤，留在德国占领区休养、做

工，最后来到顿巴斯，在中国连里当事务长。

在乌拉尔，有一个威名远震的“红鹰团”。这是第一个按正规化方式组织起来的红军连队。在这个团的第六连里，最初只有两个中国人，后来，在退却途中，乌拉尔的中国工人纷纷加入，先成立了中国连，后来扩大为营。

在中国人聚居的赤塔、伊尔库茨克和远东一带，都有过中国连、中国营，以及有中国人参加的游击队。《红军报》记载：“中国队伍完全由贫苦的工人、矿工所组成，基本群众是苦力。有些中国商人要求参加，没有被接受。中国战士非常关心俄国革命的情况。他们几乎每天都举行集会。……中国人在谈话中表示，希望俄国无产阶级帮助中国革命。”

中国战士在红军里以勇敢著称。《红军报》写道：“严格的纪律和坚韧精神赋予中国队伍以不屈不挠的顽强性和威力：他们总是最后才离开战斗。”参加过内战的顿巴斯老矿工库科夫对我说：“哪里最难打，哪里一定有中国人。他们打起仗来，猛如虎：站着打、坐着打、跪着打，你必须常常按着他们的脖子，要他们卧倒。撤退的时候，他们总是在最后。有时指挥员下令撤退，他们好像听不懂话，还拼命在打，说：‘子弹不打完，决不撤！’”

在残酷的战斗生活里，中国人和俄国人同生共死，并肩作战，结成了亲密的兄弟，中国人冒着生命危险，去挽救陷入重围的俄罗斯兄弟；而俄国人在枪林弹雨中，用巨大的代价去抢回中国战士的尸体。

许多中国人在内战中献出了自己的生命。在顿巴斯的雅西瓦塔亚车站和“第二十八号矿”，中国连伤亡 100 多人。在敖德萨附近的阿勒丹车站，以孙伏园为首的中国营同德国人展开了激烈的争夺战，车站四度易手，终于回到了红军手里，有 38 个中国战士壮烈牺牲了。

对于那些为俄国革命而献出生命的中国人，苏联人民永远保有着不可磨灭的记忆。在伏罗希洛夫格勒的纪念碑上，刻着三个中国人的名字。在斯大林诺的烈士公园里，埋葬着一个中国人。每年十月革命节前夕，青年们都在墓前集会，献花圈，墓上覆盖着巨幅红旗。而每一次，人们的眼前，都浮现出中国战士的光辉形象。

（1957 年 4 月 18 日　新华社）

俄国华工的命运

在沙皇俄国，几十万华工的命运是很悲惨的。然而，谁都没有想到，正是在俄国，正是由于十月革命，他们第一次找到了永远摆脱痛苦的道路，找到了同生死、共患难的朋友。

老布尔什维克查树辛给我讲了一个故事：

1916 年 7 月，几千名中国工人来到乌拉尔著名的矿区吉塞尔做工，查树辛和他们一起在矿井里做苦工。九月的一天，没有安全设备的矿井塌了，人们从井下拖出了几百具尸体。

血的事实激怒了人们，俄国布尔什维克发动华工起来向资本家斗争。一天，矿工们向经理处拥去，喊着“给我们工资!”“让我们回家!”的口号，资本家拒绝谈判，工人也拒绝下井，打着红旗，上街去游行示威。

从城里调来的骑兵冲散了工人队伍，并且毒打工人。中国人被关在宿舍里，不得外出。这种暴行激起了矿区人们的愤怒。矿场里为数不多的俄国老工人全体宣布罢工。他们到附近农村里去为中国弟兄搜集食物，妇女带着孩子冲破沙皇封锁线，给中国工人送饭，看护受伤的人。

由于军火工厂需要煤，资本家被迫同工人代表谈判。在七天谈判中，华工们在俄国矿工支持下，不顾威胁、利诱，坚决不下井。资本家无可奈何，把华工押送到外地，吉塞尔煤矿不得不关了门。

事实教育了华工们，使他们深刻地懂得“天下工人是一家”的道理，因此把自己同俄国工人的命运紧紧地连在一起。

中国工人和俄国人民一起迎接和欢呼十月革命的到来。由于十月革命的胜利，华工们获得了解放，找到了第二故乡，并且做了他们应做的一切。不久，一部分人为了保卫十月革命的成果，拿枪上了前线；在后方的华工用辛勤的劳动来巩固苏维埃政权。

布尔什维克党帮助华工们组织起来。1918 年，团结着莫斯科、彼得格勒（即列宁格勒）和北方州的七万名华工的“中国工人和红军士兵代表委员会”成立了。《中国工人》是它的机关报。12 月 9 日，这个委员会在彼得格勒召开了代表大会。大会通过决议，向为争取中国资产阶级民主革命胜利的战士致敬。它说，“在俄华工希望祖国工人兄弟决不要向国内外资产阶级作任何妥协”，华工们“非常幸运地站在世界革命的先锋队——俄国工人的行列里。他们知道，……只有和俄国工人阶级紧密团结，我国革命才能成功”。

后来，“中国工人和红军士兵代表委员会”实行改组，成立了“全俄华工联合会”。1919 年 12 月，联合会召开了代表大会，通过了工会章程。章程规定联合会是在俄华工的组织，只有不剥削他人劳动的人才能参加。

工会成立后，在苏维埃政权的帮助和保护下，在俄华工同在俄国的中国不法商人、包工头、恶霸展开了无情的斗争。过去，这批家伙靠着俄国资本家和封建帮会的黑暗势力，任意剥削和压迫工人。十月革命后，他们不甘心失败，仍然用各种方法企图继续骑在工人的头上，有的改名换姓，假装“革命”，混在红军内部进行破坏。华工坚决地同他们斗争。1918 年 5 月 15 日，在莫斯科，以刘德新（译音）为首的流氓集团冒充红军，以“抓特务”为名大肆抢劫华工，并开枪打人。次日晚，在莫斯科的全体华工举行紧急大会，申斥“这种罪行玷污了红军战士的军衣”。全俄华工联合会中央执行委员会主席刘绍周写信给列宁，请求保护华工。17 日，苏俄副外交人民委员卡拉汉和东方司司长伏兹涅先斯基写了一封长信给红军总司令部，要求红军总司令部“立即调查这一事件并严惩祸首”。

不久，祸首被惩办了。一批坏分子被从红军中清洗了出去。苏俄司法人民委员还特别颁布了保护中国工人的法令。在俄华工从此再也不受人欺侮，而是苏维埃各族人民大家庭中光荣的一员了。

在苏维埃国家和布尔什维克党的领导下，在俄罗斯、乌克兰的几十个工业城市中成立的在俄华工联合会的分会，进行了大规模的政治教育、文化和福利工作。各地纷纷为在俄华工开办了工人夜校、经济政治知识讲习所、俄文训练班、技术训练班等。彼得格勒成立了“东方俱乐部”。华工贾成祥等人还组织了一个京剧团，苏维埃政府特地从上海为他们买来了服装、乐器等。他们的演出受到了华工和俄罗斯工人的欢迎。

布尔什维克党对华工的热情关怀从各地档案馆保存的文件中也可以看出来。例如在斯大林诺档案馆的文件中可以看出：地方党组织有责任积极指导中国工会工作；尽一切可能改善华工生活；中国工会会费概不上缴，用以增进华工福利等等。顿巴斯华工工会领导人之一、共产党员朱德福（译音）被白匪暗杀后，州党委举行了隆重的追悼大会，几万群众参加了葬礼。

苏维埃政府重视华工的工作和生活。1920 年在莫斯科召开了全俄华工联合会第三次代表大会，全俄中央执行委员会主席加里宁同志出席了大会，并且发表了简短演说。他说：“我代表全俄中央执行委员会向大会致敬。我很高兴来参加这个在俄国的中国无产阶级代表人物的会议。我国现在是中国工人的学校。你们应该在这里学习怎样来争取自己的权利。要记住，如果你们将来在本国发动革命，你们的主要敌人是外国和本国的资产阶级。对小资产阶级要很小心。只有工人阶级才是革命的真正领袖，这是不能有丝毫妥协的。你们必须和苏维埃俄罗斯共同携手……我衷心地希望被压迫的中国工人阶级取得完全的胜利，完成它应尽的事业。你们要把自己的伟大潜力完全发挥出来。”加里宁的讲话给华工们以很大的鼓舞和力量。

在布尔什维克党的教育下，有很多华工参加了共产党；有的成了劳动英雄，获得“列宁勋章”；有的成了学者，得了副博士学位。

有关在俄华工情况的一些照片、资料和文件，可以从各地博物馆、档案馆中找到。例如莫斯科的博物馆里藏有三期中文的《旅俄华工大同报》，它是 1920 年在彼得格勒用石印出版的全俄华工联合会的机关报，上面登有社论、时评、新闻、小说、古诗和读者来信等。它表达了华工们对新生活的热爱，对日本帝国主义的仇恨和对祖国命运的关怀。

从顿巴斯到莫斯科，从列宁格勒到西伯利亚，我遇到了许多年老的华工，他们的创造性的劳动博得人们的尊敬，他们和苏联各族人民和睦相处，丰衣足食，过着幸福的晚年。

（1957 年 10 月 18 日　新华社）

红　鹰

艰难的1918年。年轻的苏维埃共和国在熊熊的战火里屹立着，战斗着。

春天，一队乌拉尔的红军，驻守在依尔贝特山下。有一天，从森林里走出两个背着小包袱的中国人，志愿加入红军。

“无产者！矿工！”他们拍着胸脯说。

“会打枪吗？”排长问。他们熟练地做了个射击的姿势。原来，他们在中国都当过兵。

晚上，六连长塞诺戈索夫跟他们谈话，好容易才弄明白：他们过去是贫苦的农民，为了挣一口饭吃，不得不到俄国来做工；红军是穷人的队伍，他们想参加红军，当机关枪手。连长说：“欢迎你们参加红军，可是，当机关枪手暂时还不行。以后再说吧。”

这是威名远震的第一共产主义农民团队里最初的两个中国战士。大家亲切地用俄罗斯人的名字称呼他们：一个叫瓦夏，一个叫米沙。

一上战场，他们就表现出是勇敢的人。他们把步枪架在树上，站着打，打得很准。“快躺下！”旁边人喊道。他们笑着说：“没关系！很好！”

连里只有一架“戈特”式机枪。俄国机枪手受伤以后，连长毫不犹豫地把这挺机枪交给了新来的两个中国人。

有一次，红军在开阔地带上退却。机枪在后面掩护，阻挡着敌人的进攻。突然，机枪沉默了。人们焦急地想：“糟了，他们被打死了。”过了几分钟，机枪突然响了起来。一会儿，又沉默了。战士们发现，在平坦的绿油油的草地上，有两个像甲虫一样的东西蠕动着。那就是瓦夏和米沙。他们在向后撤，为了不暴露自己，只得在地上匍匐爬行。沉重的机枪架在瓦夏的背上。他们爬一会，停下来开一阵火，又继续向后撤。连长命令向敌人开火，来掩护他们。

瓦夏和米沙归来了。战士们欢呼着，把他们举在空中。

夏天，捷克军团 6 万人叛乱，英、法、美、日、意帝国主义和白卫军猖狂进攻。苏维埃政府宣布："社会主义祖国在危急中!"列宁发出号召："工人同志们！我们去作最后的决战啊!"

东方战线上，决定着革命的命运。乌拉尔的中国工人成批地参加了红军。

7 月，在彼尔姆城成立了中国连。250 人全是来自吉塞尔的矿工。连长叫刘汉成（译音）。士兵中间，有山东人、东北人、北京人。中国连驻扎在"红色营房"里，进行了两个星期的训练，然后，乘船沿着卡马河东上，同阿拉巴耶夫斯克的中国连会合，组成了中国国际主义营，被编在瓦夏和米沙所在的那个团里。

10 月 20 日夜。阵地上笼罩着激战前夕的寂静。农民团要用进攻来阻止气焰万丈的高尔察克匪军的进攻。

天将破晓。30 来岁的中国营营长任福成（译音），轻轻地走到奥士洛波夫斯基团长面前，说道："中国营一切都准备好了。白匪睡得像猪一样。可以开始啦!"

冲锋号吹起。"乌拉"声震动大地。中国营的骑兵健儿，挥舞着马刀，像一阵风，疾驰向前。他们从东北方冲进了拉雅镇。装备优良，人数三倍于红军的敌人，被打得落花流水。

红军的战果辉煌：只有 2000 人的农民团，毙伤匪军 1500 人，俘敌 370 人。

10 月 23 日，苏维埃政府下令，将农民团队命名为"红鹰团"。27 日，在杜拉河畔的库斯瓦镇，举行了隆重的授旗仪式。中国营全体官兵和团首长一起照了相。

红军在极端困难的条件下，向北退却。

11月初，卡马河结着一层薄冰。中国营开到河畔的叶洛沃村。战士们又饿又乏。夜里，富农给敌人报信，匪军从三面把村子包围了。中国营沉着应战，英勇抵抗。人数众多的敌军，仗着猛烈的炮火，步步进逼，把红军压退到河边。在这万分危急的时刻，卡马河红色舰队的“鲁斯洛”号轮船开到了。俄罗斯水兵们跳上岸来，冒死向敌人冲去。黎明，受了重大创伤的中国营终于和水兵一起杀出了重围。

鲜血染红了静静流淌的卡马河。300多人阵亡了。营长任福成和100多名战士被俘。他们在刺骨的寒风中，光背赤脚走了一星期。许多人在路上冻死了。活着的人被解到西伯利亚的丘缅城。在监狱里，他们忍受了敌人的严刑拷打，一直保持着坚贞不屈的英雄气概。营长任福成和战士陈玉孙、汪连启、师镇江等人被枪杀，排长郭老九被活活在树上吊死。半年以后，红军打过来，李希富、戴良国（译音）等人才获得自由。他们一出监狱，就拿起武器去为死难的战友复仇。

贾成祥、侯永顺等十几个中国战士，从叶洛沃村冲出来以后，在森林里迷了路，第七天，才偶然碰到了一个拾柴的老太太。夜里，她把战士们偷偷领到家里，拿出所有的食物给他们吃，然后带着他们去找红军。红军走远了。中国战士在一个俄罗斯水兵的领导下，组成了一支游击队，战斗在敌人后方。

红军继续向乌拉尔北部退却。越来越多的中国工人加入了红军。中国营的队伍在不断扩大。

11月30日，“红鹰团”在巴朗卡镇陷入重围。正在休整的中国营和普梯洛夫工人团火速赶去营救。经过一昼夜的血战，匪军被打垮了。

阵地上，一个负伤的中国人昏昏沉沉地躺着。等睁开眼的时候，看见有两个人扭成一团正在肉搏。于是他拔出腰刀，咬着牙，向前爬去。血从他的伤口里涌出来。眼看俄罗斯红军士兵要被敌人摔倒了。他一跃而起，猛地一刀砍下去，把匪徒砍倒在地上。这位流血过多的中国人，躺在俄罗斯战士的怀里，死去了。

在这场残酷的战斗里，335名中国战士壮烈牺牲。

12月中旬，匪军向彼尔姆城逼近。中国营奉命坚守在特罗依察村。

敌军两个团和一支千人突击队，发动了疯狂的进攻。中国营只有

256人，其中有6个俄罗斯士兵。他们在粮弹不足的情况下，顽强地抵抗着。敌人的几次冲锋都被打退了。冰冻的塞尔瓦河上躺着一排排匪军的尸体。

25日早晨，炮火沉寂下来。原野上，一片暴风雪凄厉的嚎叫声。

中国营的将士们，和敌人恶战了三天三夜之后，光荣牺牲了。最后，只剩下一个负伤的战士。他夜里爬进村，躲在本德科夫木匠的家里。第三天，他对木匠说："依凡，这儿很危险，我不能连累你呀。弟兄们都牺牲了。我得走，找红军去！"他趁本德科夫熟睡的时候，悄悄走掉了。后来木匠发现，这个身材不高的黑发青年，被匪徒们枪杀在路边。

"红鹰团"中国营，就这样，在塞尔瓦河畔，结束了它的光荣的道路。

25日晚，彼尔姆城陷落了。

东线形势的恶化，严重地威胁着苏维埃国家的命运。成千上万的共产党员、共青团员奔赴东方战线。根据列宁的提议，斯大林和捷尔任斯基被派到这里。

1919年春天，红军开始反攻。几支乌拉尔中国工人的队伍，在伏龙芝将军的率领下，勇猛杀敌。乌拉尔解放了，英雄们又踏着烈士的血迹，高唱着"红鹰之歌"，向西伯利亚挺进：

红旗迎风招展，
"前进！"——鹰在召唤，
勇敢的歌声飞扬，
红鹰们为胜利歌唱……

（1957年10月23日《人民日报》）

战友情

十月革命爆发了，王德云像许许多多中国工人一样，拿起武器，跟随着布尔什维克，去为自由而战。他先在第聂伯河畔的森林里打游击，后来又正式参加了红军。

中国营在著名的英雄雅吉尔团长的率领下，勇敢地同白匪军战斗在乌克兰的原野上。

1918 年 3 月 20 日，以孙伏园、刘春扬为首的中国营，在敖得萨附近的阿尔丹车站，同德国侵略者展开了激烈的争夺战。车站曾先后四次易手，终于又回到了红军手里。38 个战士牺牲了，其中有王德云的好朋友杨先。

7 月，一个繁星闪耀的夜晚。在离阿必西尔克车站不远的地方，中国营和众多的敌军遭遇了。红军且战且退，王德云头部受了重伤，倒在树林里昏过去了。当他醒来的时候，发现自己躺在柔软的床上，门口站着一位乌克兰老人。老人对他说：

“别怕，孩子，有我就有你！”

德国兵进村来了，老人把王德云藏在干草堆里。不几天，来了三个中国工人。因为王德云的伤口必须请医生治疗，他们就把他偷偷地带到车站，送进了医院。

有一天，德国人发现王德云头上扎着绷带，说他一定是红军伤兵，要立刻枪毙他。这时，20 多个中国工人和几十个俄国工人挺身而出，证明王德云是在替德国人砍树的时候受伤的。他又一次得救了。

王德云养好了伤，带领着当地所有的中国工人，逃出德国占领区，在顿巴斯找到了红军。

他加入了300多人的红军中国连，这是属第九射击师的。连长叫李双，连副叫魏秉丞。王德云起初是战士，后来担任事务长。战士们称白匪叫“白眼狼”，称自己是“布尔什维克”。他们以勇敢闻名于全军，曾经多次受到白发将军查以采夫师长的表扬。连里有两面被子弹洞穿的军旗，上面分别用中文、俄文写着：“前进，为了革命！”

士兵们的生活是非常艰苦的。他们每天只有400克黑面包，常常以马肉充饥；睡在潮湿的战壕里，在寒冷的冬天还穿着单薄的军衣。但是，战士们却精神抖擞，斗志昂扬。休息的时候，他们和俄罗斯士兵一起跳舞唱歌，尽情欢乐。在长期的战斗生活里，他们和俄国人同生共死，并肩作战，成了亲密的弟兄。

太阳已经偏西了。王德云匆匆和女学生们道了别，坐上汽车，向烟囱林立的马盖耶夫卡驶去。

丘陵起伏的顿尼茨草原，披上了晶莹的冬装。只是矿山附近，那一座座高耸的矸子山，还终年不息地冒着一缕缕青烟。

土岗上，站着王德云和另外两个顿巴斯的老矿工。

“38年了！还认得出来么？”王德云轻声说。

库斯科夫和茹尔，仿佛未听见他的话，因为他们凝视着面前的那片旷野，不觉勾起了对以往战斗年月的沉思。原来这片地方是他们在1919年5月10日和白匪血战的疆场。1919年，当邓尼金匪徒要扼杀年轻的苏维埃共和国的时候，他们曾经跟中国连在一个师里，由伏罗希洛夫将军率领着，转战在顿巴斯和顿河一带的草原上。有一次，他们就在这里同白匪展开了激烈的战斗。

老人们下了土岗，慢慢向“28号矿”走去。

那里一切都变得难以辨认了。在辽阔的草原上，生长起一个美丽的矿工村。不过，村边峡谷中，那条清清的格鲁芝纳亚小河，还照旧静静地流着。就是在这条河边，库斯科夫曾经同一个姓王的中国战士，并肩向敌人冲去。突然，小王“啊!”的一声倒下了。库斯科夫跪在他身边。有个红军战士焦急地问：

“怎么啦?”

“哥萨克把中国依凡（中国连里姓王的，俄罗斯人都叫他们‘依凡’，因为俄文里的‘王’和依凡的‘凡’发音完全一样。）打伤啦!”库斯科夫愤恨地答。

小王嘟囔着，勉强坐了起来。血从他的袖口直往下流。他咬着牙，用右手摸着枪，说道：“咱们走吧，向前冲!”

库斯科夫架着小王，不是去冲锋，而是把他送到了救护所。

库斯科夫转过脸来对着王德云，若有所悟地问：“唉，你也姓王，那个人不是你吗?”

“不是我。”王德云答道。“唉，这儿一仗，我们弟兄伤亡了三十多。在雅西诺瓦达车站，牺牲就更大啦!”

“那场战斗可真激烈啊!”库斯科夫不禁感叹地说道。

1919 年 5 月 22 日，红军撤出雅西诺瓦达车站。他们在白匪猛烈的炮火轰击下，退却了，伤亡非常大。这时，一个中国士兵，在高高的干草堆上，出其不意地从侧面向匪军开起火来，因而转移了敌人的部分火力。等到同伴们撤走了，他才从草堆上下来；可是，白匪已经把他团团包围。

“快投降!”匪徒们吼叫着，但谁也不敢走近他。

他骄傲地回答：“老子是革命的士兵，决不投降!”

干草堆被白匪点着了火。顷刻间浓烟升起，烈焰冲天。可是，那个中国战士没有跑出来，他在干草堆里，战斗到最后一息。

“嗳，你们还记得吗?”一直沉默着的 77 岁老人茹尔开了口，“7 月，我们在列宾车站跟白匪干了一仗。三个中国人阵亡了，我们俄罗斯战士用牺牲五个人的代价，在枪林弹雨中，抢回了他们的尸体。后来，在顿尼茨河右岸加里明斯卡亚村边，隆重地埋葬了他们。团政委费道罗夫还在墓前讲了话。”

茹尔老人的声音直发颤。他停了一会，又慢慢讲起故事来。

秋天，红军在顿河草原上退却。有个中国士兵突然失踪了。团长马蒙诺夫亲自派营政委茹尔和几个战士去找，可是怎么也找不到。夜晚，部队在华西里夫卡村宿营，茹尔忽然听见一阵叫嚷声，出外一看，失踪的人回来了！大家围着他，问长问短的。

原来，行军中途，那个中国战士因为身体不舒服，拉在后边想歇一会，不料躺在草原上睡着了。远远的马蹄声把他惊醒。他坐起来抬头一看，发现有三个白匪侦察兵骑着马正向他冲过来，想活捉他。这时，他又倒在地上假装睡着了。等敌人走近，他端起枪来一排子弹打出去，领先的哥萨克被打下马来。接着，他又扔出了几颗手榴弹。在一片烟雾弥漫的爆炸声中，他跳上了敌人丢下的马，飞奔而去。经过种种艰险，他又找到了自己的队伍。团长跑来慰问他，握着他的手说：

“好小伙子!”

老人边走边谈。他们像久别重逢的童年旧友，兴奋地各自回忆着充满了革命诗意的青春时代。

“谈起我结婚，还是件有趣的事哩!”王德云微笑着忽然转了话题说。

“那是1922年的事情，当时国内战争已经结束了。我们3000名中国弟兄复员到顿巴斯恢复工厂、矿山。我被分配到尤淑夫卡当民警。有一天，在一个胡同里，我发现了一个年轻的姑娘在哭。上前一看，嘿，原来是个过去的熟人。我禁不住又惊又喜地问：‘哎呀！安娜，你怎么来啦?’我在森林里打游击的时候，就认识这位挺逗人喜欢的护士了。她揩着眼泪，跟我讲：‘到这儿来做工的。护照、证件都给人偷啦。现在谁还相信我呢?’我说：‘嘿，没关系，跟我走吧!’”

“我领着安娜去见民警局长。我向局长讲了她的历史，局长就什么都答应了。出来以后，她惊讶地说：‘民警局长怎么连问也不问我呀?’我朝她笑笑，什么也没有说。可心里真高兴啊！我想起了……”

1921年，在一个漆黑的深秋的夜晚，一小队剿匪的红军驻在村子里。战士们疲惫不堪，个个呼呼大睡。当时，王德云还没有睡着，他突然听见狗叫得厉害。原来，大股土匪打死哨兵，摸进村来了。他们正在挨门逐户地搜捕着红军。王德云翻过篱笆，飞一般跑到队长加尔乌霍夫那儿，把他叫醒。匪徒们已悄悄从两边抄过来。王德云开了枪，想掩护队长上马。谁知队长刚一出门就被打伤了。村内枪声四起。王德云抱着队长爬上马，边跑边打，终于突破了重围。

民警局长加尔乌霍夫和王德云真比兄弟还亲哩!

1923 年，矿工王德云和美丽的乌克兰姑娘安娜结婚了。加尔乌霍夫就是他们的主婚人。

晚会隆重地开始了。库斯科夫、茹尔、王德云都讲了话。然后，全场起立，为所有在内战中英勇牺牲的中国战士默哀。

“世界上没有比战斗的友谊更珍贵、更牢固的了!”掘进工人马季柯，东北解放战争的参加者，站在台上说，“1945 年 9 月，一个大好晴天，我们五个红军战士巡逻在青纱帐里。前面忽然一声枪响，斯捷潘诺夫上士从马上滚了下来。他被红胡子用暗枪打死了。这时，我们听见邻近的地方响起了警报。全村老小，拿着斧头、叉子，出来搜捕土匪了。不到一小时，凶手就被捉住。一个老头愤怒地咒骂着，他不顾人们的拦阻当场用石头把土匪砸死了。”

大会在欢呼声中，通过了给中国工人的一封信。信上说：

“亲爱的伙伴们，友谊是我们共同呼吸的空气，是我们共同的生命!”

该分别了，三位内战时代的老战友站了起来，恋恋不舍地握着手，相对无言地望着，望着……

（1957 年 10 月 12 日第 20 期《中国工人》）

国际大队

40年前，有一支红色国际大队，战斗在乌拉尔前线。俄国人、中国人、朝鲜人、匈牙利人、奥地利人，在国际主义的旗帜下，出生入死，并肩为保卫苏维埃共和国而战。

国际大队队长赫罗马特柯，如今住在苏联的彼尔姆城里。这位75岁的匈牙利老人，快乐、健谈。他向我们谈起了国际大队。他说：

“我是石匠的儿子，在布达佩斯大学法律系毕业，当过律师。后来被抓去当兵，参加了第一次世界大战。1915年，我被俄军俘虏。在乌拉尔的工厂里，我认识了俄国布尔什维克谢尔盖耶夫，他引导我走向革命，介绍我参加了共产党。

1918年初，在叶卡杰林堡（今为斯维德洛夫斯克城）成立了国际大队，我被任命为大队长。我们大队归红军第三军国际纵队指挥，纵队司令是费伦茨·明尼赫（现任匈牙利总理）。当时，红军里有很多匈牙利人，伊斯特万·道比（曾任匈牙利人民共和国主席团主席）也在这儿打过白匪。

国际大队有500多人，多数是中国人，朝鲜人，匈牙利人。俄文是我们的共同语言。战士们中间懂俄文的很少，可是，他们常常聚在一起，用各种手势和表情来谈话。

我们的第一个战斗任务，是消灭富农匪帮。狡猾的土匪藏在森林里，一不小心，就要吃他们的冷枪。记得有一次，几个战士经过柯莫维斯村附近一块林中空地，突然，从灌木丛里飞来了子弹，两个中国士兵负了伤。另一个中国人，立刻开枪还击。他是站着打的，匪徒们正向他瞄准。这时，一个俄罗斯战士，猛一下把中国人按倒，伏在他身上，挡住了敌人的子弹。俄罗斯人牺牲了，中国战士继续战斗，直到援军赶到。

过了几天，我们配合友军攻打克恩村。白军的炮火非常厉害，尤其是一挺机关枪，打得我们头都抬不起来。我正在发愁，忽然看见两个战士向前爬动。一个是中国人，他很快就牺牲了。另一个是匈牙利人，叫伊姆雷·卡包斯，他用一根树枝作掩护，慢慢向前爬。我命令向敌人开火，掩护他前进。不一会，只见卡包斯一跃而起，手榴弹一颗接着一颗扔了出去。我们飞奔向前，占领了敌人的阵地。卡包斯也牺牲了。

黄昏，敌人凶恶地反扑过来。开始了一场血战。一夜之间，阵地九次易手。我们人数越来越少，子弹尤其缺乏。十几个朝鲜人和中国人，在枪林弹雨中，爬到敌军尸体跟前去收集子弹。在那里，我们苦战了五天五夜，最后不得不退了下来。我们把同伴们的尸体埋葬在克恩河边，冒着11月的寒风，涉水过河，退向克恩车站。

战士们忍饥挨饿，抬着受伤的伙伴，疲惫不堪地向前走，没有吃的，每天用马肉充饥。沿路农民送给我们一些面包，但是大家互相谦让，谁也不肯吃。后来，我不得不亲自处理这件事。我下令每人轮流啃一口，剩下的全留给伤员。

1918年12月，大队奉命掩护红军退却。在一次战斗中，我中弹负伤，失去了知觉。战士们轮流抬着我，把我送到医院。从此，我就离开了队伍。

内战结束了。我在苏联安了家。1924年，在莫斯科大剧院附近，两个匈牙利人和两个中国人一下认出了我，原来他们是国际大队的战士。我们像兄弟一般，热烈地拥抱起来。……啊，我永远忘不了国际大队，忘不了那用鲜血凝结的兄弟友谊。”

（1958年3月4日《人民日报》）

比天还高　比海还深

两年前，顿涅茨矿工库斯科夫告诉我说：

“1918 年，你们的同胞和我们在一起同白匪作战，打得非常好。”

矿工怀着激动的心情向我叙述了第九步兵师的一个中国连的情况。

老矿工讲的故事深深地感动了我。不久，我来到了这个表现着俄中人民战斗友谊的地方。

在伊尔库茨克会见了杨大汉。他当年在“老人”游击队工作，是一位勇敢的指挥官，领导 100 名中国战士。这个游击队的光荣历史，直到今天还留传在阿穆尔沿岸和外贝加尔地区的人民中间。

卡马河岸叶洛沃村屹立着一座纪念塔。上面写着：“1918 年为苏维埃政权而牺牲的鲁斯洛轮船船员、游击队员、中国国际主义营战士之墓。”

在布拉茨克水电站旁边，有一批中国人——“老人”游击队的队员在那里种菜，其中的一个叫王英三，是国内战争的参加者。当年，他在任富卿中国营服务，曾转战乌克兰和乌拉尔等地。在维雅附近的战斗中，营长任富卿英勇地牺牲了。这个营虽然在战斗中遭受了重大的损失，可是成长起来了。1918 年 12 月，这个营的一个连在接近彼尔姆的地区作过战。

“他们在这里苦战了 3 天。”老庄员宾捷戈夫说，“子弹打光了，他们就和敌人进行白刃战。256 名战士，其中有 6 个俄罗斯人，全部牺牲了。”

夜里，一个受伤的中国人来到宾捷戈夫家里。当时全村都住满了白匪军。这位俄罗斯农民把中国战士藏起来。他的伤势刚好，就向宾捷戈夫说：

“宾捷戈夫，我要走了。兄弟们都牺牲了，我要为他们报仇。”

“中国战士非常勇敢，纪律性很强。”语言学家奥哲戈夫说。他还向我讲了 1920 年在俄罗斯北部发生的一件事情。有天晚上，他和通讯员回到驻扎在修道院里的团部，担任警戒的中国战士向他们问口令，他们当时忘了口令，所以回答不出来。虽然战士们都很爱他——团部的政治主任，仍然不放他走。最后不得不打电话给团长，团长笑起来，赞扬了中国战士。

我从北方来到列宁格勒，这里曾经有过几千名中国工人。在列宁格勒，我认识了常清锁，他是乌拉尔中国营的勇敢战士。战争结束后，他到列宁格勒码头当搬运工人，1928 年参加了党。当东方俱乐部成立的时候，他动员工人参加剧团，上演京剧。

“开始的时候，既没有服装也没有乐器。”这位 70 岁的老人回忆说，“后来我去找基洛夫同志，结果，很快地从上海运来了我们需要的一切。”

1938，常清锁成了杂技团的职业演员，先后荣膺荣誉奖状和“劳动英勇”勋章。

他的朋友霍云山曾和他一起在乌拉尔作战，而后来到了列宁格勒郊区，在这里成立了“红色东方”中国种菜集体农庄。现在，这个农庄还存在着。

40 年过去了。但对中国战士的怀念，永远刻在苏联人民的心里。不久以前，我到了北高加索，那里人们都很熟悉包其三中国营的情况。在奥尔忠尼启则市，雕刻家德查纳戈夫和建筑师布捷米罗夫正在用青铜和花岗石雕刻一幢纪念碑，它将屹立在捷列克河岸街上。

沿着伟大友谊的足迹结束了我的旅行。国内战争的老战友们，档案室、博物馆、党组织和报刊编辑部工作人员，帮助我取得了这些材料。他们对我的祖国表现了真正的热爱。

我一次又一次地回味着在中国流行的一句话：“中苏友谊比天还高，比海还深。”

（1958 年第 11 期《苏中友好》）

电影剧本

无产者

——《国际歌组曲》之一

千斤锁链在暗夜里闪着寒光。它像一条毒蛇，啃啮着巨人的手。手在痛苦中挣扎。

听，《国际歌》的声音，像从遥远的天边奔腾而来的千军万马，冲破了重重黑暗，打破了死一般的沉寂。

两只筋肉条条的拳头，在低沉而威严的音乐声中，慢慢举起。

猛一声，好似山崩地裂——锁链被挣断了！燃烧起血红的火，昂然响起悲壮的歌。

火光烟影之中，缓缓升起了由各种肤色的手臂交织而成的“擎天柱”，柱上迎风展开一面红旗，旗上现出两行标语：“全世界无产者，联合起来！”标语里飞出三个金色的大字：**“无产者”**

第一章

一

老林阴森，不见天日。

酣睡的熊突然昂起头来。

沉重的脚步声，由远而近。

黑熊跳起，狂奔而去。

一队沙皇俄国的士兵，穿着长统皮靴，端着亮闪闪的刺刀，快步走过。

接着，如从天际飘来似地，轻轻响起了《苏武牧羊》的乐曲声；声音是那样的缓慢，那样的深沉。

黑压压的人流漫过来了！

他们是谁？

是囚犯？是战俘？远远望去，又像是，又像不是。

原来，这是我们的中国同胞！

华工们，那些被外国资本家老爷呼为“黄奴”的中国人，大多来自河北、山东和东北的农村。他们为走投无路的生活所迫，含泪告别了爹娘，忍痛离开了家乡，经过迢迢万里，来到了荒无人烟的俄国北方。他们饥寒交迫，疲惫不堪，有人拄着拐，有人戴着手铐，有人架着受伤的难友，有人抬着病危的同胞……

悲怆、沉重的乐声，伴随着人们蹒跚、艰难的脚步。

哥萨克们骑着顿河的高头大马，不断地向华工们扬着皮鞭。他们像驱赶牲畜一般，不时地吆喝着。

包工大柜（中国把头）坐在双人抬的轿子里，头戴瓜皮帽，手拿水烟袋，悠闲地欣赏着异国的风光。

莽莽森林，无边无际。

体格强壮的华工们，一个个拖着疲惫的身体，各自怀着悲伤和失望，忧虑和屈辱，仇恨和愤怒的心情，迎着阵阵狂风，慢慢向前走着，走着……

《苏武牧羊》的乐曲声悲愤激昂，深深地震撼着人们的心。

人群中，有一脑后拖着辫子的老汉，摇晃着身子无力地倒下了。

肥头大耳、八字胡倒竖的宪兵队长骑在马上，一手勒住缰绳，一手用鞭子抽打着他，咒骂着“黄奴，该死的黄奴！”

老汉呻吟着，呼唤着：“大胜，大胜……”

不远处，年轻壮实的大胜，背着一口大锅，扶着病弱的金大叔，夹在人群之中，低头走着。隐隐传来鞭打声，怒骂声，呻吟声。大胜急忙止步，抬起头来，浓眉下两只黑亮的大眼睛射出愤怒的光。

其他的人也站下了。

大胜按捺不住心头的怒火，把金大叔托付给身边的童年好友莽子，放下那口大锅，向前奔去。

一群人也跟在他身后跑着。

忽然，大胜倒退半步，完全怔住了：面前躺着的原来是他的父亲！他一下扑倒在老汉身旁，大叫一声："爹！"

无情的鞭子又抽下来了。

大胜两手护着父亲的身体，面向宪兵队长，恳求着："老总，老总！"

宪兵队长毫不理睬，举鞭打下。

"老总！"大胜怒吼着霍地站起，一手接住了闪电般落下的鞭子，忍着痛，咬着牙，和宪兵队长怒目相望着。

有人从身后将大胜的拳头慢慢松开，绷得紧紧的鞭子滑了下来。

这是郭老九。他四十多岁，中等身材，微微有点发胖，曾经是流落江湖的艺人，虽然穷困潦倒，饱经沧桑，可依然显得心无牵挂，神态潇洒。一个身背大刀、手持花枪、腰挂酒葫芦的小孩紧挨着他。这是他唯一心爱的儿子，年约十三四岁，名叫小福子。

郭老九先朝翻译拱手道："赵通事，劳您驾。"然后，向宪兵队长拱手陪笑着说："队长大人，请您高抬贵手。"

他趁通事翻译的机会，急向大胜呶嘴，示意要他赶快背起老汉悄悄走开。

可是，倔强的大胜却动也不动，傲然屹立着。

他的身后站着一群华工，也都愤愤不平地望着宪兵队长。

"唉！"郭老九叹了口气，对宪兵队长继续说道："可怜我们华工远离家乡，来到你们俄国……"

郭老九的话被忽然传来的一阵急促的枪声所打断。

人群骚动起来，盲目地四散奔逃。

宪兵队长吼叫着："站住！不要乱跑！"

一名哥萨克骑兵疾驰而来，惶急地："报告，一群华工逃跑了！"

“追！”宪兵队长抽出马刀，在空中晃了晃，纵马奔去。

身材矮小的王三躲在树后，恐怖地望着他的背影。

俄国士兵们端着刺刀走来，大声吆喝着。

王三和其他逃散的华工们，又重新聚集到一起，三五成群地坐在树下，默然听着远去的枪声。

老汉躺在大胜的怀里，凄然泪下：“大胜，我这把老骨头，恐怕要丢在这儿了……可你……你一定要回到咱们中国去呀！……”

“爹……”大胜想安慰他几句，可是什么话也没有说出来。

老汉挣扎着坐起，说道：“回去，孩子，回咱保定府，到你爷爷坟上栽棵松！……唉，咱们胡家祖祖辈辈，是被一根苦命的绳儿穿起来的，孩子！你爷爷帮人扛了三十年长工，到头来还是被老东家给活活吊死了。我发誓要给他老人家报仇，就在他坟前栽了一棵松，可第二天就被老东家给拔了。拔了我又栽，栽了他又拔，到了还是没有栽成功。从打民国初年下了关东，咱就再也没有回去过，可我心里老是惦记着这个事儿。如今我……我不行啦……”

大胜悲声呼唤：“爹！……”

老汉指着胸前的传家宝：“孩子，这把‘长命百岁’锁，是你爷爷临死那天亲手交给我的……”

“爹！………”大胜望着那把“长命百岁”锁，泪珠滚了下来。

老汉泪如雨下：“还有，孩子，你的小弟、小妹，去年腊月初十在奉天被……被我卖了的，你……你可一定要把他们找回来呀！……”

大胜悲痛欲绝：“爹！……”

老汉泣不成声：“还有，孩子，你娘她……她孤单一个人，无依无靠，在哈尔滨日夜盼……盼着你回去哪！……”

“爹！……”大胜双手掩面，深深地埋下了头。

全场静默。哀婉的《苏武牧羊》的乐声又起。

金大叔含泪说：“有财哥，咱们是一个村的……你……你听我说，千万别往坏处想呀。咱们一定能……能回去的！……”

郭老九接上去：“能，能回去！咱爬也要爬回中国！死也要死在中国！小福子，拿酒来！”

小福子解下酒葫芦。郭老九接过来，递给大胜爹："酒到病除。来，胡大叔，喝口家乡酒，暖暖心吧！"

老汉感激地望着他："老九，大胜这孩子为人厚道，可就是太莽撞，我……我求你往后多照应着点……"

郭老九："这个你放心吧，大叔。常言道，在家靠父母，出门靠朋友，何况咱们又到了洋人的地界……"

老汉举起酒葫芦："老九，我信得过你。这口酒我喝了！"

郭老九拿着酒葫芦，对着众人："乡亲们，大伙都来喝口家乡酒，抖抖精神暖暖心。唉声叹气有啥用？常言道，船到弯头自然直！"

金大叔把酒葫芦放在胸前暖了暖，饮了一口酒。

李老好望着酒葫芦，抹了一把泪，慢慢地喝了一口。

人们依次传递着酒葫芦，默默无言地饮着酒。

始终一言不发的大胜，怀着满腔的悲愤，慨叹一声："唉！咱们受洋人骗了！"

这句话像闷雷一样，立刻在人们的心里引起了震动和迴响。人群中爆发了一阵叹息声，私语声，怒骂声……

年轻的莽子粗声说："妈的，走了一个多月，死了好些弟兄。唉，我也想逃呀！逃不掉，一枪打死算了！"

王三悲哀地："唉，人为财死，鸟为食亡。咱原本在奉天府做小买卖，虽不算富裕，可一天三餐，倒也不愁。忽然间，天降大祸，被他妈的土匪给抢啦！……如今，唉，洋财发不了，小命还要赔掉。划不来，划不来啊！逃了，兴许还能保住一条小命。"

默默沉思的郭老九眯起眼睛，既像是哭，又像是笑，自言自语地说："命里注定在地狱里待着，你就别想往天上跑。想当初……"

大胜接上去："咱就不该来！"

郭老九苦笑一声："嘿嘿，请问老弟：不到这儿来，又往哪儿去？俺中国虽大，可她……她容不下咱们，她养不起咱们呀！……"

一阵沉默。寂静的森林里，只听见风在呜咽。人们低着头，沉浸在辛酸的回忆里，眼睛望着异国的土地，心里想着故乡的山河。痛苦呵，像沉重的铅块，梗塞在每个人的心头，那样地令人窒息！

郭老九慢慢说道："大胜，你还记得吧？五月端阳那天，在哈尔滨，一听说俄国招工修铁道，人们简直像发了疯一样，不要命地跑呀，跑呀——"

衣衫褴褛、蓬头赤足的苦力们，在松花江的江岸上狂奔着；大胜一不小心滚下河坡，立刻又爬起来，不顾一切地向前奔去。

奔腾的人流，从四面八方汇向广场。

广场上人山人海，万头攒动。

大胜、郭老九、王三等挤在人群里。

一旁，有个大胖子站在桌子上，用喇叭筒反复地喊着："各位同胞，发财的机会到了！赶快去抢号头，到俄国修铁道！一个月 60 块'羌帖'，包吃包穿生活好！要想发财，趁早趁早！"

大胜小声问郭老九："'羌帖'是啥?"

"俄国钞票。"郭老九解释道："换成咱们中国钱，一块'羌帖'能买一石米。"

"啊呀！一个月的工钱就能买 60 石米呀！"大胜又是羡慕，又是惊奇。

广场上，各种招徕华工的喧嚣此起彼伏。帝国主义列强正在通过他们的走狗——中国的封建买办，为争夺廉价的商品——"黄色劳动力"，进行着一场激烈的竞争。

大胜又随着郭老九转身望去。

另一旁，替德国主子效劳的秃头，站在桌子上，扯着粗嗓子吼道："乡亲们，别上当！眼下正当世界大战，俄国骗人去打仗……"

"放屁！"一个拿纸扇的人推倒了他，忙用嘶哑的声音叫着："这是德国人放空气！不过，兄弟劝各位到俄国顿巴斯去挖煤……"

"不，到西伯利亚去淘金子！……"另一个戴眼镜的人刚刚钻头出来喊了一句，拿纸扇的人就一脚将他踢倒。来自俄国各地的资本家之间也在互相竞争呢。拿纸扇的人连续地叫道："去挖煤！挖煤……"

王三喊道："修铁道钱多呀！"

"这个……"拿纸扇的结巴道，突然想起："啊，诸位，你们可晓得，在哪儿修铁道？在北极圈里！我的妈，那个冷呀，大伏天都是冰冻三尺，鼻子一摸就掉，一年到头见不着太阳……”

“哈哈，太阳，太阳！如今的世道，钱就是太阳!”郭老九大喊一声，打起竹板，唱道：“嘿，同胞们，听我讲，咱这儿，大太阳，可肚子空，心里凉。唉！钱哪，钱哪，你就是那杀人不见血的活魔王！……”

一阵喝采。大胜嘻嘻笑着。他二十七八岁了，身材又高又大，可脸上依然充满了稚气。特别当他笑起来的时候，更加显得像个孩子似的，那么腼腆、憨厚。

人群刚刚平静下来，这时又响起了一个女人似的尖嗓音：“同胞们!”这是一个穿洋服的青年人。他站在桌子上叫道：“俄国是野蛮之邦，虎狼之地！兄弟奉劝诸位到文明的美国去……”

四处传来吼声：

“不，到英国去!”

“不，到法国去!”

人们互相叫骂着，扭打成一团。……

挂着“俄国北方铁路哈尔滨招工站”牌子的门前，人群拥挤不堪。院内院外，一片喧闹声。

院子的一角。大胜、郭老九、王三等胸前挂着号码牌子，赤膊站着。中国包工头和俄国招工头，像挑选商品似地，捏捏这个人的膀子，敲敲那个人的背。

不断的叫号声：“7500号!”“8424号!”“9307号!”……

不断的报告声：“废品!”“合格!”“废品!”“废品!”“废品!”……

大胜在合同上按了手印。

郭老九牵着小福子，央求包工头：“大柜，我就这么一个儿子……”

俄国招工头向大柜挤了挤眼睛，大柜会意地一笑，然后对郭老九说：“好吧！准你把他带上。不过，工钱么……”

郭老九赶紧说：“大柜，您就看着办吧。”

室内。大胜脸朝下赤膊躺着。俄国把头在他的光背上打着火印——狗熊。他痛苦地咬着牙，脸上汗珠滚滚，背上的肉发出嗞嗞的声音。

财房门外。大胜望着手里一沓钞票——定钱，傻笑着。

郭老九走过来，拍着他的肩膀："老弟，别太高兴了。这可是卖命的钱哪！"

大胜收敛了笑容，茫然望着他……

大胜望着郭老九，又望了望昏昏睡去的父亲，悲愤交加："唉，咱是走到绝路上了！"

郭老九站起来，一边伸着懒腰，一边漫不经心地说："天无绝人之路啊。"

小福子急急奔来："爹，宪兵队长气呼呼的，往这儿来了。"

郭老九忙说："大胜，你先去避一避。"

大胜却动也不动。金大叔焦急地拉着他的膀子："快呀，大胜。快去避一避！"

宪兵队长来了。郭老九等一群华工用身体遮掩着大胜。金大叔悄悄地离开了人群。

宪兵队长狞笑着："呶，呶，你们要更加聪明点，也就是说，要更加老实点，明白？逃跑的人不是被打死，就是被吊在树上，再也不能跑了，哈哈哈！现在，我特地要见一见你们那位英雄。他在哪儿？嗯？"

郭老九陪笑着："长官，请您多多包涵……"

"少说废话！"宪兵队长掏出手枪，"我问你，他在哪儿？"

"我在这儿！"大胜挺身而出。

宪兵队长一怔，后退了半步："啊，英雄，可爱的英雄，哈哈哈！哈哈哈！"

金大叔引着大柜走到宪兵队长跟前。

大柜弯腰作揖："队长老爷，小的向您请安！对不住，对不住，来迟了一步。嘻嘻，看在小的面上，饶了他，饶了他……"他转过身来，唤道："郭老九，你这个在江湖上卖过艺的，还不快给队长老爷耍两套开开心，消消气，嗯？听见没有？"

郭老九忍辱含愤地："听见了，张二爷。"

大柜："那你就快来吧！快点！"

大胜一把抓住郭老九："你不能去！"

郭老九微微一笑："没有关系，为了朋友……小福子，拿刀！"

"刷"一声，郭老九抽出了大刀，拱手道："队长先生，张二爷，请你们赏光！"说罢，在林中空地上舞了起来。

大柜弓着身子，在宪兵队长身旁谄笑着。

郭老九忽然力不能支，一头栽倒在地。

大胜等惊呼上前："老九！"

宪兵队长纵声大笑："哈哈哈！神奇的刀，耍得多么好！张大柜，赏给他十个金币。"

大柜："是，是。"

郭老九断然推开大柜的手，勉力站起，面向宪兵队长："长官，谢谢您的夸奖。可是钱，对不起，我不能收。"说罢，提着大刀豪迈地向一旁走去。

大柜骂道："不识抬举的东西！"他对着一群华工："还不快给我赶路！"

宪兵队长怒形于色。大柜向他耳语："这帮穷小子不好对付，半路上惹出乱子可就麻烦了。总管大人等着他们去哪！先得对他们客气点，到时候再……嗯？"他做了个卡住脖子的姿势，接着大笑起来。

队伍又开拔了。

郭老九背着大锅，大胜背着父亲，随着无尽的人流向前走去。

一天又一天，华工们在人迹罕见的森林里走着，走着。

"爹，你看！"小福子抱着郭老九的膀子，惊叫道。

人们停下来，惶惑地望着前边那白茫茫的一片。只见阴风夹着惨雾迎面扑来。

大胜茫然。

王三打了个寒战。

郭老九却苦笑道："哈哈，走到头了！"

腾腾的雾气滚滚而过，遮没了一切。

人们的脸在蒙蒙的雾气中时隐时现。

"郭老九，咱这是……到哪儿了？"王三恐惧地问。他的呼吸急促起来，讲话都感觉困难。

郭老九却兴致大发，顺口答道："嘿，王三哪，听我言，十八层地狱在眼前，前边就是那北极圈！"

"北极圈？"大胜惊奇地："咱就在这儿修铁道？"

话音未落，从北冰洋吹来的一阵狂风，像呼啸而来的野兽，张开血盆大口，一下把人们吞没了。

二

团团乌云在低空翻滚。

白夜，大地像是沐浴在一片熹微的晨光里。

淡淡的雾气，像一缕缕轻烟，在荒凉的北极圈内，冉冉升起。

画外，男声轻轻合唱着一支古老的俄罗斯民歌。歌声无限忧伤，而又充满了对未来的向往。

随着歌声，我们看见——

在一片苔原和沼泽地上，横卧着一条铁路；铁路旁边，隐现着无数的十字架。

透过朦胧的夜色望去，那两条紧挨着墓地的长长的铁轨，仿佛不是用钢铁制成，而是用人的鲜血凝结起来的！

铁轨没有了。在光秃秃的路基上，在铁丝网的大门旁，站着几个沙皇士兵。

歌声由弱而强，由悲而壮。女声也参加了合唱。

铁路工地，到处抛散着枕木、铁轨。俄国工人们在一堆一堆的篝火旁边，坐着，躺着，唱着。他们多半是上了年纪的人，还有一些年轻的妇女和少年。

依万大叔半躺着，双眉紧锁，仰天沉思。

安德烈爷爷坐在他身边，唤道："依万。"

依万沉默着，仿佛没有听见似的。

爷爷又问："依万，今天是什么日子？"

"七月十三，我的安德烈爷爷。"依万的声音里带着几分烦恼。

可是，爷爷没有觉察。他扳着指头算起来，兴奋地："这么说，我们已经罢工五十天了！整整五十天呀，依万！”

依万仍然皱着眉头，没有答理。

爷爷继续说道：“你知道吗，依万？昨天，总管先生忽然神气起来，居然命令我们投降。哼，真有意思！你猜，我们的代表怎么回答他？”他模仿着代表的语气和姿势。“对不起，总管先生，在我们无产阶级的字典里，您永远找不到‘投降’这个词儿！是的，您永远也找不到的！……”

依万深深地叹了一口气。

这时，爷爷才吃惊地问：“你……怎么啦，依万？”

依万望望他，低下头去，沉痛地说：“我的大儿子别佳……在前线被德国人打死了！”

“什么？”爷爷猛然一惊。

隐去的歌声又起。传来了教堂的钟声。远远望见一群俄国妇女拿着白蜡，捧着圣像，沿着林中小道，朝乡村教堂慢慢走去。

依万望着她们的背影，低声诉说着：“这狗咬狗的战争，它……夺去了多少人的生命！没有面包，孩子们都快饿死了……可怜的女人们天天去祈祷上帝，可上帝在哪儿？在哪儿？……哼，上帝，上帝，难道上帝能叫那些野兽们不再行凶作恶，不再吃人么？……上帝呀，沙皇呀！我……我要……掐死你！……”

爷爷：“依万，依万……”

依万：“安德烈爷爷，我不明白，为什么还不像1905年那样拿起武器来跟他们干？为什么？人民，全俄国的人民，都活不下去了！要知道，现在已经不是倒霉的1906年，而是1916年！”

一个中年工人拿着酒瓶，唱着俄国醉汉们爱唱的一支古老的民歌《芦苇在喧嚣》，踉跄而来。

一群俄国工人气愤地拦住了他。

他摇摇晃晃，嘟嘟囔囔：“呶，呶……”

爷爷痛心地：“哎嘿，尼可莱，尼可莱！难道你就不害臊吗？……”

“害臊？哈哈哈！”尼可莱似乎清醒了一些，指着爷爷的鼻子，“我……我问你，罢……罢工为……为了什么？为了活着！可活着又为……为了什么？为了这个！”他用手指头在脖子上弹了两下——这是俄国人表示喝酒的意思。

站在人群中的依万实在无法忍受了。他紧握着拳头，默默地走到尼可莱面前。尼可莱望着他那“俄罗斯勇士”一般魁梧的身体和严峻的目光，战栗了。他退缩着，依万一把抓住了他，怒骂着：“败类！”将他推倒在地。

尼可莱躺在地上，号叫着：“完了！罢工完蛋了！”

爷爷坐下来，充满信心地：“不，尼可莱，我们的罢工就要胜利了！……”

“爷爷！爷爷！”一个十三四岁的小孩奔来，大声喊着：“中国人来了！”

“什么？你说什么，沃洛加？”爷爷莫名其妙，冷静地问。

沃洛加喘息着：“中国人来了！……好多好多呀！修铁路的！”

听了最后这句话，爷爷才一下从地上跳了起来。他瞪眼望着，望着。人们纷纷从他身旁奔过。显然，这个令人震惊的消息，已经像可怕的闪电一般，在工地上迅速传开了。

爷爷和依万互相望了一眼，然后也随着汹涌的人流，向工地的大门奔去。

俄国工人奔至七号桥头，被沙皇士兵们拦住了。

他们默默地望着河那边绵延不断的华工队伍，目光里含着悲哀，怀疑，憎恨……

教堂的钟声在空中回荡着。

安德烈爷爷脸色阴沉，无力地垂着手。

依万用极其轻微的声音自语着：“他们来了，我们完了……”

三

“你们的歌唱完了，亲爱的布尔什维克！”五十多岁的俄国总管戈尔洛夫，站在办公处的窗前，眯着一对浅绿色的小眼睛，冷笑着说。他遥望着窗外的华工行列，洋洋自得，不停地用手指头弹着肥胖的肚子。

室内灯火辉煌。从楼下舞厅里，传来一阵阵华尔兹的舞曲声。

总管慢慢转过身来，命令一旁待命的宪兵队长："要我们那些可爱的俄国人立即复工！如果再说一个'不'字，那就像清除垃圾一样，把他们统统解雇！"

宪兵队长："是，总管大人！"

总管："请注意：中国工人和俄国工人要隔离，完全隔离！"

"是！"宪兵队长走了。

总管又回头看着窗外。那一望无边的华工队伍，还在迷蒙的夜色中缓缓行进着。总管伸了个懒腰，陶醉地："白夜，多么美妙的白夜……"

年轻妖艳的总管太太翩然而来："谢辽沙，我亲爱的，你怎么还不去跳舞呀？今天是我的命名日，你看，爸爸连夜拍来了电报。"

"急电？"总管吃了一惊，伸手来取。

"不，亲爱的，让我念给你听。"

太太高声念着电报："鲁科夫斯基公爵发自彼得堡。北方铁路建筑工程总管戈尔洛夫先生……"她媚笑着瞟了丈夫一眼。

总管却神色紧张，凝神地听着。

一阵阵狂热的舞曲，伴随着太太的微微发颤的声音："我再次提醒你注意：前线形势急剧恶化，布尔什维克气焰嚣张，政府急需西方盟国大量军事援助，通往北方港口的铁路如不及早建成，后果将难以想象。我曾多次向你指出，你们工区负有特殊重大的使命。而你却辜负皇恩，庸碌无能，致使俄国人不断罢工，芬兰人、加拿大人相继逃跑，德国—奥地利战俘经常怠工……"

女仆加丽娅，一个天真、纯朴的俄罗斯姑娘，梳着一根粗大的金色的发辫，站在门外偷听着。

她前后张望了一下。门内传来太太的声音："……望立即利用一万名中国工人，火速抢修铁路，务于1916年内通车，否则将把你送交军事法庭……"

有人从楼梯口探进头来。

这是中年男仆谢苗。他看见加丽娅在偷听，不禁微微一笑。

宪兵队长忽然匆匆往楼上走来，谢苗立即笑脸相迎："早安，队长先生。"

加丽娅听到人声，敏捷地闪入对面客厅，将门轻轻掩上。她倚墙而立，双手抚着忐忑不安的胸脯。门外传来宪兵队长的粗嗓子："报告！彼得堡发来了急电！"

总管慌忙打开电报，慢声念着："据可靠情报，布尔什维克已从彼得堡派人前往北方，煽动中国人破坏铁路工程。他的名字叫阿历克赛·安东诺夫……"

"啊！"总管惊叫一声，睁大着眼睛，恐惧地："阿历克赛·安东诺夫？"

太太惊奇地问："怎么，你认识他？"

总管低下头，轻轻地"嗯"了一声。

加丽娅躲在客厅门后，那一双浅蓝色的大眼睛闪着泪光。她痛苦地回忆着："我爸爸……也叫阿历克赛·安东诺夫……啊，这不可能，不可能！"

她从怀里掏出一张照片：照片上有青年的阿历克赛·安东诺夫，四岁的小加丽娅和她的母亲。

姑娘望着照片，眼泪扑簌簌地流了下来，悲声说："他……他已经牺牲了！……整整十年了……"

四

一个满脸大胡子的俄国人，在森林里大步走着。他五十多岁，身材魁梧，一副猎人的装束。

隐隐传来工地的喧声。他停下来，隐藏在山坡的岩石后边，举目望去——

不远的山下有一排铁丝网，无数的华工在铁丝网内紧张地伐木，推土，整路。一片金属的叮当声，拉锯声，斧劈声，推车声，打夯声，俄国监工的吆喝声，中国工头的怒骂声："妈的，快点！快点！"

离铁丝网不远的地方，有一个小孩在背枕木。这是小福子。他背着沉重的枕木，在泥泞的沼泽里，艰难地迈着步子，脸上的汗如雨一般往下滚着。

"小福子！"大胜奔来，急忙接过枕木放下，问道，"谁叫你干活的?”

“大柜。他说，我爹病了，要是我不干活，我爹跟我就……就没有‘列巴’吃。”小福子说着，呜咽起来。

大胜用手抹着他的泪。传来一阵鸟啼声。大胜凝神听着，搂着小福子的肩膀说：“嗳，你听！……真好听呀！跟咱们家乡的鸟一样……”

小福子听着，天真地笑了。

大胜乘机说道：“小福子，你打鸟玩去，那堆枕木我来背。”

小福子刚要跑走，大胜又一把抓住他，从怀里掏出一块黑面包：“这块‘列巴’给你爹送去。”

小福子接过面包，十分感动地：“大胜叔叔，人都说你心好……”

大胜把手一扬：“快去吧!”

小福子从地上拿起弓箭，像一匹脱了缰的野马，在小鸟啁啾的林中奔跑着，跳跃着。他站在铁丝网旁边，拈弓搭箭，向树上的鸟儿射击……

大胡子望着他那小小的身影，眉毛微微一动，若有所思。

一队巡逻的哥萨克骑兵，沿着铁丝网的外围，从大胡子眼前奔驰而过。

大胡子从容地站起来，向密林深处大步走去。

前边出现了一条小河。大胡子站下了。

河边，躺着一位老人。

这是安德烈爷爷。他神情沮丧，无限悲哀，默默望着缓缓的流水，仿佛那是俄罗斯人民的血和泪。

他深深地叹息着：“唉！上帝呀，上帝!”

“愿上帝永远保佑您，老爷爷。”大胡子从森林里走出，满面春风地笑着说。

爷爷吃了一惊，从地上跳起来，上下打量着他，仰面问道：“请问，先生您是干什么的?”

“打猎的，老爷爷。”

“先生，您喜欢在哪儿打猎?”

“啊，那可没有准儿，哪儿有野兽，就在哪儿打。今天在这儿，明天在那儿。”

“先生，您喜欢打什么野兽呢?”

“东方的狮子，西方的老虎，南方的豹子，北方的狗熊。”

“啊，这么说，先生，您是干着一件……”

大胡子压低了声音：“‘世界规模’的事情。”接着，爽朗地笑了。

爷爷抓着他的手，一边摇晃着脑袋，一边笑着：“啊呀呀，年轻人!‘世界规模’的事情……好，说得好!……”

他们热烈地拥抱、亲吻。

爷爷望着他的眼睛：“哎嘿，年轻人，如果您再不来，我可真要找上帝诉苦去啦!”

他们挽着手臂，高高兴兴地走进了森林。

天色渐暗。呼呼的风在森林里响了起来。

他们逆风而行。大胡子迈着坚定、豪迈的步伐，脸上充满了无畏、乐观的表情。

他们走向一个草棚。

大胡子被人引了进去。

爷爷在沃洛加的耳边说着什么。

小男孩点了点头，飞也似地跑走了。

草棚里，挤满了年老的俄国工人。许多人现出垂头丧气的样子。昏暗的灯光摇曳着。狂风在森林里呼号，发出轰轰的松涛声。

大胡子用深邃而又亲切的目光扫视了全场，说道：“同志们，我给你们带来了彼得堡无产阶级的问候和敬意!”

安德烈爷爷全神贯注地听着。

大胡子的声音：“你们所进行的一场英勇的斗争胜利了!”

爷爷耸了耸肩膀，小声嘟囔着：“不明白!一千个不明白!”

“您会明白的，安德烈爷爷。”大胡子笑了笑，继续讲下去：“现在，同志们，形势对我们是非常有利的。人民活不下去了。整个的俄国都冒烟了!沙皇政府为什么急着要把这条铁路修通呢?显然，它是想从海上，从北方的港口，把英国的枪，法国的炮，美国的子弹，运到俄国来，继续这场帝国主义的战争，同时，镇压我们的革命，屠杀我们的弟兄。可是，你们比我更清楚，敌人的计划一次又一次地破产了！直到今天，铁路还没有修通。所以说，同志们，你们胜利了！光荣的无产阶级的革命精神胜利了！”

人们屏息静听着，情绪开始振作起来。

爷爷那布满了皱纹的脸上也露出了笑容。

大胡子情绪激动地：“……目前，敌人想利用中国工人，在五个月以内，就是说，在1917年到来之前，修通这条铁路。我们说：不！华工们也将要说：不！因为，同志们，华工是我们的人！……”

“哼，我们的人！”爷爷冲着大胡子：“请问，符拉基米尔·瓦西里耶维奇，中国人为什么要跑到俄国来……”

“破坏我们的罢工，帮助敌人修铁路，嗯？”依万接上去，愤激地说。

人们的情绪激动起来，几个人同声责问：“为什么？”

爷爷气鼓鼓地：“把敌人当作朋友，把朋友当作敌人，这难道是可以允许的么？这还叫我们的人？怪事，怪事！我明儿就写封信去问问马克思……”

依万“扑哧”一声笑了起来。

爷爷生气地瞪着眼睛。

大胡子笑着说：“老爷爷，马克思他老人家早已不在人世了。”

爷爷耸了耸肩膀，在胸前画了个十字：“真可惜！……好吧，我要请求列宁去问问中国的布尔什维克党，他们到底是为什么……”

又有人大笑起来。

爷爷气坏了：“你们笑什么？这是政治，政治！”

大胡子也忍不住微微一笑：“老爷爷，非常遗憾，中国还没有布尔什维克党呢。”

爷爷又耸了耸肩膀：“真可惜！”他皱了皱眉头，说道，“那么好吧，符拉基米尔·瓦西里耶维奇，请您告诉我，关于中国人，我们的列宁说了些什么？”

大胡子怀着崇敬的心情，背诵着列宁的话：“列宁说，中国人民是‘真正伟大的人民’，他‘不仅善于悲叹自己成百年的奴隶地位，不仅善于梦想自由和平等，而且还善于同……压迫者作斗争！’……”

全场静默。爷爷现出无比的赞叹的神情。

大胡子陷在深深的回忆之中：“我永远不会忘记，在哈尔滨，当中东铁路上的俄国工人举行罢工的时候，中国工人弟兄跟我们一起罢工，一起挨饿。我们用不同的语言喊着同一个口号，唱着同一支歌……我永远不会忘记，有一天夜里，几个沙皇宪兵紧紧地追赶着我。一个中国老铁匠把我拉到他家里，关上大门，然后领着我走出后门，把我藏在他的邻居那儿。宪兵们轰开大门，到处搜查，最后把老铁匠吊起来，用皮靴踢他，用鞭子抽他，可是他没有哼一声，只是说：‘不知道，不知道！’后来……”

爷爷：“怎么样？”

“野兽们当场用刀子把老铁匠刺死了……”大胡子低下头，眼睛湿润了。

全场静默。爷爷深受感动。他严肃地沉思着。

沃洛加躲在河边的树林里，警惕地注视着。他一看见宪兵走上木桥，随即飞奔而去。

小孩奔进草棚，在爷爷耳边小声说：“爷爷，过河来啦！”

爷爷“嗯”了一声，拿起猎枪，向他一挥手，跟依万一起走了出去。

大胡子站起来，用沉着而坚定的声音说：“好吧，同志们，回去跟大家好好解释一下，暂时先复工，以便准备力量，迎接一场新的战斗。当前最重要的是，必须想尽一切办法，把华工争取过来。同时，要使我们每一个工人同志在困难的时刻振作起精神。是的，我们面前摆着很多很多困难。但是，世界上难道有无产阶级这个伟大的巨人所不能攻破的堡垒、所不能跨越的障碍么？没有，同志们，这样的堡垒和障碍是没有的！让敌人去高兴吧！时间将会证明：‘笑得最后’的决不是他们，而是我们！”

第二章

五

一个明朗的早晨。朝霞在东方升起。林中百鸟齐鸣。沃洛加悄悄爬近铁丝网，躲在树后凝望着。只听嗖地一声，一只乌鸦落在面前，不觉又惊又喜。

小福子手持弓箭，奔至铁丝网前，用目光搜寻着。

沃洛加轻轻吹了两声口哨，向小福子频频招手。

小福子一下看见了他，指指自己的鼻子。

沃洛加点了点头，掏出钳子，敏捷地剪断了两根铁丝。

小福子从铁丝网里钻了出来。

他们手拉着手，欢蹦乱跳地奔入林中。

万年常青的松树下，两个小朋友勾着小手指，用拇指在叩头；然后，相互交换了弓箭与弹弓。

躲在山坡岩石后边的大胡子和爷爷，望着他们笑了。

大胡子 边搂着小福了，一边搂着沃洛加，坐在草棚里哈哈笑着。

小福子用两只手轻轻摸着他脸上的胡子，咯咯咯笑个不停。

大胡子慈爱地问："想家吗?"

小福子答道："我没有家。"

安德烈爷爷问："妈妈呢?"

"我……我没有妈妈……"小福子哽咽着说："听我爹讲，我刚生下来，妈妈就……就被财主……抢走了……"说着，他伤心地哭了。

泪珠从沃洛加的眼眶里滚了下来。

爷爷用手抹着泪。

依万深深地埋下了头。

大胡子紧紧地搂着小福子，无限亲切地："别哭了，好孩子，别哭了。"

小福子果然不哭了。

大胡子关切地问："你们在俄国日子过得怎么样？"

小福子："听我爹说，咱们从十七层地狱下到十八层地狱了……"

六

铁路工地，用树枝搭成的棚子里。

大柜用脚踢着地上的王三，吼着："王三，起来！两筐的黑'列巴'都到哪儿去了？"

王三："半路上被一帮德国俘虏抢走了。大柜，这是实话。如若有半点假，你就砍我的头！人要凭良心，凭良心呀！"

大柜："我不信！起来！你别想赖！不多要你的，一块'列巴'一天的工钱。"他转身向着一群没有领到面包的华工，"没有'列巴'吃，你们找他要！"说罢，提着鞭子走了。

华工们吵嚷着，怒骂着，气得干瞪眼。

山东大汉气势汹汹地冲向王三，郭老九一把抓住他："你这是干啥？拳头要对着洋人才是啊，我的老弟！"

大胜扶起王三，安慰着他："王三哥，别怕。天塌下来，大伙顶着！"他望着大家说，"跟洋人的账，咱们慢慢算。这顿饭大伙先匀着吃吧。"说着，他把自己的一块面包，掰成两半，一半塞给王三，一半送给李老好，然后大步走开了。

华工们默默地望着他，目光里含着无限的尊敬。

李老好望了望手里的半块面包，分了一半给郭老九。郭老九又随即把它送给了金大叔。

人们互相分食着面包，陆续散去。

王三从地上爬起来，丧魂落魄似的在工地上走着，不时躲避着警戒巡逻的宪兵们。

远远近近，只见华工们在紧张地劳动。

在浩瀚如海的森林里，他们已经用血汗开出了一条长长的笔直的路。

王三茫无目的地走着，忽然看见一根树干下面压着一个华工的尸体，不禁大叫一声，闭上眼睛。这幅惨不忍睹的景象使他全身颤栗。他睁开眼，转过身来，一下发现了铁丝网，慢慢下着决心：逃跑！他左右张望着，小心翼翼地向前奔去。

王三爬近铁丝网，看见那儿正好有一个缺口，于是迅速爬了过去，在一片郁郁苍苍的森林里消失了。

七

夕阳映照着古老的桦树林。

宪兵队长拿着酒瓶，用绳子在地上拖着王三，踉踉跄跄地走着。他转过身来恶狠狠地："你想逃跑……呶，跑呀，跑呀！哈哈哈！"

王三小声哀求："老爷……"

宪兵队长张开大嘴，仰起头，"咕咚咕咚"喝光了酒，把空瓶子往树上一扔；随着瓶子的碎裂声，响起了令人发指的狂笑。然后，他拖着王三摇摇晃晃地向前走去。

大胡子和安德烈爷爷躲在一旁注视着。

爷爷焦急万分："大胡子，我们把他救下吧。"

大胡子痛苦地深思着，小声说："我也跟您一样着急啊，老爷爷。救下他一个人很容易……不，不，他们会来的，一定会来的。我们必须让他们自己救自己！懂吗？"

爷爷"嗯"了一声，着急地："沃洛加怎么还不来啊！"

铁路工地。沃洛加躲在树后，吹了两声口哨。只见小福子放下沉重的枕木，张望了一下，快步跑来。沃洛加凑着他的脸一边说着什么，一边做着手势。

坐在一旁的郭老九看见了他们。他警惕地站了起来。抬头一看，小福子已经在一边和大胜叽叽咕咕地说着。

于是，他悄悄地走到小福子身边，扭着他的耳朵，喝道："小兔崽子，你又跟洋人来往……"

小福子哭叫着："爹。"

这时，一群华工已经围在大胜身边，焦急地望着他，目光仿佛在问："怎么办？"

"弟兄们，救人要紧。老九，快！"大胜说罢，把手一挥，拉着小福子跑走了。

“大胜！”怕事的大胜爹喊着追了上去。

郭老九和一群华工跟在他后边奔跑着。

大胡子和爷爷躲在湖边的草丛里，紧张地注视着。远远看见，宪兵队长已经拖着王三走上了悬崖。

王三睁开眼，看见了悬崖下的湖水，又看见一双带毛的大手，在解着他胸前的绳子，不禁恐怖万状。他一下抱住宪兵队长的皮靴：“老爷……”

“放开！”宪兵队长挣脱了王三，退后一步，举起了鞭子。当他刚要往下打的时候，一只刚劲有力的大手紧紧抓住了他的手腕。他痛苦地歪着嘴，转过身来，仰头看见了大胜。

大胜夺下鞭子，愤然把它折成两截，扔在地上，和宪兵队长怒目相望着。

一群华工站在一旁，怒视着宪兵队长。

大胜爹拼命地拖着大胜：“快走吧！”

郭老九走到宪兵队长跟前，拱手陪笑道：“望老总多多包涵。”

宪兵队长一下想起了什么，狞笑道：“啊，我们好像见过。”说着，他掏出了手枪。

大胜一个箭步上前，又一次抓住了他的手。

大胜爹惊叫着：“大胜！大胜！”

两只手在空中格斗起来。朝天放了一枪。

“快！”大胡子一挥手，和爷爷、沃洛加一起奔出草丛，攀着岩石往悬崖爬去。忽然看见一队骑兵疾驰而来，立刻又伏下，隐蔽在树荫里。

爷爷十分懊丧。第一次接近华工的机会，而且是这么好的机会，眼看着被放过去了！他轻轻地叹了一口气，低声说“真可惜……”

大胡子拨开树叶，凝望着——

马队驰近悬崖。总管等下马，绕着弯向悬崖走去。

大胡子愤怒地望着总管的侧影，回忆着说：“戈尔洛夫！”

爷爷惊奇地：“怎么，你认识他？”

大胡子“嗯”了一声，朝悬崖那边望去。

悬崖上，大胜和华工们怒视着总管。

总管以深不可测的目光朝大胜望了一眼，然后，带着狡黠的微笑对大家说：“我相信，朋友们，今后不会再发生这样不愉快的事情了。我们会合作得很好，是的，这是毫无疑问的。因为我们都是人，而人跟人是朋友，是兄弟。这是上帝的安排，用中国话说，这是神的意志。难道不是这样么，嗯？”

人们默默地望着他。

总管继续微笑着说：“不要再逃跑了，朋友们！等你们修好了铁路，发了财，是的，一定要发了财，那时候，我们再送你们回家。”

他一边走，一边做着手势：“好好做工吧！已经在给你们盖酒馆了。在这个美好的世界上，一切都会变得美好起来的。再见，我的朋友们！”

华工们目送着他，许多人迷惑不解，惊讶万分：这场“大祸”难道就这样过去了么？

郭老九深思地望着总管的背影。

大胜仍然是怒气未消，恨恨不已。

华工们纷纷离去，一边走，一边议论着。

金大叔：“我真为大胜捏了一把汗哪！想不到总管这么和气……”

莽子：“和气？金大叔，依我看，这叫装蒜！”

李老好附和着：“那可不！”

金大叔：“嗳，莽子，人家总管跟宪兵队长可就是不一样呀。李老好，你说是不？”

李老好也附和着：“那可不！”

莽子：“对洋人就不能客气，他怎么来，你就怎么去！咱就佩服大胜哥……”

金大叔：“大胜这孩子为人厚道，说一不二。咱弟兄们里边谁没有得过他的好处？可就是有时候……莽撞点儿……”

八

悬崖上。

王三感激涕零地：“大胜，老九！”他扑地跪倒，“请受我王三一拜！

多谢你们搭救了我的性命……”

大胜抓着他的膀子，不知所措。

郭老九双手扶起王三，感情激动地说：“不必了，你我都是中国人……”

大胜感慨万端：“唉，咱们中国人的命为啥就这么苦呢？……老九，你说咱们该咋办啊？”

郭老九低头无语。

“这样下去咱是没法活了……”王三忽然灵机一动，拱手说道：“二位如不嫌弃，小弟愿和你们结为兄弟，日后我王三也好有个依靠。”

这话好像正中郭老九的心意。他说：“对，咱们得抱成一个团儿，鱼帮水来水帮鱼。大胜，你说怎样？”

大胜腼腆地一笑，爽快地说：“老九，我听你的。”

郭老九情绪激动地：“来，让俺们对天发誓，焚香结拜！”

晚霞映照着蓝色的湖水。

湖上高耸着悬崖峭壁。

悬崖上，轻烟缭绕，白桦、苍松昂然挺立。

树下有三堆土，形似香炉；每堆土上有一根草，插草为香。

郭老九、王三、大胜按照年龄的大小依次跪在“香案”面前，低声念着：“苍天在上，我等结为金兰兄弟，从今往后，有福同享，有难同当。不求同日生，但愿同日死。如若背弃此言，五雷轰顶，天诛地灭！”

大胡子、爷爷、沃洛加躲在树丛里，向悬崖那边好奇地望着。

爷爷赞赏地摇晃着脑袋：“啊呀呀，真有意思！”

大胡子兴奋异常：“是他，就是他！”

爷爷不解地问：“他是谁？”

“中国的鹰！”大胡子用手指着悬崖：“你看，最高的那一个。小福子说的可能就是他。他的名字叫……”

沃洛加：“大胜。”

九

又一个明朗的早晨。林中一片鸟啼声。

大胜在手上吐了一口，两手搓了搓，说道："小福子，你看我的。"他拿起弓箭，向树上瞄准着。

小福子在他身边，不时向后望着。

不远处，一块岩石后边。大胡子小声告诫着安德烈爷爷："见面的时候，别忘了……"他做了个拱手的姿势。

爷爷学着他的样，拱了拱手。

大胡子叮咛着："要特别注意方式。"

"方式？"爷爷望了望自己，然后整了整装，又掏出一把断了齿的小木梳子，认真地梳了梳稀疏的白发。

大胡子握着他的手，笑着说："祝您成功！"

老爷爷兴致勃勃地走了。

他一边走，一边练习着拱手的姿势。

大胜猛回头，发现爷爷背着猎枪笑嘻嘻地站在面前，不觉一怔。

爷爷连连拱手道："您好，您好。"

大胜警惕地戒备着。

爷爷向小福子挤了挤眼睛。

大胜疑心更重了。他定定地望着爷爷肩上的那杆枪。

爷爷发现了他的怀疑，急忙从肩上卸下猎枪。

大胜见势不好，拉着小福子就跑。

小福子喊道："大胜叔叔！"

大胜厉声制止："别嚷！土匪来了，抢小孩的……快！"

爷爷焦急地扬着手，追赶着他们。

大胡子从后边抓住了他。

爷爷神情懊丧。

第二次接近华工的机会又白白地放过去了！他摊开两手，耸了耸肩膀，忽然态度认真地："符拉基米尔·瓦西里耶维奇，你看，我长得怎么样？"

大胡子由不解而会意，打量着他："唔，依我看是很不错的。"

"可依他看，我却是个魔鬼！"爷爷指着大胜跑走的方向，气呼呼地说。

大胡子笑了笑，说道："老爷爷，您不能责怪他们，绝对不能！要知道，人和魔鬼的区别，往往是不容易看清楚的。有时候，人被看作是魔鬼，而魔鬼呢，也可以打扮成人，甚至是非常'善良'的人……"

十

"总管大人，您……您是过于人道了。"宪兵队长站在总管办公处的门边，低着头说。

总管坐在沙发上，淡然一笑："我们需要人道，是的，非常需要！懂吗?"

宪兵队长："请允许我向您报告，总管大人，近来华工逃跑的越来越多。中国人说，有了钱，可以回家了……"

"那你为什么不想想，怎样才能把他们的钱统统……"总管走近他，用拇指和中指打了个响，吹了一声口哨。

宪兵队长一怔，但是立即明白过来，嘿嘿笑着："烧!"

在门外偷听的加丽娅，用锐利的目光扫视了左右，急急走开了。

总管和宪兵队长互相望着，脸上现出得意的微笑。

一直坐在沙发上默默听着他们谈话的琼斯，轻轻咳嗽了一声。

总管转过身来，仿佛刚刚发现有人似地："啊，尊敬的顾问先生，您以为怎样?"

琼斯弹了弹雪茄烟，微微一笑，话中带刺地："我是英国人，不大懂你们俄国的事情。"

总管微带嘲讽地："您过于谦虚了，琼斯先生。"

琼斯突然问："据说，戈尔洛夫先生，您曾经在共产党里待过?"

总管一愣，随即笑道："啊，那是1905年革命以前……"

琼斯打断了他："那您应该知道，亲爱的，对于我们来说，什么是最可怕的东西？……"

总管茫然望着他，重复着："什么是最可怕的东西？……"

电话铃响。总管拿起听筒："哈罗！……嗯，我就是。……什么？什么？说清楚点！……马车里发现了一捆中文传单？我命令你：立刻派军队把马车包围，不，把整个的驿站包围！不准旅客自由行动一步！检查！彻底检查！立刻把传单全部烧毁！不得留下一张纸，一个字！”

总管放下电话，沉思地自语着：“我的上帝！……他们在接近……在接近……这是多么可怕啊！”

琼斯冷笑道：“我很高兴，您终于认识到……”

总管望着他：“我明白了！他们在接近……这就是最……最可怕的！……”

琼斯走过来，在他耳边说：“要把华工的钱烧掉，更要把放火的罪名加到俄国工人身上去！在中国话里，这叫做‘一箭双雕’。在俄国话里，这叫做‘一枪打死两个兔子’。对吗?”

总管恍然大悟，如获至宝。他微笑着张开双臂：“您……您真是一位天才呀，我亲爱的琼斯先生！”说着，两人便紧紧地拥抱起来。

晨雾笼罩四野。

一队化装成俄国工人的宪兵，在宪兵队长率领下，向华工棚悄悄逼近。

他们中间有一个俄国工人的叛徒——被敌人收买的醉鬼尼可莱。

总管家的后院。

加丽娅在干草堆旁边，正小声地催促着：“快!”

沃洛加刚要跑走，忽然又回过头：“姐姐，爷爷让你抽空回家……”

加丽娅焦急地：“快跑，沃洛加！不然就晚了!”

沃洛加飞快地奔走了。

宪兵队长指着华工棚：“尼可莱，快！那儿的钱要多少有多少，你喝一辈子酒都喝不完呀!”

尼可莱冲向工棚。

宪兵们在四处放火。

华工棚冒烟了!

安德烈爷爷家中。

沃洛加喘息着，显然是刚刚跑回来。

大胡子命令一群俄国工人：“立刻行动!”

村里响起了报警的钟声。

俄国妇人、老人、小孩们，纷纷拿着水桶、水盆，从屋内奔出，涌向河边。

安娜大婶扶着受伤的丈夫柯里亚，走向正在备马的安德烈爷爷，急问："老爷爷，哪儿失火啦？"

爷爷："华工棚，安娜。"

"啊……那就随它去吧。"安娜漫不经心地说。

爷爷一听，火了："安娜，你说这种话，难道不害臊吗？谁把你的儿子送到前线当炮灰的？他们！谁把你的丈夫打成这样的？也是他们！谁放火烧华工棚的？还是他们！"

"他们？"安娜皱着眉头："……这么说，那些中国人跟我们真是……"

"属于一个阶级的，懂吗？"爷爷在她耳边小声说，然后用手指着她："哎嘿，傻姑娘，我可跟你说了一千遍啦！"

一直默默听着他们谈话的柯里亚，厉声地："安娜，快去救火！"

安那把头巾一扎，提着水桶奔向河边。

几个俄国工人骑着马，向林中小道的左边驰去。

爷爷骑着马，向路的右边驰去。沃洛加坐在他身后，紧紧抱着他。

马在僻静的峡谷里停了下来。

"快！"爷爷小声说着，和沃洛加一起跳下了马。

沃洛加钻进铁丝网，躲过宪兵，来到了华工工地。

工地上仍然是一片紧张的劳动景象。

大胜和郭老九合抬着一根粗大的树干，汗流浃背，气喘吁吁，深陷在泥泞里，动弹不得了。他们挣扎着，挣扎着……

工棚门上的铁锁摇晃着。

在烟雾弥漫的工棚里，重病的大胜爹哼着从床上滚下，在地上爬着，喊着："大胜！"他突然站起，奔回床头，急急忙忙从大木箱里取出一个小木箱，从小木箱里取出一个小木盒，又从小木盒里取出一叠"羌帖"，揣到怀里，向门口奔去。

烟雾越来越浓了。老汉推门不动，奔向窗口。他爬上窗台，看见宪兵队长正在窗外，哀求着："老爷，发发慈悲吧！"说着，他从怀里掏出一叠卢布。

宪兵队长接过卢布，立刻掉头而去。

老汉瞪着眼睛。忽然叫道："大柜！大柜！宪兵放火啦！"

大柜站在窗外，若无其事地吸着水烟，慢声说："阿弥陀佛，这是天火呀。"

老汉掏出最后一叠卢布给他："张二爷，不看僧面看佛面，咱们都是中国人，你老人家行行好，救我一命……"

大柜急忙抢过卢布，假意骗他说："我去想想办法。"说罢也溜了。

老汉瞪着眼睛。火已经快要烧到他身上了。他在绝望之中，一把挣断了系在项上的祖传"长命百岁"锁，拿在手里望着，望着，声泪俱下地仰天长号："天哪，我们中国人究竟造了什么孽呀？……老天爷，你也不睁开眼睛看看，我们中国人受的是什么苦，遭的是什么难呀！……难道……难道我们中国人就不是人吗！……老天爷呀，你……你瞎了眼啦！……"

怒火烧红了他的眼睛。他鼓起最后的一点力气，拼命地摇撼着窗户上的铁条。

铁条松动了！老汉挣扎着爬了出去……

前往救火的俄国工人们，被一排哥萨克士兵的刺刀阻止在俄国工区出口处的铁丝网旁边。他们望着远方的浓烟烈火，心里燃烧着无比的仇恨。

拿着水桶、木盆的俄国妇女、老人、小孩们，被一排宪兵的刺刀阻止在七号桥头。他们望着河那边的冲天烈焰，满腔义愤。

对岸传来当当的钟声。

宪兵队长在拼命地敲钟，狂喊着："救火呀！救火呀！"

不远处，大胡子、爷爷和沃洛加，隐蔽在密密的树丛里，怒视着。

无数的华工从他们眼前狂奔而过。

华工们低着头，围着渐渐熄灭的"天火"，围着那一堆冒烟的灰烬，在无声地哭泣。

老汉躺在大胜怀里，慢慢睁开了眼，他把"长命百岁"锁塞到大胜手中，临死以前喊了一声："宪兵队长……"

大胜像发了呆一般，痴望着。

一群华工围着他，寄以无限同情的目光。

一旁，宪兵队长在向华工们说：“俄国工人恨死你们了。不是别人，正是你们破坏了他们的罢工，抢走了他们的饭碗。不是别人，正是他们放火……”

大胜冲进人群，怒吼着：“谁放的火？”

宪兵队长被这突然的问话弄呆了。

大胜悄悄取出匕首。

这时，两个宪兵押着尼可莱到了。

宪兵队长指着尼可莱：“这就是放火的凶手，俄国工人尼可莱！”说罢，从他怀里掏出一包卢布，“你们看！”

尼可莱瞪着两只眼睛，突然恐怖地号叫一声：“啊！我的上帝！……弟兄们，我说，我说。我是工人……”

“砰！砰！”宪兵队长开枪打死了尼可莱。

大胜被弄糊涂了。他茫然望着，慢慢地垂下了头……

第三章

十一

荒山坡上，一片华工的坟包。

秋风萧瑟，枯黄的树叶飘飘落下。

乐声如泣如诉。

大胜跪坐在墓前，双手捧着父亲留下的唯一的遗物——“长命百岁”锁，低垂着头。他的身边有一棵新栽的青松。墓前一堆烧纸在冒着余烟。墓上插着一块木头牌子，牌子上写着：“保定府胡有财年五十寿终。”

大胜陷入深深的回忆之中——

爹和大胜正在犁地，一群收租子的，凶神恶煞似的将爹拖走。

爹向老东家作揖，被人鞭打着赶出。

爹和娘领着三个孩子，沿街讨乞。

他们一家五口，走出长城，下了关东。

爹和大胜当了苦力，在码头旁，在车站上，背着沉重的麻袋。

爹在人群拥挤的市场上，在挂着猪头排骨的肉铺旁，把大胜七岁的弟弟和五岁的妹妹卖给了人贩子。娘晕倒了，弟弟、妹妹在号哭挣扎。躲在墙洞外边偷望的大胜扑向前去，但立刻被弹了回来，仰面倒地。原来，横在他面前的是一堵古老残破而又不可逾越的高墙！

……

一双穿着长筒皮靴的大脚突然出现在大胜身边，打断了他的回忆。他一下蹦了起来，跳到一边，紧握拳头戒备着。

安德烈爷爷在他左边，面向坟墓，虔诚地画着十字；大胡子在他右边，面向坟墓，肃穆地低头哀悼。

“您好！”大胡子拱了拱手，慢慢向前走去。

大胜跳到一边，敌意地望着他。

大胡子解释道：“我们是工人，跟您一样……”

“我们是一家人，懂吗？”爷爷笑嘻嘻地，从左边走向大胜。

大胜后退着，两眼冒火：“你们要干什么？”他喘息着，咆哮起来：“快给我走开！你们要是再逼我，我也会杀人，我也会放火！”

爷爷想要申辩，大胡子向他一呶嘴，走了。

一群华工突然拦住了他们的去路。王三向莽子一挤眼，莽子立刻把手一挥，喊道：“弟兄们，给我揍呀！”人们一拥而上。

大胜在一旁呆望着，仿佛什么也听不见，什么也看不见。痛苦和仇恨使他麻木了。

“住——手！”郭老九喊着，冲进了人群。

爷爷从地上爬起来，苦笑一声：“哼，孩子们，你们的力气真不小哇！可就是……用的不是地方，完全不是地方！”他的声音激动得发颤，“听我说，孩子们，该打、该杀的是他们，懂吗？是他们，他们！……”

郭老九上前一拱手：“老先生，请您多多包涵。”他指着人群中间的一条路，“请。”

爷爷还想说什么，大胡子以目示意：走吧。爷爷气鼓鼓的，由大胡子扶着，一跛一拐地走了。他向大胡子直瞪眼，仿佛在说：“哼，我们的人!”

第三次接近华工的尝试又失败了。

十二

大胡子和爷爷走远了。华工们也纷纷离去。

郭老九把小福子拉到一边，晃着拳头说：“你要是跟大胜讲了，我就宰了你!”

小福子大声辩解：“本来就是宪兵队长放的火……”

“住口!”郭老九一把捂住他的嘴，向四周望了望，生怕有人听见小福子的话，然后严厉地：“以后不准你再跟俄国人来往……”

“爹，他们是好人。”

“坏蛋也会装成好人。说不定，他们就是宪兵队长支使来的。听见没有?”

小福子“嗯”了一声，噙着眼泪走了。他一边用手抹泪，一边走着，忽然在一棵大树旁边停了下来，远远看见一个人孤零零地站在坟头。

这是大胜。他目光呆滞地望着父亲的坟，然后低着头，神情恍惚地走去。隐隐传来说话的声音。他停下脚步，抬头望去——

不远处，郭老九在责备王三：“不要乱闯祸了！再说，人家没有打你，你就不该打人家。”

王三恨恨地：“这个白胡子老头准不是好人！为啥他老是盯在大胜的屁股后边？我看，准是他放的火!”

“你怎么知道是他?”

“宪兵队长不是说……”

“宪兵队长的话你能听？唉，我的王三老弟，以后说话要小心点，不能冤枉好人。”

“你说他是好人?”

“那也不敢这么说。知人知面不知心呀！”

“那么，郭大哥，到底是谁放的火呢？”

“嗨，不必再去追究了。人死不能复生。这口气只好咽下吧。”

突然传来大胜的声音：“不，这口气我咽不下去！”

郭老九和王三吃了一惊。

大胜抓住郭老九的膀子，激动地说：“郭大哥，你过去也是江湖上的一条汉子。你说，为人不报杀父之仇，还叫什么男子汉大丈夫？”

郭老九若有所动，沉思地说：“君子报仇，十年不晚。”他搂着大胜的肩膀，“走吧，大胜，回去歇一会儿，有话慢慢再说。”

大胜望望他和王三，顺从地跟着他们走了。

十三

三弟兄走下山来，看见路旁聚集着一大群华工弟兄，便好奇地走了过去。远远传来一片呼号声。

一队宪兵奔来，挥舞着皮鞭，吼着：

“滚开！”

“跟你们不相干！”

华工们被连拖带打地赶走了。

三辆马车满载着送往前线的带胡子的“壮丁”，慢慢驶来，立刻又停下了。俄国妇女、老人、小孩们，呼喊着，哭叫着，咒骂着，把马车团团围住。

宪兵队长骑在马上，声嘶力竭地吼着：“女人们，老头儿们！让我再给你们念一遍……”他打开手里的一张纸，大声宣读着沙皇政府的命令，“鉴于前线形势日益紧张，为了保卫我们神圣伟大的俄罗斯帝国……”

怒号声又起，把他的声音淹没了。

人们挥舞着拳头，愤怒地呼喊着：

“为什么要跟德国人打仗？”

“打倒帝国主义战争！”

“不给资本家当炮灰！”！

“上帝呀!”

“吃人的野兽呀!”

车上车下的宪兵们鞭打着，怒骂着。

马车又往前走了。

人们大声唤着车上的亲人：

“瓦西里！我的瓦西里!”

“托里亚！托里亚!”

“爸爸！爸爸!”

有人在马车两旁拉着车上的人，有人攀在马车后边跟着跑。

伤势未愈的柯里亚，膀子上还缠着绷带，站在马车上大声呼唤：“安娜！安娜!”

安娜大婶在马车后边奔跑着，呼唤着：“柯里亚！柯里亚！我的柯里亚!”

马车越驶越远了。安娜大婶疯狂地追赶着，伸着两只求援的手，一下扑倒在地。

躲在树丛里偷看的大胜，“啊!”地叫了一声，低下了头。这幅生离死别的悲惨的图画，使他立刻回想起自己离开祖国亲人的情景——

哈尔滨车站。

车厢上了铁锁。华工们拥挤在窗口。

月台上，送行的妇女、老人、小孩们，哭嚷成一团。

大胜的母亲穿着纳满补丁的衣服，对着大胜和他爹呜咽着。突然响起了令人心悸的汽笛声。

列车开动了!

哭喊声大作。人们跟着车厢奔跑着，呼号着。

大胜挤在窗前，眼睁睁地望着，母亲疯狂地追赶着火车，伸着两只求援的手，一下扑倒在地。大胜“啊!”地叫了一声，低下了头……

大胜抬起泪眼，望着大路那边，忽然身不由己地向前奔去。此刻，那昏倒在路旁边，仿佛已经不是一位俄罗斯妇女，而是他自己受苦受难的母亲；相同的苦难，相同的命运，激发了他的阶级的本能，本能地驱使他跨越民族的界限，向前奔去。

奔跑的大胜突然止步——大路上有两个人已经扶起了安娜，搀着她的手臂慢慢走了。细细一看，那就是刚刚被华工误打的大胡子和爷爷。

大胜久久地望着他们的背影，喃喃自语："放火的难道是他们？他们为什么要放火？……"大胜爹在临死以前喊着"宪兵队长……"的情景，尼可莱在临死以前喊着"我是工人……"的情景，突然像一道电光，随着雷鸣似的乐声，闪过他的脑海。他的手慢慢地握成了拳头……

一直跟随着他的郭老九，发现他神色不对，真挚地劝慰着："大胜兄弟，千万别胡思乱想呀！听大哥的话，回去好好睡一觉，明儿一早还要上工呢。"

十四

第二天早晨。铁路工地。

大胜、郭老九等手推土车，沿着水沟上的"独木桥"，艰难地朝上坡走去。一长串推土车跟在他们后边。

中途，琼斯和总管突然居高临下地站在他们面前，拦住了他们的路。大胜停下了。他后边的人也都停下了。

琼斯轻蔑地一笑："要我让你吗，嗯？"

"对了。"大胜冷冷地说。

总管和解地："我们让一下吧，琼斯先生。"

琼斯慢声问道："为什么？"

总管："琼斯先生，不论从经济的观点，或是从人道的观点……"

琼斯傲慢地扬着头："不，戈尔洛夫先生，在我们大英帝国，从法律的观点……"

大胜气愤已极，推着车就往前走。

总管急忙跑上岸。琼斯也慌忙后退了两步，但随即站定，用文明棍敲着大胜的头："站住！向后——转！"

大胜眼睛微闭了一下，勉力支持着没有倒，然后睁开眼，咽了口唾沫，冒着翻车的危险，向下坡慢慢退去。他身后一长串推土车也慢慢退着。

琼斯独立桥上，洋洋得意地吹着口哨："哈罗！戈尔洛夫先生！在我们大英帝国，从法律的观点……"

桥板突然陷落。琼斯跌下了水沟。他在水里"哇哇"直叫唤，一会儿浮上来，一会儿沉下去。

大胜喊道："喂！澡洗得痛快吧?"

华工们大笑着，好像他们从来也没有这么快活过。一向怕惹是非的郭老九，这时也忘记一切地捧着肚子笑；大胜像个孩子似的捶着王三笑；小福子在地上滚着笑……

郭老九的脸色突然阴沉下来。他预感到，新的灾祸将要随着这笑声降临了。

十五

琼斯头上、左臂上缠着绷带，两眼闪着凶光，一步一步朝前走着。

大胜站在客厅门旁，两手被反绑着。

琼斯走近他，脸色阴森地："跪下!"

大胜的脸上掠过一丝蔑视的冷笑。

琼斯"刷"地打了他一个耳光，回转身来，向默默地坐在一旁的总管说："戈尔洛夫先生，我早就跟您说过，中国人是贱骨头，生来就是挨打的命。义和团暴乱的时候，我很荣幸地到过中国。经验告诉我，必须用这个"，他晃了一下拳头，"来跟中国人说话。"说着，又一拳打在大胜的脸上。

大胜摇晃了一下，鲜血顺着他的脸颊缓缓流下。他咬牙切齿地说："你骂我，打我，我认倒霉。可你……你……你凭什么骂我们中国人?糟蹋我们祖宗?"他的眼里迸出了愤怒的泪花。突然，他扑向前去。琼斯吓得倒退两步，摔了一跤，连滚带爬地钻到桌子底下。大胜飞起一脚，把桌子踢翻。这时，两个宪兵从身后紧紧捉住了他。

"给我打!"琼斯像发了狂一般，转了一个圈，然后歇斯底里地叫道："拿酒来!"

在宪兵队长的鞭笞声中，男仆谢苗端着酒盘走来。

琼斯拿起酒杯："来，总管先生，干一杯！"

总管勉强地拿起酒杯，显出闷闷不乐的样子。

琼斯问："怎么，您好像很痛苦？"

总管答："坦率地说，是这样，琼斯先生。我担心，非常担心，事情闹大了，将会影响铁路完工的日期。您也知道，彼得堡催得很紧哪！其次，这些中国人是公爵大人用金子买来的。不论从经济的观点，或是从人道的观点……"

琼斯大笑起来："哈哈，仁慈的总管先生，请您放心吧！难道您看不见，他长得简直像条牛一样？"

大胜伏在地上。宪兵队长用皮靴踩着他的背，狠命地鞭打着。

皮靴下面一张血污的痛苦的脸。在鞭笞声中，人们听到了从大胜内心发出的无限悲伤、无限沉痛的声音：

"中国人啊，中国人！哪一天，哪一天你才能直起腰杆，像个人一样站起来，谁也不敢欺侮你？……"

隔壁，总管办公处。

大柜猥琐地进来，朝总管深深作了一揖："老爷，您有何吩咐？"

总管忙问："张大柜，我想问你，胡大胜被抓来这件事，工人们是否已经知道？"

大柜："老爷，暂时还不知道哩，嘻嘻。"

总管："如果知道了，你说，他们会怎么样？"

大柜嗫嚅地："这……小人不……不敢说。"

总管微笑道："你怕什么？唞，说吧。"

大柜干咳一声，壮了壮胆子："老爷，工人们要是知道了，怕……怕要惹出事来呀。您知道，这帮穷鬼实在难以对付，胡大胜人缘又特别好。火烧工棚之后，大伙的心里都憋着一股劲，说不定哪一天……"

总管站起身来，不安地踱着步。大柜以为自己失言使主子生了气，于是便像一只摇尾乞怜的狗，跟在总管身边转。而总管似乎根本就没有看见他。

总管终于下了命令："你马上把他领回去，并且好好地安慰他一番，明白吗？"

“是，是。”大柜弯腰后退着。

总管望着窗外阴沉沉的天空，深思地重复着大柜没有说完的那句话：“说不定哪一天……”

十六

“哪一天‘我们的人’才知道什么叫做斗争，什么叫做革命，什么叫做‘世界规模’的事情?”安德烈爷爷一口气说罢，无可奈何地耸了耸肩膀，“哼，鬼知道。”

草棚里，一群俄国工人十分焦急地望着大胡子。昏暗的灯光映照着人们的脸。传来一阵阵狂风的呼啸声。

大胡子从容不迫地包着烟卷，显得非常镇静，满怀信心。他缓慢而有力地说道：“有压迫就有反抗，有剥削就有斗争，这就如同有黑夜就有白天，有冬天就有春天一样……”

“不，不一样啊，符拉基米尔·瓦西里耶维奇!”爷爷打断了他，“是的，华工弟兄的命运跟我们一样，不，比我们还要悲惨。这是我亲眼看见的。我同情他们，我爱他们，如果可以的话，我要拥抱他们每一个人，用‘面包和盐’欢迎他们，用俄罗斯人民的心跟他们说：‘我的兄弟，我的好兄弟！’可是，我不明白，他们为什么还不起来斗争，是为什么？就拿大胜来说……”

“对，就拿大胜来说，”大胡子接上去，“悬崖救王三，难道不是真正令人钦佩的英雄行为么?”

爷爷赞叹地：“是的，是的……”

大胡子：“您要知道，安德烈爷爷，即使没有我们，华工弟兄也是要起来斗争的。事实难道不正是这样么？他们早就开始了而且正在进行着斗争。问题是，我们必须努力把这种自发的斗争转变为自觉的斗争，把他们的斗争溶入到‘世界规模’的斗争中去。为了做到这一点，同志们，需要时间，时间……”

依万：“对，问题正是在于时间！时间对我们是多么珍贵，这您也是知道的。眼看着铁路一天一天往前修，我们心里难过，我们心里痛苦啊，符拉基米尔·瓦西里耶维奇。”

依万的话在人群中引起了强烈的不安。人们议论纷纷：

“华工被他们逼着日日夜夜地干活……”

“修路的速度快极了。”

“八号桥都快修好啦！”

“这可怎么办啊！”

大胡子也非常焦急但他强使自己镇静下来：“同志们，我们必须相信，华工终究会跟我们拉起手来的……”

“什么时候？用什么办法？敌人能够容许么？敌人难道在睡觉么？”依万叹了口气，“唉！铁丝网，刺刀，收买，挑拨……请问，怎样去接近华工啊！上一次那些中文传单，在马车里放着，鬼知道怎么一下被敌人发现了，我几乎也被他们抓了去。这就是说，敌人是强大的……”

“不，依万，这并不表示敌人强大，丝毫也不！你们听说了吗？总管整天的提心吊胆，每天晚上都要祷告上帝。你们说他惊慌什么？他害怕什么？这难道不恰恰证明，表面上似乎可怕的敌人只不过是一个‘泥足巨人’么！”大胡子稍稍停顿了一下，情绪昂扬地，“你们可知道，世界上最厉害的武器是什么？是刺刀？是大炮？不，同志们，最厉害的，百战百胜的，也就是说，敌人感到最可怕的，是真理，真理！伟大的马克思主义的真理！敌人也很清楚，被压迫的人民一旦掌握了这个武器，那么，他们的宝座立刻就要完蛋！因此，他们就拼命想用铁丝网，用刺刀，用无耻的谎言和一切卑鄙的手段，不让人民互相接近，不让人民了解真理。总管戈尔洛夫不就是这样干的吗？可是，同志们，真理就像光芒四射的太阳一般，难道是铁丝网所能封锁得了的么？难道是刺刀所能压制得了的么？难道是谎言所能遮盖得了的么？……”

“对，你说得对呀，符拉基米尔·瓦西里耶维奇！”安德烈爷爷兴奋得几乎跳了起来。

人们精神焕发，互相议论开了：

“大胡子说得好呀！”

“没有什么可说的，完全正确。”

“总管这个叛徒日子不好过呀！”

“难怪他天天念圣经祷告上帝了，哈哈哈！”

人们大笑着，情绪非常热烈。

大胡子在向爷爷交代任务："必须继续想办法，把火烧工棚的真相告诉大胜。要沃洛加再去试一试……"

十七

沃洛加和小福子悄悄爬近悬崖，躲在大石头后边，偷望着——

悬崖上，三兄弟结拜的地方。

大胜愤激地说："……总管把我放了，那叫'猫哭老鼠假慈悲'！郭大哥，王三哥，这样下去咱是没法活了！……"

郭老九叹了口气："唉，'人在矮檐下，谁敢不低头'？"

"我就不低头！"大胜激昂地："我要跟他们斗！"

郭老九恳切地："大胜兄弟，你听我说，人家有洋枪洋炮，我们可有个啥？怎么斗，俺也斗不过人家……"

王三随声附和："可不是吗！"

大胜倔强地："斗不过也要斗！佛争一炉香，人争一口气！"

王三也随声附和："是呀，这口气非出不行。"

郭老九："太危险哪！"

大胜："脑袋砍了碗大个疤，二十年一过又是一条好汉！"

郭老九："我郭老九也不是孬种！我心里也闷着一把火哪！可是，好汉不吃眼前亏。大胜兄弟，咱们暂时还得忍……"

大胜："忍，忍，忍到什么时候？咱还没有忍够吗？俄国老板、英国顾问把咱们当作畜生，德国俘虏也能随便往咱们脸上吐唾沫。难道……难道咱们中国人就不是人吗？白天黑夜，咱们给他们干活，一干就是十来个钟头。在哈尔滨原说每天要给两块'羌帖'，现在只给一块。就连这么点血汗钱，也让他们一把火给烧了……"

郭老九："那是天火……"

"不，不是天火！"传来小福子的声音。

大胜急回头，看见小福子站在一块大石头上。

小福子叫道："大胜叔叔！那把火……"

郭老九厉声制止："胡说！快给我滚开！"

大胜一把拉住郭老九："大哥，你这是干什么？小福子，快说！"

小福子胆怯了。

沃洛加从石头下边露出头来，捅了他一下，小声鼓励着："别怕！说！快说！"

小福子终于开了口："那把火是宪兵队长放的！"

郭老九威吓地："小福子！"

大胜命令似地："说下去！"

小福子继续说道："有个俄国工人被收买了，跟他们一起放火，后来宪兵队长就把他打死了……"

"我明白了！"大胜定定地望着郭老九，慢慢说道："老九呀，老九！我爹当初把我托付给你，我胡大胜也把心掏了给你，可你……你……"

郭老九低着头："大胜兄弟……"

大胜苦笑道："兄弟，兄弟！有福同享，有难同当，说得多好听！……"

郭老九开始申辩："大胜，你听我说……"

大胜不让他说下去，气愤地："你还有什么可说？你明明知道谁放的火，谁活活烧死了我的爹，谁是我的仇人，可你不顾弟兄的情分，哄我，瞒我，骗我！……"

郭老九心疼地："大胜……"

大胜一口气说着："将心比心，我胡大胜哪一点对不起你？事到临头，你为啥胳膊肘往外扭向着仇人？你说，洋毛子给了你什么好处？……"

"大胜！"郭老九痛苦地叫了起来。停顿片刻之后，他哽咽着说："兄弟，你说这种话可是不应该呀……我郭老九人虽穷，可从来没有出卖过朋友，从来没有做过一件伤天害理之事……唉，你不知道，俺这辈子是怎么熬过来的。真是一言难尽哪！……好吧，兄弟，事到如今，我也把心掏出来给你！……俺原本也是庄户人家，后来实在活不下去了，跟俺爹练得一身武艺，走南闯北，靠本事混饭吃……庚子年间闹起了义和团，俺们弟兄几个随着俺爹跟穷哥儿们一道，水里来，火里去，拼死拼活，要为咱们穷人出一口气，要为咱们中国人报仇泄恨！谁知道，咱们被……打败了。八国联军仗着洋枪洋炮，冲进了北京城，到处杀人放火，只见尸堆成山，血流成河，好惨哪！……俺爹他……他他他也是被一群俄国兵浑身浇上汽油活活烧死的！……我的大哥被他们在树上吊死了，我的二哥被他们在河里淹死了……大胜兄弟，这就是洋毛子给我的‘好处’！……”

“大哥你……别说了！……”大胜扑向郭老九。

郭老九慈爱地拍了拍他的背，说道：“仇，咱们是要报的！可不能拿鸡蛋往石头上碰，不能呀，兄弟！暂且得忍一忍，等等再说……”

“大哥，我忍不住了！我等不及了！再这么下去，我……我就要给憋死了！我要报仇，报仇！”大胜凝视着远方：“你有一个脑袋两只手，我就没有？你烧，我也烧！你杀，我也杀！”

第四章

十八

黑暗里有两个人影在闪动。

这是大胜和王三。他们飞快地闪进门内。

大胜嘴里衔着一把匕首，轻手轻脚地摸到床边。

床上躺着一个俄国女人，长长的红发披散在肩头，枕边放着烟灰盒和酒瓶。她仿佛听见了响动，慢慢睁开眼，突然看见两只灼灼有光的眼睛，恐怖地大叫一声：“啊！魔鬼！”

大胜听见是女人的声音，退后一步，厉声说：“不是鬼，是人！堂堂的中国人！”

“啊，我的上帝！”女人紧闭双眼，声音颤抖地祷告着。

大胜问道：“宪兵队长在哪儿？”

“他……他进城去了。”她仍然不敢睁开眼睛。

大胜：“一人做事一人当。不杀你，起来！去告诉宪兵队长，今天算便宜了他，下回老子再要他的狗命！”

她爬下床，匆匆把皮大衣裹在身上，一边怀疑地望着大胜，一边跌跌撞撞地逃了出去。

大胜小声说："烧！"

王三在房间里点起了火。忽然，他看见桌子上有一枚金刚钻宝石戒指在闪闪发光，心里为之一动。经过片刻的犹豫之后，他终于背着大胜，偷偷地把钻石戒指揣到怀里……

安德烈爷爷家中。

大胡子披着衣服，站在窗前，望着远处的火光，思考着："宪兵队长的家着了火……这是不是……"他果断地作了决定，"去看看！"

爷爷急忙说："我也去。"

大胡子一边把手枪插入衣袋，一边说："不，老爷爷，您不能去。"他把手一挥，"走，沃洛加！"

小孩背起弓箭，跟着大胡子奔出了门。

大胜伏在地上，望着熊熊的烈火，陶醉在复仇的快乐里，忘记了一切。

被他放走的红发女人，领着一队宪兵悄悄地向他走去，而他还在傻看着，傻笑着。

躲在树后的王三发现了宪兵，急忙溜走，忽然又停下来，想招呼大胜，但又害怕叫出声音连累自己，所以只无声地张着嘴，做了个手势，把大胜扔下逃命去了。

大胡子、沃洛加和几个俄国老工人急急奔来，卧倒在地。大胡子看见宪兵离大胜已经很近，便毫不犹豫地掏出手枪，打倒了一个宪兵。

枪声使大胜一惊。他猛回头，看见宪兵已近在咫尺，拔脚就跑。

枪声大作。

大胜在森林里奔跑着。

大胡子和沃洛加等跟在他后边。无数的火把闪动着。那是在追赶着他们的宪兵。大胡子一边跑，一边低声命令沃洛加："快，赶上去！"

沃洛加竭尽全力地向前奔去。

大胜跑到三岔路口，犹豫了一刹那，向右奔走了。沃洛加紧紧地追赶着他。

大胡子等赶到三岔路口，伏在路旁，向追来的宪兵开枪，一边射击，一边向左跑去，把宪兵引走了。

十九

沃洛加拉着大胜奔进黑暗的村庄。

在教堂附近，站岗的宪兵发现了他们。接着，枪声和警笛声大作。村内一片犬吠声。

沃洛加和大胜从房上轻轻落下，闪入一家洞开的门。

裹着头巾的金娜奶奶跑进来，把门锁上。

安德烈爷爷一跛一拐地从内室走出，突然发现了喘息未定的大胜，惊奇得目瞪口呆。

大胜警惕地望着他，慢慢走到门边，想夺门而逃。正在这时，门外的宪兵敲门了。

爷爷和沃洛加一把拉住他。

大胜怀疑地望着爷爷，不想去。可是，敲门声愈来愈急。怎么办？跑是跑不掉了。也许，这位老爷爷不是什么坏人吧？大胜在无可奈何之中，半推半就地随着爷爷和沃洛加走往内室。

撞门声急。奶奶望着门，一边在胸前画着十字，一边焦急地望着内室。

爷爷在内室关上衣柜，上了锁，跑了出去。

门开了。几个宪兵冲进来，一拳把爷爷打倒，咒骂着："老畜生！"

宪兵在房内搜寻着，目光渐渐集中在衣柜上。他用手枪瞄准着："打开！"

爷爷瞪了他一眼，慢慢把衣柜的门打开了。

宪兵小心翼翼地走近衣柜，从里边扔出了几件破衣服，用灯照了又照，才又"砰"地一声把衣柜关上。

大胜沿着暗窖的梯子爬着，从柜子底下钻了出来。沃洛加随即用板将柜底——暗窖的入口盖好。

爷爷背靠壁炉呻吟着。

奶奶轻轻揩着他脸上的血。

大胜激动地望着爷爷，不知说什么是好，呆呆地站着。

爷爷望着大胜，苦笑道："哼，真有意思！你们打我，他们也打我……”他把手一挥，“呶，算啦！来吧，孩子，快坐下！”

传来一阵急促的有节奏的敲门声。

爷爷把手一挥，沃洛加又领着大胜奔往内室。

大胡子和依万跑进门来。

爷爷望着满身泥污的大胡子在背着他包扎左臂的伤口，吃惊地：“你……”

“没有什么。”大胡子叹了口气：“唉……好样的，真是个好样的！”

爷爷一下猜到了，故意地问：“你说谁呀？”

大胡子赞叹地：“中国的鹰！”

“啊！”爷爷做了个鬼脸：“他在哪儿？”

大胡子无限惋惜地说：“恐怕……永远看不见他了。”

爷爷耸了耸肩膀：“真可惜！”

大胡子低着头，非常难过。

爷爷却像个恶作剧的孩子，偷偷地捂着嘴笑，终于忍不住“扑哧”一下笑出声来。

大胡子瞪眼望着他。

爷爷抓着他的手，满心欢喜地说：“符拉基米尔·瓦西里耶维奇，中国的鹰飞到我们家来啦！你看！”

大胡子掉过头，一下发现，沃洛加正拉着大胜的手从内室走出。他忘了伤口的疼痛，伸出两只巨大的手臂，怀着满腔的激情，走向大胜，紧紧地拥抱着他：“啊，我的好兄弟……”

大胜机械地接受了他的拥抱，脸上的表情又是感激、欢喜，又是迷惑、怀疑，目光仿佛在问：这一切到底是怎么回事呀？

大胜走到爷爷跟前，怀着感激而又歉疚的心情望着他，半天才说出一句：“多谢你，老爷爷……”

忽然，他想起了王三，急问大胡子：“先生，我还有一个弟兄，您看见他没有？”

大胡子摇了摇头。

大胜忧虑地：“哎呀，他……”

王三翻身上床，钻进了被窝。

郭老九从工棚外边奔来，小声问："大胜在哪儿？"

王三慌乱地："不……不知道。"

大胜坐在爷爷家中，刚刚吃罢了饭的样子。他望着大胡子和爷爷，狐疑地："你们……为什么对我这么好呢？是不是要我……帮你们做什么事情？"

大胡子笑着说："是的，的确需要您做点事情。非常需要！"

"好，明人不做暗事，要我干什么，你们就明着说吧。"大胜的疑心更重了。

大胡子态度严肃地："我们希望您带领大家，为了被压迫、被侮辱的华工弟兄，为了您死去的父亲报仇！"

大胜猛然往起一站，激动地望着他，但很快又迷惑起来："我的仇……跟你们有什么关系？"

大胡子站起身，握着他的手说："我们是一家人，是属于一个阶级的兄弟！您的仇就是我们的仇！"

金大叔等一群华工在工棚门口焦急地望着。

郭老九、小福子、莽子和几个小伙子，从黑暗里走出。

金大叔急忙迎上去："怎么样？"

人们沉默着：忧虑，焦急，难过。

莽子小声说："到处都找遍了，没有。"

金大叔沉重地叹了一口气。

爷爷家中。大胡子手搭在大胜的肩头，恳切地："杀死一个宪兵队长报不了您的仇，救不了所有的华工弟兄。只有把大家联合起来，跟他们斗争！请您相信，我们俄国无产阶级永远是你们最忠实的朋友和兄弟！好，明天晚上我们等着您。"说着，他紧紧地握了握大胜的手。

大胜似懂非懂地望着他，深思着……

二十

大胜坐在树下，苦苦地深思着。

铁路工地，比较偏僻的一角。远远望见：华工们三三两两地坐着，啃着黑面包。一条长长的铁路伸向远方。

叶落满地。天色昏暗无光。和北极圈里夏日的“白夜”正相反，终日不见阳光的漫长的“黑昼”开始了。

郭老九环顾了一下左右，小声劝导着：“大胜，你可千万不能胡来呀！昨儿个夜里有多危险！”

王三担心地：“还没有人知道吧？”

郭老九：“要想人不知，除非己莫为……”

王三着了慌：“那……那怎么办？”

郭老九安慰他：“你也不用害怕。只要咱们不说，他们就没有凭据办罪……”

“办什么罪？”大胜气愤地：“是他们有罪，还是我有罪？”

“小声点，我的老弟。”郭老九向两旁张望了一下，恳求他：“大胜，你一定要跟那些俄国人断绝来往……”

“为什么？他们又不是土匪！都是些受苦的百姓，跟咱们一样！他们的话听着新鲜，说得在理！再说，他们救了我的命……”

郭老九语重心长地说：“大胜兄弟，你听着：我郭老九在江湖上混了那么多年，过的桥比你走的路还多。你不知道，俺这辈子受过多少骗呀！唉，俺算寒透心啦！这个天下，什么人没有？何况是洋人，更加不能信！从古到今，哪有洋人向着咱们中国人啊！他们救了你的命，给你说好听的，可谁知道他们安的是什么心？”

大胜静静地听着，心被他说动了。

郭老九乘机说道：“今天黑夜，你不能去会他们。”

二十一

夜色苍茫。空中闪耀着几颗明亮的星星。

安德烈爷爷隐蔽在湖边的石洞旁边，等待着。

沃洛加跑来，凑着他的耳朵："大胜还是不肯来。"

爷爷生气地"哼"了一声，说道："你再去，问问小福子，到底是怎么回事？"

沃洛加刚刚跑走，加丽娅提着一包东西匆匆走来，小声地："您好，我的好爷爷。"

她吻了吻爷爷的面颊，偎依在他的怀里，问道："金娜奶奶好吗？"

"好，好。"爷爷抚摸着她的头发，慈爱地："加丽娅，加丽娅……"然后，做了个手势，让她到洞里去。

加丽娅走进石洞，激动地望着大胡子。

大胡子热情地伸出手："你就是加丽娅？"

姑娘天真地："我就是，您好。"

大胡子微笑道："你好！见了你我很高兴。"

"我也非常非常高兴！"加丽娅把一包炸药递给他："这是您需要的东西。总管家里正在举行舞会，我好不容易才脱身的。"

大胡子掏出怀表看了看："时间还早。来，坐一会吧，加丽娅。"

姑娘坐下来，说道："七号桥警戒很严，你们要特别当心呀！今天夜里的口令是：'黑熊'。"

大胡子深思地："桥是非炸不可了！铁路修的速度很快。华工还没有觉悟过来。德国俘虏那里工作更加困难……"

姑娘一边听着，一边仔细地观察着他，终于忍不住地："叔叔，请问您……"

大胡子笑道："你说呀。"

加丽娅低着头，嗫嚅地："您……叫什么？"

大胡子一笑："啊，这很简单嘛！我叫符拉基米尔·瓦西里耶维奇·连斯基。"

"啊……"加丽娅失望地叫了一声。

大胡子惊奇地："�春，你怎么啦？"

姑娘不好意思地说："啊，请原谅。我以为，您叫……阿历克赛·安东诺夫……"

大胡子微微一惊，接着无言地笑了笑。

爷爷走进洞来，颓丧地："大胜还没有来。"他靠墙边坐下，独自嘟囔着，"哼，这个人，怎么说他也不听，非要把宪兵队长杀了，报了仇，他才相信我们。一连等了他三晚上啦……"

大胡子突然打断了他："老爷爷，您是什么时候入党的？"

爷爷莫名其妙地望了望他，然后把手一挥："嗨，早就入啦！"

"哪一年？"

"去年就入啦！"

大胡子看他那股天真劲，不禁微微一笑。

"去年10月2号，跟我孙女儿，"爷爷看着加丽娅，"一块儿入的。再过几天，可就整整的一年喽！"

大胡子笑着说："老爷爷，记得您前天跟我说过，您今年是71岁。这就是说，您整整活了70岁，才找到了真理。可是，大胜呢？……"

"啊，我明白啦。"爷爷冲着加丽娅，学着大胡子的腔调说："安德烈爷爷，您知道，'莫斯科也不是一天建成的'。要忍耐，要耐心，要有耐性……哼！"他耸了耸肩膀，"再这么忍耐下去，'世界规模'的事情哪一天成功，我可就看不到啦！"

加丽娅"咯咯咯"地笑了起来。

依万走到大胡子身边："一切都准备好了。"

大胡子掏出怀表看了看，对爷爷说："我不能再等他了。可您呢，安德烈爷爷，还得要忍耐，要耐心，要有耐性……"

爷爷想说什么，但只微微地耸了耸肩膀。

大胡子握着加丽娅的手："再见，加丽娅！你必须马上回去。再过两个小时，我们就要把七号桥炸毁！"

震天动地的爆炸声响了起来。一座钢筋水泥的桥梁被炸毁了！

总管家的舞厅里，鸦雀无声。所有的人——跳舞的贵族男女，伴奏的乐师们，一齐都僵住了，仿佛被"定身法"定住一般，现出各种各样的丑态：有人伸着胳膊，有人歪着脖子，有人叉开双腿……他们怀着紧张和恐惧的心情在侧耳静听。

宪兵队长奔入，喘息着："报告！七号桥……被炸了！"

“啊?”全场齐声惊呼。

总管像喝醉酒似的摇晃着。太太上前去扶他。他推开了太太的手,一步一步走到宪兵队长跟前,“刷”地给了他一个耳光。

二十二

哄笑和喧闹之声,响彻了烟雾弥漫的酒馆。

王三拿着酒杯,说道:“弟兄们!桥被人炸了,总管大人很不开心,整天的喝酒。忽然,他灵机一动,传下命令,在三天以内把这个酒馆盖好,并且特意从俄国京都弄来了好些美女,让咱们也来开开心。来吧,各位,喝它两杯!今日有酒今日醉!总管大人要咱们乐,咱们就乐呀,乐呀!”

王三刚要举杯,忽然看见郭老九和大胜苦着脸坐在一边,急忙走过去:“郭大哥,你从来都爱喝两盅……”他大声唤道,“小福子,把酒葫芦拿来!”

小福子撅着嘴,从腰旁解下酒葫芦,递给王三。

王三把一瓶伏特加倒进酒葫芦里,然后斟了两杯酒。

郭老九推开酒杯:“俄国酒我不喝。”

“嗨,只要有酒,管它是哪国的。”王三举杯:“郭大哥,大胜兄弟,我王三今儿要敬你们一杯,多谢二位搭救了我的性命。”

郭老九一听,动了感情:“好,为咱哥儿们结下了生死之交,喝一杯。”说罢,他拿起酒碗,一饮而尽。

大胜望着他们,感到非常痛苦和失望。

王三嬉笑着走开了。

大胜的目光随着他望去,只见一群一群的华工,有的喝酒猜拳;有的哼着淫调,和袒胸露臂的俄国妓女们胡闹,王三也夹在他们当中;有人在赌牌九、掷骰子。哄笑声、嚎哭声、怪叫声、怒骂声,响成一片。

推牌九坐庄的大柜,掷了骰子。

厚道的山东大汉用颤抖的手取了牌。

几个人紧张地盯着牌看:“闭十!”

山东大汉双手捂着脸。

火性子的天津人叫了起来："大柜玩鬼!"

大柜急忙把满桌子的"羌帖"和戈比搂往木箱，交给了赵通事。然后，打了天津人一巴掌："嘿嘿，天津人，以后嘴放干净点!"说罢，神气十足地走了。

大柜走到王三跟前，向他挤了一下眼睛。王三心惊胆战地跟着他走了。

山东大汉拿着酒瓶，摇晃着走到大胜身边，嘟囔着："背时！背时！大柜玩鬼，把……把俺们钱都骗了。俺欠他三十块'羌帖'，三十块呀！这个月俺没给他送礼，妈的，他……他就打了俺!"他呜咽起来，"大胜，人都说你心好，你……你救救俺吧，俺家十几口子张着嘴等着哪!"

大胜听着，心如刀绞。他掏出一把"羌帖"塞到大汉手里："以后别再赌钱了。"

山东大汉望望"羌帖"，又望望大胜，哭着跑走了。

"大胜，你认识这位山东大汉?"和他同桌饮茶的金大叔，吃惊地问。

大胜随便"嗯"了一声。

金大叔继续追问："他叫啥?"

"他叫中国人!"大胜说罢，用手支着头，感慨万端。他微闭着眼睛，想起大胡子在爷爷家中恳切地劝导他："杀死一个宪兵队长报不了您的仇，救不了所有的华工弟兄……"

大胜睁开眼，恳切地："金大叔，你说，我到底该听谁的?"

金大叔毫不犹豫地说："听你老九哥的，这还用问吗？你爹这个仇……"

大胜打断了他："我要替我爹报仇，可我更要替咱们中国人争口气！我不能眼睁睁地看着弟兄们这样下去……"

金大叔看了看周围，小声说："孩子，你可千万别听那些人的话呀！你老九哥说得对，普天之下，哪有洋人向着咱们中国人的呢!"

有人轻轻拉着大胜的袖子。大胜掉头一看，只见小福子连连向他眨着眼睛。他站起来，刚要迈步，忽然被金大叔一把拉住了。

隔壁房间里。大柜躺在床上抽鸦片。王三低头站在床前。

"王三，您府上……"

"在下是奉天人。"

"听说您做过几年小买卖？"

"是，是。后来被土匪抢了……"

"现在，可是个发财的好机会啊！"

"是，是。"

"好吧，打开天窗说亮话。宪兵队长家里那把火，究竟是谁放的？"

"张二爷，我……我实在不……不知道。"

大柜咆哮起来："是你！"

王三"啊"的一声叫了起来。

大柜抓着他的衣领，狞笑着："嘿嘿，不是你，是谁？"

王三恐惧地张着嘴，嘴唇刚动，拜把兄弟的情景突然出现在他的眼前，"如若背弃此言，五雷轰顶，天诛地灭！"的声音伴随着蓝森森的闪电和可怕的雷声，吓得他汗如雨下。他终于摇了摇头。

郭老九自拉自唱："我好比，笼中鸟，有翅难展……"唱罢，他又自斟自饮，喝起酒来。

坐在一旁的大胜望着他，痛苦已极，上前夺下了他的酒碗。

郭老九醉意朦胧地望着，终于认出了他："啊，大胜兄弟！你……你来得正好。"他转过脸去，唤着，"王三兄弟，你在哪儿？快，快来呀！"他又面向大胜，"来，喝，喝，为咱哥儿们……结下……生死之交！"说着，他端碗自饮。

大胜一把将他从椅子上提了起来。

郭老九哀求着："嗳，兄弟，你……你老九哥向来规矩，扯谎是王八蛋！俺一不抽大烟，二不赌钱，三不嫖女人……啊！女人，女人！"他一屁股坐了下来，伤心地，"俺也有过女人呀！……好一身武艺！好一对眼睛！……"他慢慢站起来，把桌子一拍，怒指着，"狗官财主，你……你你你好狠心呀！你青天白日抢走了我的妻，叫我们十年的夫妻两分离，叫我吃奶的小福子失去了亲娘……"

没有。可是，就凭这两只手，他们什么都会有!”

金大叔更加糊涂了：“妈呀，这不就成仙了吗？他们到底在哪儿？你说清楚点儿。”

大胜兴奋地：“就在这儿!”

人们愕然，你望望我，我望望你。

大胜激动地说：“弟兄们，无产阶级就是咱们！咱们就是无产阶级！只要咱们挺起胸膛，举起拳头，拉起手来，跟他们干，就有出头的一天！……”

山东大汉往起一站：“大胜，你就明着说吧，怎么个干法？只要你打头，就是上刀山，俺也跟你走!”

天不怕地不怕的小伙子们嚷着：

“大胜，你说吧!”

“咱听你的!”

“妈的，窝囊气受够啦!”

“咱可活不下去啦!”

“这么下去，反正也是死嘛!”

灯光里，现出一张张精神焕发的脸。大胜的声音像咚咚战鼓一般激荡着人们的心弦：“弟兄们！咱们先分头到各个工棚去跟大伙说说，然后再一块儿聚会聚会，向总管提条件：头一条，火烧工棚的凶手要追查法办，银钱损失要赔偿！二一条，不准俄国宪兵和德国俘虏打骂咱们弟兄！三一条，按照合同补发咱们全部工钱！工钱要发现钱，不能记在这本本上来欺骗咱！四一条，一天只干八个钟头活，不能像现在这样披着星星出去，顶着月亮回来……”

“要是洋人不答应呢?”金大叔问。

大胜说：“不答应，咱们就罢工！回中国！总管等着铁路用，咱们不给他修，他就没法!”

人们笑逐颜开：

“这可好哇!”

“有门！有门!”

“不答应咱的条件，咱就回国!”

“唉，俺爬也要爬回中国去啊！”

大伙高高兴兴地散去了。

大胜和莽子等走进另一个工棚。

王三站在门口，监视着。

大柜突然出现，在他耳边说了两句，随即在黑暗里消失了。

大柜奔入总管府，跑着，跑着。

叠印——

大胜在华工们中间，鼓动着。

大胜等又走进了另一个工棚；华工们团团地围着他，听着他……

大柜奔入总管办公处，喘息着说：“不好了！”

宪兵队长：“总管大人，如果再让他这样煽动下去，不要多久，中国人就都要暴动起来了！”

总管沉思地：“也许，英国人的话是对的？……”

宪兵队长：“我请求您，总管大人，赶快下命令……”

总管起身一站：“好，立刻逮捕大胜！”

“是！”宪兵队长说罢，向大柜一挥手，匆匆离去。

总管家的后院。

加丽娅在干草堆旁边，小声地：“沃洛加，快！一定要把大胜找到，叫他立刻隐蔽起来！”

沃洛加的身影在黑暗中一闪而过。

二十六

大胜在酒馆里寻找着。

传来郭老九的大笑声：“啊哈哈哈哈！”

一群人围着郭老九笑。

郭老九端着酒碗：“你们……笑什么？嗯？”

大胜拉着他：“老九，你醉了。少说两句……”

“我要说！我没有醉！”郭老九甩开大胜的手：“你们各位听着：我郭老九当年也是一条好汉！庚子年间闹起义和团，俺随着大师兄从山东济南府一直打到天津卫。有一回，深更半夜，俺哥儿们闯进了洋人的兵营，抡起大刀，左砍右杀，杀得那洋毛子的头呀满地滚，杀得那洋毛子呀噢噢叫……”

宪兵队长领着几个宪兵闯进酒馆。

沃洛加紧跟着奔到酒馆，可是已经晚了一步！

两个宪兵捉住大胜。

大胜挣扎着，吼道：“你们凭什么抓我？”

郭老九茫然望着。大胜被宪兵架走了，他好像才清醒过来，在喊着：“站住！”追了上去。

宪兵队长一拳将他打倒。

众人前去扶他。他从地上爬起来。鲜血从他的嘴角缓缓流下。

门外传来大胜的怒吼声：“你们凭什么抓我？……”

郭老九推开众人，一步一步走着，一字一字说着：“毛子呀，毛子！你也欺人太甚！狗急还要跳墙……小福子，拿刀！”

小福子递上了一把大刀。

郭老九“刷”的一声抽出亮闪闪的大刀，高高举起：“有种的，跟我走！”他迈开大步往前走去。小福子跟在他身后。

众人一下将他围住，嚷着：

“郭老九，不能去呀！”

“人家有洋枪洋炮，咱斗不过人家。”

“硬拼，不是去找死么？”

郭老九声如雷鸣一般，吼道：“让开！”

众人默默地给他让开了一条路。

郭老九举着大刀，豪迈地走向门口。

酒馆的大门突然紧闭。灯光也随之熄灭了。

郭老九愤然举刀，猛地向大门劈去。刀光划破黑暗。随着劈门声，响起了一声无可奈何的沉重的叹息——大门仍然紧闭着。

二十七

草棚里，一群俄国老工人正在开会，情绪非常热烈。一片“好呀！”“联合罢工！”之声。

安德烈爷爷拉着沃洛加急急奔入："符拉基米尔·瓦西里耶维奇！大胜……"

大胡子吃惊地："怎么……"

爷爷垂着头说："他……被捕了。"

全场震惊。人们焦急地望着大胡子，目光仿佛在问："怎么办？"

大胡子默默沉思着……

二十八

工棚里，一片寂静。华工们焦急地望着郭老九，目光仿佛在问："怎么办？"

郭老九默默沉思着……

二十九

大柜卧室。俄国女人倚门而立，喷着烟圈。

几个华工在向大柜求情。金大叔递上一包钞票："张二爷，这是两百块'羌帖'，弟兄们凑的血汗钱，求您老人家……"

"嗳，嗳，咱们都是中国人嘛！"大柜接过钞票："各位放心，兄弟一定尽力而为。大胜的案子虽大，可总管定会像过去一样大发慈悲的。"

三十

总管坐在办公处的沙发上，愁容满面。

宪兵队长："越打越不说，哼都不哼一下。"

大柜："总管老爷，小人愿进一言。我们中国人向来是吃软不吃硬……"

总管望着他，脸上微露出赞许的笑意。

被打得伤痕累累的大胜昂然走进客厅。

大柜迎上去："啊，大胜，你怎么被打成这个样子？"他指着宪兵队长的背影，"妈的，你也太狠心啦。"

他扶着大胜坐下："唉，只怪我二爷照管得不好。你爹刚死不久，又让你受这么大的委屈。啊，可怜的孩子……"他居然挤下了几滴眼泪。

大胜望着他，冷冷地一笑。

大柜抹了泪，假惺惺地说："大胜，我为你求情来了。总管又发了慈悲，答应让我把你领回去。走以前，他还特地要会会你……"

总管从帷幕后边走出来，皮笑肉不笑地："亲爱的朋友，我刚刚才知道您的不幸。请允许我向您表示最真诚的同情和最深切的歉意。"

大胜望也不望他一眼。

总管坐下来，继续说道："对于中国人民，特别是孙中山先生领导的革命，我个人一向怀有最崇高的敬意。"

加丽娅端着茶盘突然出现。

大胜猛一惊，激动地望着：她怎么在这儿?

姑娘也望了他一眼，目光亲切而又严峻。

老奸巨猾的总管发现了大胜的激动，眉头一皱：是姑娘的美丽吸引了他呢，还是他们本来就认识?

加丽娅放好茶杯点心，匆匆离去，总管却一把拉住了她，用手摸着她的脸，笑着说："美人儿，留下来陪陪我们的客人吧，嗯?"

"是，老爷。"加丽娅低头行了礼，站到一边。

大胜看见她在总管面前如此低声下气，感到十分震惊。

总管转动着一对绿眼珠，望了望加丽娅，又望了望大胜，问道："您见过她吗?"

大胜低头不语。

总管笑道："我们俄国姑娘不错吧?"

大胜狠狠地瞪了他一眼。

总管："啾，让我们像朋友和兄弟一样谈一谈吧。你们中国有句成语，叫'既往不咎'，对吗?这就是说，过去的事情就算过去了。所以，您尽管放心。同时，也尽管坦率地告诉我们事情的真相，就好像叙述一个美丽的神话。好，让我们从头谈起。请问您，宪兵队长家的那把火是不是您放的?"

大胜望着地板，根本没有听见他说什么。

大柜对着他耳朵："大胜，总管问你话呀。有我二爷在，别怕！火是不是你放的？”

“是我！”大胜回答得非常干脆。

总管：“还有谁？”

大胜：“就我一人！”

总管：“好，您的坦率使我非常感动，非常钦佩！请允许我再向您提一个问题：是谁叫您放的火？”

“谁叫我放的火？”大胜望着总管，仇恨涌上心头，大喝一声：“是你！”

总管被这突然的吼声吓了一跳，手里端着的一杯滚烫的咖啡泼在裤子上，使他疼得直歪嘴。他尽力克制了自己，声调阴沉地：“请允许我坦率地问您，七号桥是谁炸的？您跟布尔什维克有没有关系？”

大胜莫名其妙地望着他。

大柜在大胜耳边小声解释：“布尔什维克……嗯，就是……坏毛子。”

大胜：“坏毛子？”

大柜：“对，对，你说跟他们有没有关系？”

大胜：“有！”

总管和大柜同声问：“谁？”

总管斜视着加丽娅。

加丽娅的眼睛现出紧张不安的神情。

大柜小声问：“谁？”

大胜：“我不说！”

加丽娅轻轻地吁了一口气。

总管望了她一眼，对大胜冷笑着说：“嘿嘿，既然您已经承认跟他们……”他问大柜，“中国话叫什么？”

大柜：“坏毛子。”

总管：“……跟坏毛子有关系，那又为什么没有胆量说呢？您的胆子未免太小了，我的朋友。”

“我胆小？”大胜果然被他激怒了。

“至少您给了我这样的印象，哈哈！”

“好吧，说了会怎样?”

“我们可以满足您的一切需要，包括物质的和精神的。”

加丽娅紧张地望着大胜。

大胜望着总管。

总管又向加丽娅斜视了一眼，然后贪婪地望着大胜，小声地：“呶，说吧！跟哪个坏毛子有关系?”

大胜怒指着他：“跟你！”

总管瞠目结舌，摊开两手，半晌才清醒过来，大笑道：“哈哈哈！显然，您还没有弄清楚我的问题。不过，我倒很感兴趣地想知道，您跟我有什么关系?”

大胜咬牙切齿地说：“有你没有我，有我没有你！你这个笑里藏刀、狼心狗肺的坏毛子！”

总管细细打量着大胜。看来似乎有点傻气的小伙子，居然如此胆大而又聪明，这是他所没有料到的。他已经意识到自己过低估计了他的对手，同时也过低估计了这件事情的复杂性，深思地：“啊，是这样?”

三十一

总管和宪兵队长躲在客厅的帷幕后边，窥视着——

大胜独自坐在客厅里，面前放着一桌酒菜，而他不屑一看，傲然凝视着窗外。

加丽娅端着一盘水果走来。

大胜望着她，嘴唇微动着。显然，他想跟她说话。

加丽娅却故意显得冷淡，躲避着他。

大胜突然站起，迎面拦住了匆匆离去的她。

加丽娅看见他要说话，立刻大声喝止：“走开!”

大胜茫然望着“砰”的一声关上的门，痛苦，迷惘，失望……

躲在帷幕后边的总管，用询问的目光望着宪兵队长。

三十二

湖滨花园，盖着一层松软的白雪。

盛装打扮的加丽娅，站在总管身后。

总管一边向铁栅栏里的黑熊扔着白面包和苹果，一边说着："我深信，你们女人是万能的，哈哈哈！"

姑娘红着脸，紧攥着拳头，愤怒地望着他。

总管回过头来，含意颇深地："美人儿，祝你成功！"

"谢谢您，老爷！"加丽娅行了礼，向花园的另一角缓缓走去。

她的脚步越走越慢，呼吸却越来越急促。

宪兵已经在望。加丽娅用手支着头，吁了一口气："噢依！"

她终于冷静下来，迈着稳健的步子往前走。

宪兵向她媚笑着，为她打开了地窖的门。

加丽娅慢慢下了台阶，走进阴暗潮湿的地窖。她定眼望了望，然后，向躺在干草上的大胜慢慢移动着脚步。

满身血污的大胜闭着眼睛。

姑娘怀着无限的敬意俯下身去，用手轻轻抚摸着他的黑发。

大胜睁开眼，惊奇地望着她，总管摸着加丽娅的脸、加丽娅向总管行礼的情景，加丽娅向他大喊一声"走开！"的情景，闪过他的眼前。

他挣扎着爬起来。

加丽娅伸手去扶他，被他一下推开了。

大胜倚在墙上，从上到下地打量着她。

姑娘发现了他的怀疑，立刻脱去了华丽的外衣，把盘在头上的一根辫子也拖了下来，和他过去所见到的一模一样了。

但是，这并没有消除大胜的怀疑。

加丽娅急忙解释："他们叫我来……"

"他们是谁？"大胜气愤地："是总管他们，还是……"

"都是。"加丽娅赶紧打断了他，微笑着向他走去。大胜却扶着墙转，逃避着她。

姑娘以恳求的目光望着他，轻声唤着："大胜……"

大胜忽然摇晃了一下，忍受着伤口的剧痛。

加丽娅一把抱着他，命令似地："躺下！"

大胜晕倒在加丽娅的怀抱里。

加丽娅扶着他，慢慢将他放倒。她打开药包，揭开上衣一看，“啊”地一声叫了起来。背上的火印——狗熊四周，布满了一条条烙铁的血痕。她闭了一会眼睛，然后，小心翼翼地洗着他的伤口，眼泪一滴一滴地往下流着。

地窖门口。总管、琼斯和太太在门缝里偷望着。宪兵队长和谢苗站在他们身后。

总管得意地：“啾，怎么样，琼斯先生？布尔什维克就在我们身边……”

琼斯用手指着说：“您再看。”

总管回头望去——

地窖里，大胜倚着墙，一把将加丽娅推倒在地，蔑视地望着她。

加丽娅躺在地上，怀着痛苦和焦灼的心情望着大胜，思考着：怎么办，怎么办啊？姑娘满心希望用真诚的热情来消除他的误解。可是，结果却适得其反。她对他越亲热，他就越反感，越怀疑。她想大声说：“你误会我了！”可是，她只动了动嘴唇，没有发出一点声音。

姑娘斜视着门口。她知道，那儿有人监视着呢！那双沾满了泪水的蓝色的大眼睛，逐渐地明朗起来。长长的睫毛微微动了一下。

加丽娅从地上爬起来，不顾一切地扑向大胜，紧紧地拥抱着他，在他耳边小声急语：“大胡子要我告诉你，他们正在设法救你出去……”

大胜拉开她的手臂，又一次将她推倒了。

姑娘含泪望着他，用极其低微的声音呼唤着：“大胜……”

“快给我走开！”大胜打断了她，把那身华丽的外衣从地上拿起来扔到她身上，指着门吼道：“走！”

加丽娅话也没有说完，抱着衣服，噙着满眶的泪水，跑出了地窖。

琼斯同情地望着她的背影：“总管先生，您的确是误会她了。”

总管冷冷地一笑：“也许是我误会了她，也许是……他们之间有了误会。”

三十三

静静的夜。一缕淡淡的雪光从门缝里射进来，照在大胜的脸上。周

"有病没处医，哪一天不抬出去好几个啊!"

"唉，铁路修得倒是快，可一块石头一滴人血，一根枕木一条人命哪!"

"老九，咱们得像大胜那样，跟洋人干!"

"说什么咱也得把大胜救出来!"

"今天咱们不救大胜，任凭洋人欺侮，明天不知谁的脑袋也要搬家。"

郭老九在人们的团团包围之中，毅然说道："大胜兄弟是好样的!弟兄们，咱就得像他那样，跟洋人干!"

莽子："对，抡起大刀，杀他个落花流水!"

郭老九："不，暂时不动刀枪，先来个武戏文唱。"

金大叔："咋个唱法?"

郭老九："大胜不是说过吗?总管最要命的是啥?最着急的是啥?是修铁道呀。好，从明儿起，咱就在家里睡大觉，不去上工!"

众人响应着："好!""对!"

郭老九说道："咱先跟总管要人，叫他把大胜放出来!其他一切咱慢慢再谈。"

众人响应着："好!""对!"

郭老九："常言道，众人拾柴火焰高。咱还得叫其他工棚的弟兄，跟咱一起来干。弟兄们，大伙得齐心，得争口气呀!非要让那些洋人瞧瞧，咱们中国人不是好惹的!"

三十五

地窖门口。小福子把一沓钞票塞到宪兵手里。

宪兵打开门，小声地："快!"

小福子点点头，提着小篮子，匆匆走进地窖。

大胜站在黑暗的墙角里，惊呼："小福子!"

"大胜叔叔!"小福子奔向大胜，紧贴在他的胸前。

"我给你送饭来了。不知花了多少钱，宪兵才让进的。"小福子望了望门口，低声说："咱们的人罢工啦!好几百口子呢。非要总管放了你不可。还有，我爹他们不相信大胡子，要我来问问你，究竟他们是好人还是坏人，还要你开个字据……”

大胜沉思半晌，说道：“字据我不能开。”

小福子诧异地问：“怎么？”

大胜疑心很重地说：“大胡子他们那帮人到底怎样，还得……看一看。”

三十六

大胡子和依万并肩躺在草棚里，小声交谈着：

“安德烈爷爷怎么样？”

“情绪不好呀，符拉基米尔·瓦西里耶维奇。一是担心加丽娅，二是不能自由走动……”

“他家还没有被搜查？”

“是呀。总管先生的胃口真大，四处都撒下了网。”

“我们工人的情绪怎样？”

“好极啦！他们说，为了支援华工弟兄，我们应该立即举行同情罢工。”

“有多少人这样说呢？”

“几乎是全体。”

“没有人反对吗？”

“有的。还有人——呸，见他的鬼吧！——什么也不说。”

“那就不是什么全体了，对吗？要做工作，依万，还要做很多的工作啊！”

沃洛加拖着还在啜泣的小福子走进来。

大胡子大吃了一惊：“小福子，你……哭什么？”

小福子更加伤心，哇哇哭着。

大胡子紧张地问：“大胜怎么样？你见到他没有？字据开了吗？……小福子，你到底怎么啦？”

“是这样，”沃洛加低头揉着手里的帽子，嗫嚅地：“我……我打了他一巴掌。”

大胡子松了一口气："啊，原来是这么回事……那么，沃洛加，你为什么打他呢？"

沃洛加撅着嘴："他刚从大胜那儿回来，马上就不理我了。他说我姐姐加丽娅是坏蛋，大胡子也不能相信……"

"哎嘿，沃洛加，沃洛加！"大胡子做着手势，示意要沃洛加去向小福子道歉，跟他和好。

沃洛加很不情愿地走到小福子跟前，刚掉过脸，看见大胡子在向他晃着拳头，又赶紧望着小福子，冷淡地说："别哭啦！我们俩……"他干咳了一声，"得好好地谈一谈。"

小福子哭着从怀里取出弹弓："还你。"

沃洛加望了望弹弓，又把身上背的弓箭取下，拿在手里望着，伤心地说："我们就这样再见了吗？小福子，我……我不该打你，我向你道歉。"他抱着小福子"噢噢"哭了起来。

大胡子望着他们，深思着。

依万在他耳边担心地问："大胜会不会……"

大胡子打断了他："大胜怀疑我们，但他决不会出卖我们。是的，是的，这一点你不必担心，依万。中国人对待朋友的忠诚，如同他们对待敌人丝毫也不屈服那样，是举世闻名的！"

三十七

入夜。总管微低着头，站在圣像下面虔诚地祈祷着。他微动着嘴唇，念着圣经，然后，在胸前面画了十字，慢慢转过身来。

宪兵队长望着他，小心翼翼地："总管大人，请允许我向您报告，中国人的罢工在……在扩大……"

总管把手一挥："够了，够了！我现在需要的不是报告，而是办法！办法！您说怎么办，我的队长先生？"

宪兵队长想了一想，阿谀地："可以毫不夸张地说，总管大人，您的每一个毛孔里，都……都灌满了人道主义的精神……啊，请原谅，我不大会说话。依我看，您就答应他们的要求，把胡大胜放走算了……"

"放走算了？哈哈哈！"总管突然收起笑容，露出一副狰狞的面孔，从牙齿缝里慢慢吐出一个字："不！"

三十八

湖滨花园。满眼是玉树琼花的粉装世界。

一对对贵族男女挽着手臂，在雪地上漫步。

悠扬的《天鹅湖》舞曲在空中回荡着。

宪兵队长沿着铁栅栏，慢慢走到总管身边，小声说："一切都准备好了，大人。"

总管洋洋得意："好。马上开始！"

"是！"宪兵队长执行任务去了。

总管望着从身旁走过的加丽娅，微微一笑。

乐声突然中止。

"女士们，先生们！"总管大声喊道："今天请各位光临，是为了欣赏一个特别精彩的节目——世界闻名的中国马戏！"

宪兵队长猛一推，大胜跌进了熊圈。

铁栅栏的大门跟着锁了起来。

一只被绳子拴着的狗熊，从石洞内狂奔而出，一直扑向大胜。

大胜飞也似的闪到一边，身子紧贴着铁栏杆，瞪眼望着，心里有点慌乱。

狗熊在离他两步远的地方停下了，因为一根粗大的绳子拉着它，使它不能再往前去。

饥饿的野兽被激怒了，它用后脚站起来，狂暴地吼叫着，拼命地想够着他。

总管面目狰狞，纵声大笑。

加丽娅站在人群之中，摇摇欲倒，但很快就镇静下来。她像雕塑的一般，一动不动地站着。只有近前望去，才能看出多少痛苦、愤怒和仇恨在她的眼睛里燃烧着。她知道，总管正在一旁窥视着她的表情，试验着她的神经。她的内心响起了两种声音："怎么办？怎么办？""镇静！镇静！"

总管手指着她，和谢苗耳语："注意观察她的每一个动作，每一个表情。这场戏与其说是为了他，不如说是为了她！”

谢苗连连点头，沉思着。

总管走到琼斯面前：“呶，怎么样，亲爱的琼斯先生？”

在熊的咆哮声中，琼斯微笑着说：“这是您的杰作，天才的杰作！不过，戈尔洛夫先生，这跟您一向宣扬的人道主义好像不太相称啊。”

总管恬不知耻地：“这倒没有什么。中国人是如此傲慢，只有这样，你才能叫他低头！”

狗熊昂着头，趾高气扬，不可一世。

总管站在铁栅栏外边，神气十足，不时地用手指头弹着肥胖的肚子。他面对着大胜，笑道：“呶，亲爱的朋友，说吧！七号桥是谁炸的？布尔什维克在哪儿？要您的华工弟兄们复工！只要您点一下头……否则，我就命令把绳子松开，让这只饥饿的狗熊跟你说话！”

大胜两手紧抓着铁栏杆，沉默着。那一双双闪动的邪恶的眼睛，那一阵阵令人发指的笑声——野蛮的笑，狰狞的笑，疯狂的笑！——就像钢刀一样，扎在大胜的心上，使他感到屈辱，感到痛苦，感到愤怒！他的身上顿时涌起了无穷的力量！面对着凶恶的野兽，大胜昂起头来，怒目圆睁，紧紧地攥着拳头。

总管命令宪兵队长：“准备！”

石洞外边的墙上钉着一个铁环，铁环上拴着一根粗大的绳子，用铁钩子钩着。宪兵队长慢慢伸出两只带毛的大手，抓住了铁钩子，等待着总管的命令。

全场静默。

加丽娅微闭着眼睛，急促地喘着气。她紧握拳头，下了什么决心，突然转过身去，刚要迈步，谢苗却拦住了她的去路，小声说：“镇静点，小姐。”

加丽娅望着他，两眼喷着怒火，低声命令：“让我走！”

谢苗：“您不能走，小姐。”

传来总管的声音：“音乐！”

在片刻的静默之后，《天鹅湖》舞曲和狂笑声又起。大胜如万箭钻心。这野蛮的笑，狰狞的笑，疯狂的笑，激起了他对衣冠禽兽们的刻骨的仇恨，激发了他的高度的民族自尊心。看，那一双乌亮的眼睛，闪烁着坚定不屈、蔑视一切、勇敢无畏的光辉！

总管凶狠地望着大胜："我要你说话！我要你叫喊！我要你求饶！"他转过身来，大吼一声，"把绳子……松开！"

宪兵队长松开了绳子。

狗熊张牙舞爪，吼叫着扑向大胜。

机警的大胜就地一滚，熊扑了个空，重重地跌撞在铁栅栏上。

铁栅栏摇晃了一下，几个螺丝钉滚落在地，横梁脱落了。

大胜一见，情急智生，飞一般奔向铁栅栏，以"倒拔垂杨"的惊人的力量，猛地一下，抽出了一根又尖又长的铁栏杆。直立的熊猛扑过来，大胜用铁栏杆的尖头对准熊的胸脯用力刺去。

在一片骚乱和叫喊声中，加丽娅像雕像一般，一动不动地站着，眼睛里闪耀着无比喜悦、赞美和骄傲！

总管惊恐万状，嘶哑地绝望地叫喊着："啊——啊——我可怜的熊！快，快把门打开！"

宪兵队长慌忙打开了铁栅栏的大门。

狗熊躺在英雄的脚下，死去了！

大胜昂然走出铁门。

总管等嘶叫着，恐怖地退缩成一团。

大胜像巨人一般，气宇轩昂地站在高处。

全场静默。一切噪音都荡然消逝。

大胜居高临下，傲然俯视全场。他用锋利的目光，射向总管和琼斯。

威严的声音在空中震响着：

"笑呀，笑呀，你们这些杀人的魔王，吃人的野兽！……告诉你们，中国人也是人！……你们要我低头？哼，那是做梦！老爷们，请你们记住：堂堂的中国人是不可欺侮的！堂堂的中国人是铁打的硬骨头！你们神气吧。你们笑吧。总有一天，要不了多久，你们这群妖魔鬼怪就会知道我们中国人的厉害！"

第六章

三十九

总管办公处。

宪兵队长低头站着。

总管指着他的鼻子，骂着道：“你这个饭桶，笨蛋，蠢猪，酸牛奶!”他转了一个圈，回过头来，“我问你，铁栅栏的螺丝钉怎么会突然掉下来的?”

宪兵队长：“总管大人，这是有人……”

“有人，有人，这还用你说！问题是：谁？谁?”

“我觉得，谢苗这个人有点可疑……”

“哈哈，您真是在梦中发现了一个新大陆。谢苗是公爵大人特地从彼得堡派来的……那么请问，您有什么根据呢，我的队长先生?”

“唯一的根据是，决定斗熊这件事，除了您和我以外，只有他知道。”

“不”，总管沉思地， “我觉得，最可疑、最可怕的还是她，加丽娅!”

谢苗叩门而入：“老爷，您有什么吩咐吗?”

总管：“谢苗，你要更加严密地监视加丽娅。暂时先让她自由地走来走去。我们需要抓住的，是比她更加重要、更加可怕的阿历克赛·安东诺夫!”

谢苗一边凝神听着，一边连连点头称是。

总管问宪兵队长：“她家里有什么动静吗?”

宪兵队长：“没有什么。她爷爷有病，整天躺在家里不出门。奶奶……”

总管暴怒地：“住口！你这个蠢猪……”

电话铃响。总管怒气冲冲地拿起听筒，吼叫着：“哈罗！哈罗！什么……”

他的声音突然低了下来："是彼得堡？鲁科夫斯基公爵！啊……"

他急忙整了整蝴蝶式领结，立正站着，仿佛公爵就在他面前似的，满脸堆着笑："公爵大人！……是，是我。……安东诺夫还没有抓到。华工的罢工正在扩大，逃跑的不少，由于缺少阳光和蔬菜，坏血病患者已经有700多人……是，赤色瘟疫比这更可怕！……是，大人，我的确是个饭桶！……是，我是笨蛋！……是，我是蠢猪！……我，是一瓶酸牛奶！……我明白，形势越来越紧张……是，大人，我用脑袋向您保证，一定要在1917年到来之前，也就是说，在80天以内，把铁路修通！大人，祝您晚安！"

总管放下电话，用手帕连连揩着头上的汗，软瘫瘫地躺倒在沙发上。

四十

茫茫的雪野上，闪动着点点火光，看起来仿佛是一片落地的星星。

那是铁路工地。一堆一堆的篝火在燃烧。

俄国工人们冒着漫天的风雪，紧张地劳动着。一片金属的敲击声。

宪兵队长、监工等刚一走过，许多人就扔下铁轨、枕木、锤子、铁锹，跑到篝火旁边，抽烟聊天，烤火取暖。

大胡子蹲在篝火旁，和几个老工人小声谈着："大胜对我们产生了怀疑，这就使得华工更加不信任我们。因此，问题的关键仍然在于，如何才能把大胜救出来……"

"用武力！"依万晃着拳头说。

大胡子："这当然是一个办法，但不是最好的办法。我们必须通过群众的斗争，让群众自己起来救自己！这说是说，要通过救大胜一个人，把全体华工发动起来，让他们为自己的生存而斗争！同时，通过援救大胜的斗争，要使得他们和我们联合起来……"

依万："不管怎样，为了支援华工弟兄，反对迫害大胜，我们必须马上开始同情罢工。不能再拖延了，符拉基米尔·瓦西里耶维奇。"

大胡子："是的，不能再拖延了。从明天起，开始同情罢工！你们看怎么样？"

工人们纷纷响应：

“应该这样啊！”

“听说总管强迫大胜去跟熊斗，人们简直没法控制住自己的愤怒。连那些对华工误解很深的人也开始觉醒了。”

“大胜是好样的！华工弟兄是好样的！”

“他们不但值得同情，而且更加值得尊敬！”

四十一

大雪纷纷扬扬，铺天盖地。

沙皇士兵端着刺刀，在铁丝网旁边来回走着。华工棚内传出《苏武牧羊》的琴声。

木板房内，华工们有的躺着，有的坐着。郭老九喝了一口酒，放下酒葫芦，接着又拉起胡琴，唱着一首悲伤的小曲：

凄风苦雨大雪飘，
北极圈里修铁道。
铁道越修路越长，
华工越修人越少！
一块石头一滴血，
一根枕木命一条！
问苍天：哪里有温饱？
问苍天：哪里有公道？
漫漫长夜有时尽呀，
华工的苦啊何时了？
华工苦，华工苦，
华工的命啊狗不如。
华工苦，华工苦，
呼天喊地无处诉。
华工苦，华工苦，
无娘的孩子，无根的树。
唉！想回家乡没有路，

重见爹娘在何处？……
乡亲们哪，莫悲伤！
弟兄们哪，莫难过！
眼泪白白流成河，
莫叹中国人命苦。
众人一心振臂呼，
冲破茫茫万里雾！
我同胞，
要知道：
黑夜有时尽，
苦难有时了！
中国人啊站起来，
扬眉吐气在今朝！
中国人啊站起来，
扬眉吐气在今朝！

郭老九越唱越悲伤，越唱越激昂。

画面随着歌声在移动——

茫茫的雪野上，闪动着点点火光，看起来仿佛是一片落地的星星。

那是铁路工地。一堆一堆的篝火在燃烧。

华工们冒着呼啸的风雪，抬着枕木，推着石子，铺着铁轨；

有人冻死在雪地上；

有人被暴风雪埋葬；

坟包一片又一片；

大胜像一株吹不倒、刮不断的苍松，在狂暴的风雪里屹立着；华工们的面孔带着痛苦而严峻的表情……

工棚内，华工们听着歌声，有人泪如雨下，有人低声哭泣，有人望着窗外发呆，有人一手捂着眼睛，一手捂着耳朵……

只有一个人是例外，这就是王三。他闭眼微笑着，沉醉在花天酒地的黄金梦里。

突然传来小福子的惊呼声："爹！"

王三一惊，睁开了眼。他站起身，慢慢向前走去，在一群人的后边站下，侧耳静听着。

人们团团围着小福子，紧张地听着他的叙述。

小福子："……不知是谁，反正是一个俄国人，最好最好的好人，事先把螺丝钉给卸了，狗熊猛一撞，铁栏杆就松了。大胜叔叔眼明手快，一下拔起了一根铁栏杆，就这么一捅，把狗熊给捅死了……"

群情沸腾。

小福子："……大胜叔叔对洋毛子说：堂堂的中国人是不可欺侮的！你们神气吧。你们笑吧。总有一天，要不了多久，你们这群妖魔鬼怪就会知道我们中国人的厉害！"

人们赞不绝口，议论纷纷：

"大胜这孩子有种！"

"好样的！真是个好样的！"

郭老九默默沉思着，心里交织着无比的痛苦和愤怒，自豪和忧愁……

小福子拉了拉他的袖子，小声地："爹，叫你赶紧去呢！大胡子说，明天总管他们就……就要枪毙大胜了！"

郭老九轻轻哼了一声，心上仿佛被人刺了一刀。

华工们一齐望着郭老九，目光里含着无限的忧虑和期待。

郭老九慢慢下着决心，手里握着的酒葫芦终于被他捏碎了。他往起一站："弟兄们，咱们已经罢工十来天了，可总管不买咱们的账。如今事情紧急，咱们只好逼上梁山，真刀真枪地跟他干了！大家赶紧到各个工棚去，跟弟兄们商量一下，准备起事！告诉他们，咱得像大胜兄弟那样，为咱中国人争口气！听说俄国工人为了帮咱们的忙也罢工了。我现在就去会他们，看看到底是真是假。"

人们精神抖擞，匆匆离去了。

郭老九对莽子等几个小伙子说："走，领我去会他们。把家伙带上，以防万一。"

莽子等藏起小刀，整装待发。

王三走到郭老九身边："大哥，我也去！刚才我还做了个梦，梦见大胜兄弟被苏武大仙给救啦！"

郭老九望着他，感动地说："唉，王三兄弟，你还有病在身哪！也罢，为了咱哥儿们的情义，走！"

他们走出工棚，悄悄爬出铁丝网，在风雪里匆匆走着。

四十二

郭老九等走出草棚。

大胡子喜出望外，伸出两只热情的手臂，迎了上去。

沃洛加和小福子在草棚附近警戒着。

王三从草棚里溜出，鬼鬼祟祟地张望着。

沃洛加一下发现了他，用胳膊碰了碰小福子："你看，这个人恐怕是坏蛋。"

小福子仔细望了望，认出是王三，对沃洛加说："你别胡说！这是我王三大叔。"

王三听见人声，赶紧又溜回草棚，倚在门边听着。

郭老九对大胡子说："……先生，承您带了几次口信给我，莽子他们也直劝我……"

莽子："每次来会您，咱都是那句话，只要郭大哥出面，咱就干。"

另一个小伙子："在咱华工里边，除了大胜，就数我们郭大哥了。"

大胡子微笑着点头："知道，知道。弟兄们，大胜的生命处在严重的危险中……"

总管办公处。

琼斯："我认为，应该把大胜当众绞死！在中国话里，这叫做'杀一儆百'，或者说，'杀鸡给猴看'。"

总管："好，就这样，明天早晨9点钟执行。"

草棚里。

郭老九："……先生，您放心，只要能救出大胜，我郭老九豁出一条命也心甘情愿！好，一言为定！包围总管府，救出大胜！”说着，他站起身来，拱手道：“多谢，多谢！”

大胡子也站起来，向他拱手还礼：“自己的弟兄，不必感谢了。再说，我们永远是互相帮助，互相支援！好吧，就这样。当你们举起火把的时候，我们俄国工人就去跟你们汇合。让我们拉起手来，举行联合总罢工！”

四十三

王三急急敲门。

俄国女人把门打开，王三奔了进去，急呼：“张二爷！张二爷！”

大柜披着衣服，慌张地问：“什么事？”

王三喘息着：“他……他们……”

四十四

郭老九“刷”的一声抽出大刀，高高举起：“弟兄们！是中国人，有种的，跟我走！”

郭老九举着刀，率领华工走出工棚，奔向大门。

郭老九大吼一声：“弟兄们，冲呀！”

突然，铁丝网那边伸出来一排刺刀。

人们呆住了。个别胆小的人开始往回溜。

郭老九大吼一声：“弟兄们，冲呀！”

人们喊着：“冲呀！”向前奔去。

少数人留在原地观望着。

郭老九爬上铁丝网的大门，举着刀，喊道：“弟兄们……”

一阵枪声，郭老九负伤倒地。

人们惊呼：“老九！”

无数的俄国工人隐蔽在森林里，整装待发。

安德烈爷爷小声恳求：“让我跟你们一道去吧，符拉基米尔·瓦西里耶维奇。在这样神圣的时刻，我怎么能躺在家里不动呢？至于宪兵，呸，见他的鬼吧！当我从家里偷偷溜出来的时候，谁也没有看见……”

沃洛加拉着小福子飞奔而来，喘息着说："不好了！郭老九受伤，华工叔叔们……被军队……包围，出不来了！"

大胡子沉思着。

人们期待地望着他。

依万焦急地："怎么办？"

大胡子下了决心："以暴力对付暴力！此外，没有别的办法了。立刻要大家回去，坚持罢工。留下一部分人执行任务。无论如何，我们要把大胜救出来。今天晚上敌人已经有了戒备，所以要特别小心……"

"你不能去。"依万打断了他。

安德烈爷爷担心地："太危险哪，符拉基米尔·瓦西里耶维奇。"

人们附和着："是呀！太危险啦！"

大胡子微微一笑："要说危险，我们不是天天都在冒着生命的危险吗？"他坚决果断地，"不能再犹豫了，同志们！革命要求我们立刻行动！"

四十五

大胡子、依万等在大风大雪里爬着，爬着。

他们刚刚爬进铁丝网，忽然看见一队巡逻的宪兵走来，又急忙卧倒。

宪兵们慢慢从他们身边走过。

他们爬起来，在风雪里奔跑着。

宪兵在地窖门口来回走着。一阵大风迎面袭来，他急忙缩着头，转过身去。

这时，依万飞步上前，当头一锤将他打倒，从他的口袋里掏出钥匙，急急打开了地窖的门。

大胡子等走下地窖，一边用电筒照着，一边轻声唤着："大胜！大胜！"

没有回答，没有人影。地窖里空无一人！

大胡子沉思着，脸上掠过一丝冷笑。

舞厅一角。帷幕后边，宪兵队长喘息着说："总管大人，华工的暴动……被镇压下去了。”

总管急问：“死伤多少？”

“大概有三十多人。应该承认，小伙子们真勇敢……”

“少说废话。马上把大胜枪毙！”

“马上？琼斯先生不是建议，明天把中国人召集起来，当众绞死……”

“他是英国人，而这儿是俄国！”

“明白了，请允许我立刻执行。”

宪兵队长刚转身，总管又把他唤住：“等等。”他故弄玄虚地，“仍然是当众绞死！”

宪兵队长呆呆地望着他。

总管洋洋自得地说：“这是舞会的最后一个节目，懂吗？要让琼斯先生知道，这儿是俄国，而不是英国！”

宪兵队长咧开嘴笑着：“太好了！”

总管小声地：“绝对秘密！你现在的任务是：跳舞！明白吗？”

宪兵队长摇摇头，又呆呆地望着他。

总管说：“盯住那位美人加丽娅！一直到舞会结束，不准离开舞厅！”

宪兵队长恍然大悟，狂喜地：“是！”

总管忽然皱起眉头：“今天晚上需要特别小心！”

宪兵队长：“是！”

舞厅另一角。

帷幕后边，加丽娅在收拾茶具。她看见附近无人，急忙从一块点心里取出一张小纸条，上面写着：“盯住苍蝇！”

这时，总管派来监视她的谢苗，正在帷幕入口处偷望着她。看见宪兵队长走来，他陪笑着说：“晚安，队长先生。”

宪兵队长向他呶嘴，他点了点头，示意她在里边。

加丽娅急忙将纸团随着点心一起放到嘴里，吞下了肚。

宪兵队长走到她身边，媚笑着：“呶，美人儿，跟您在一起，我是多么的高兴！唉，只要您能陪我跳一次舞，哪怕马上叫我下地狱，我也非常、非常地乐意……”

加丽娅面带微笑，语意双关地：“那您就等着吧，队长先生！到时候，我会叫您去见魔鬼的！哈哈哈！”

“小姐，我现在就等着哩。”

“现在?”

“是的，小姐，您的耳朵没有欺骗您，绝对没有。”

“现在可不行。”

“不瞒您说，小姐，我已经得到总管大人的许可……”

“啊，原来是这样……好吧。不过，您要答应我一个条件。”

“小姐，您说吧，我的一切都是属于您的。”

“要跳就痛痛快快地跳，一直到舞会结束，不准离开。”

宪兵队长手舞足蹈：“太好啦，我的小姐！我就是希望这样呀，哈哈哈！”

舞场里。

总管太太和琼斯一边跳舞，一边谈着：“啊，亲爱的，您带我去英国吧。西方的一切，甚至那天上的星星，我都觉得比我们俄国的还要明亮，还要美丽！在俄国，不知为什么，我既感到厌倦，又感到害怕……”

“是这样，亲爱的娜塔莎，你们俄国是这样的荒凉，这样的野蛮，而现在，又好像处在一座可怕的火山口上。就连这人迹稀少、昏暗无光的北极圈里，也整天地烧呀，杀呀，罢工呀，暴动呀，简直叫人提心吊胆，一刻也不能平静。”

总管透过帷幕的缝隙，愤愤地望着琼斯和太太在跳舞。

谢苗在他身后轻声唤着：“老爷，老爷。”

总管头也不回地：“什么事?”

“有一位神父，从彼得堡来，要见您。”

“要他明天来！”

“他说，公爵大人托他给您和太太带来了一件珍贵的礼品，必须当面交给您。”

“啊?”总管转过身来。

谢苗恭敬地："您看，这是他的名片。"

总管望了望名片，朝门口走去，忽然又停下："你把他请到这儿来吧。"

"是。"谢苗说罢，匆匆离去。

总管望着名片，深思着。忽然，他眉头一皱，心里怀疑起来，慢慢走到舞场旁边，向正在跳舞的宪兵队长招手。

加丽娅一下发现了他，于是加快速度，和宪兵队长在舞厅里旋转起来。

总管刚要挤进舞群，谢苗急急奔来，神色惊慌地："老爷！老爷！"

总管大步跨进帷幕，急问："什么事？"

"糟啦！糟啦！"

总管紧张地："怎么，是大胜……"

"不，不。神父发了脾气啦！"

总管松了一口气，往沙发上一坐："唉，我以为是大胜逃跑或者……"

谢苗口气严重地："神父讲，他是公爵大人多年的老朋友……"

"什么？"总管又慌忙站起："他是公爵大人多年的老朋友？"

"是这样，老爷，他说，"谢苗模仿着神父的腔调，"戈尔洛夫，你怎么这样傲慢无礼？"

总管声音微颤地："糟了！"

谢苗继续表演着："后来，他站起身来就要走。"

"我的上帝！你怎么说的？"

"我赶忙向他赔不是，求呀，求呀，说一切都怪小人没有说清楚……"

"好，说得好！快走！"

总管整了整蝴蝶式领结，快步走出了舞厅。快到客厅的时候，他的脚步忽然又慢了下来，像有一种预感似的，皱着眉头问道："谢苗，你从前在公爵大人家里见过他没有？"

谢苗认真地回忆着："请原谅，老爷。记不清了。"

总管又走了两步，停下来，在谢苗耳边小声说："你叫宪兵队长马上来一趟。”

谢苗点头：“是。”

总管走进客厅，谢苗随即把门轻轻关上。

化装成神父的大胡子背对着总管，朝窗外望着。他慢慢转过身来，那一脸的大胡子把总管吓了一跳。他冷冷地：“您好，戈尔洛夫先生。”

“您……您好。”总管勉强笑道，声音已经有点发抖，目光呆滞地望着他。

大胡子微微一笑：“我们好像在哪儿见过，对吧？”

总管愈加怀疑，急忙用手按着墙上的电铃，应付着：“啊，不记得了。请问您先生贵姓？”

大胡子威严地：“我叫阿历克赛·安东诺夫！”

“啊！”总管大叫一声，急忙去掏手枪。

可是，大胡子已经抢先一步，用枪对准了他。

总管举起双手，一下跌坐在地上。

大胡子取下他的手枪，恨恨地：“戈尔洛夫！你还记得吧？1905 年除夕的夜里，当武装起义的工人战斗队遭到沙皇政府血腥的屠杀以后，在莫斯科的监狱里……”

随着声音出现画面——

监狱里，戈尔洛夫跪在地上，抱着沙皇军官的皮靴，哀号着：“饶恕我吧！我要活！活……”

军官嘲笑地：“那么，亲爱的，您的理想呢？”

戈尔洛夫：“活……活着，这……这就是我的理想，这就是……一切！”

“回答得好！好！那么，请问，他是谁？”军官指着一个身缠绷带的中年工人问。

戈尔洛夫毫不犹豫地回答：“他就是我们工人战斗队的队长阿历克赛·安东诺夫！”……

如今，大胡子安东诺夫站在他面前说：“真想不到，十年以后的今天，我们又在这儿见了面！”

总管朝门口望着。门开了！他一下蹦了起来。可是，进来的不是宪兵队长，而是依万。

依万在大胡子耳边说了两句，又匆匆地走了出去。

大胡子冷静地："请坐吧，总管先生。"

总管顺从地从地上爬起来，双手捧着肥胖的肚子，坐到大胡子对面的沙发上。

大胡子说："谈判正式开始吧。如果您还想活命的话，那么，请您立刻把大胜交出来！"

总管望了望门口，决定采取拖延时间的战术，微微一笑："亲爱的阿辽沙，想当年，我们怀着多么高尚的热情，一道追随着列宁同志……"

"住口！"大胡子拍案而起。

这雷鸣似的怒吼声，一下把总管从沙发上弹了起来。他颤抖着，现出一副奴才的可怜相。

大胡子抓着他的衣领，旧恨新仇涌上心来，怒骂道："你用无产阶级的鲜血填肥了你的肚子，你这个革命的叛徒，沙皇的奴才，资本家的走狗！你竟敢侮辱列宁这个神圣的名字……"

总管预感小命难保，吓得浑身发抖，强笑着："啊，请……请原谅……"

"无耻！"大胡子鄙弃地一推，总管仰面倒地。

大胡子稍为平静以后，问道："大胜在哪儿？"

总管奸笑着："啊，对不起，已经把他送走了。"

大胡子掏出手枪："那好，我也立刻把你送走！"

"等一等！等一等！"总管号叫着，从怀里掏出一把钥匙："他……他在暗室里。"

"暗室的门要你亲自打开。"大胡子拿过钥匙，命令道："走！"

总管想了一想："那么，让我们订个协议吧：我交出大胜，你让我活命。"

大胡子冷笑道："看来，你的'活命'哲学在新的条件下又有了新的内容。好吧，就这样：你交出大胜，我让你活命。"

总管在大胡子的监视下，慢慢走出客厅。

宪兵队长突然出现在走廊上。谢苗紧紧跟在他身后。

大胡子低声命令总管：“要他继续跳舞！”

宪兵队长走来，恭敬地低下头：“大人，您有什么吩咐？”

总管向他和谢苗使着眼色，可是他们一直在俯首待命，没有看见。总管发现大胡子的手已经伸进口袋，摸着手枪，只好吩咐宪兵队长：“继续跳舞！”

“是，大人。我完全明白您的意思。”宪兵队长看着总管、大胡子走下楼去，对谢苗晃着拳头，小声说：“哼，非叫我来……嗳，谢苗，这位神父……他们是往哪儿去呀？”谢苗猜想着：“也许，恐怕，去忏悔吧？”

总管领着大胡子、依万和另外两个老工人，走近暗室的大门。他皱着眉头，按了按电铃。

一个宪兵把门打开。

总管飞步跨进暗室，刚想关上大门，大胡子却已牢牢地抓住门沿，向总管瞪了一眼。

总管又用钥匙打开暗室内间的门。一个宪兵从里边举枪瞄准，一见是总管，连忙弯腰待命。

依万当头一锤，将他打倒。

大胡子掏出一张纸：“总管先生，再请您签个字。这样，我们的会见就可以圆满地结束了。”

总管用发抖的手签了名。

依万将昏迷不醒的大胜背走。

大胡子站在门边，说了声：“再见，戈尔洛夫先生！”砰的一声从外面将门关上，锁好走了。

依万把大胜放进雪橇。大胡子低声命令：“快！”

一辆鹿拉的雪橇驶向大门，被宪兵拦住。

大胡子出示总管亲笔签署的特别通行证。

宪兵看了看，低头弯腰：“请。”

安德烈爷爷把鞭子一扬，雪橇飞一般驶去，消失在茫茫的风雪里。

第七章

四十六

湖边石洞里。

大胜半躺着，踌躇地："……我还想……问您个事。"

大胡子坐在他身边，亲切地："说吧，大胜。"大胜望着他："您……到底叫啥?"

大胡子笑起来："真有趣！加丽娅问过我这个问题，你现在也来问我，好像你们事先商量好的。呶，我不需要再隐瞒了，跟你说实话：我叫阿历克赛·安东诺夫。"

大胜颇为失望："唉，您还是把我当外人……我知道您姓什么。"

大胡子耸了耸肩膀："唔，这多么有趣，请问你，大胜，我到底姓什么?"

大胜十分肯定地："您姓布尔什维克！"

"哈哈哈！"大胡子爽朗地笑着，说道："这多么有趣，多么有趣！我们俄国没有这个姓呀……"

大胜天真地："不，有这个姓！总管、宪兵队长他们，一个劲地拷打我，说我跟布尔什维克有关系。我说没有！"

"我的好兄弟，你听着，布尔什维克不是人的姓，是……这样一种人，他们……"大胡子严肃地思考起来，怎样用普通的语言来解释这个极不普通的词儿："为了消灭地主和资产阶级，为了劳动人民的解放，他们不怕死，不怕流血，不怕挨饿……哪怕敌人把刀架在他的脖子上，哪怕敌人把枪口对着他的胸膛，他也决不畏缩，决不动摇，决不投降！他们永远不会背叛神圣的革命事业，他们永远不会出卖自己的阶级兄弟！当然，也有一些冒牌的布尔什维克，例如当年的总管戈尔洛夫之流，他们在敌人的刺刀面前吓得浑身颤抖；为了保住自己的脑袋，他们甚至能像哈巴狗一样摇着尾巴，跪在主人的脚下，用舌头去舔着主人的皮靴，哀求主人大发善心，赏给它一点面包屑。这样的人只不过是一些渣滓，可怜的渣滓。无情的历史将要把他们抛进垃圾箱！他们从来就不是真正的布尔什维克，不是，不是，完全不是！要知道，布尔什维克，这是一个崇高、伟大的称号，这是一个光荣、骄傲的象征！布尔什维克，她是劳动人民的良心，她是无产阶级的灵魂……”

大胜如饥似渴地听着，他虽不甚明了，但却感到十分新鲜，他迫不及待地问道：“中国人的事情他们也问？”

“对，中国的，俄国的，世界上一切被压迫人民、一切被压迫民族解放的事情，他们都关心！”

隐隐地响起了庄严的《国际歌》。

大胡子充满激情和幻想地说：“只要世界上还有一个角落散发着资本主义的腐朽的气味，只要地球上还有一个被剥削，被奴役的人，只要旧世界的锁链还有一个环节没有被打碎，那么，布尔什维克的心就不会平静！他们，布尔什维克，就不会放下武器，停止战斗！因为他们的生命，他们所有的一切，直到最后一口气，最后一滴血，都是为了一个最伟大、最美丽、最崇高的理想，这就是：让共产主义的‘鲜红的太阳照遍全球’！……”

《国际歌》的声音强烈起来。

大胜无限敬佩地望着他，心里猜想大胡子就是这样的布尔什维克，但他故意地叹了口气：“唉，要是有一天，我能见到他们该多好……”

大胡子微笑着说：“你会见到的。他们都是一些普普通通的人。”

大胜斜眼望着他，顽皮地笑着，仿佛在说：干吗您还瞒着我呢？

大胡子有意地避开了他的目光，掉过脸去，忽然惊呼一声：“安德烈爷爷！”

爷爷低着头站在门口，手扶着墙，摇摇欲倒。

大胡子扶着他，预感到不幸地望着。

爷爷悲声说：“加丽娅……被他们……关起来了……总管像发了疯一样拷打她，折磨她……可是她没有低头，没有！……啊，加丽娅，加丽娅！我的……好孙女……”

老人的眼睛润湿了。

大胜用手捶着脑袋，悔恨地：“唉，这都是为了我呀！我……我对不起她。”

大胡子急忙问道：“沃洛加在哪儿？”

爷爷哽咽地：“他……他也被关起来了。”

大胜挣扎着爬了起来，向门口走去。

大胡子拦着他：“你要干什么？”

大胜坚决地：“我要去救他们！”

“不，大胜，我的好兄弟，你现在需要休息！华工弟兄们在等着你回去。”大胡子一边说着，一边将他放倒。然后，他又去扶爷爷坐下来，安慰着他：“老爷爷，别难过。我们一定要把他们救出来！”

爷爷伤心地望着他：“唉，你不知道，符拉基米尔·瓦西里耶维奇，我待他们姊弟比亲生的还要亲呀……”

“什么，您说什么？”大胡子惊奇地：“您……不是他们的亲爷爷？”

爷爷呆呆地望着他，半晌不语。

大胡子歉疚地说：“请原谅，安德烈爷爷……我不应该这样问您。”

爷爷态度严肃地：“不，不，你问吧。我什么都可以告诉你。”

大胡子以为他生了气，解释着：“实在对不起。是这样，老爷爷，我有两个孩子，也叫加丽娅和沃洛加……”他看爷爷瞪着两只眼睛，又急忙道歉地，“安德烈爷爷，请您千万不要生我的气……”

爷爷：“不，不，你说下去，说下去。”

大胡子叹了口气：“唉！加丽娅五岁的时候离开了我，到她外祖母家里去了。从此，我们再也没有见过面……至于沃洛加，我根本就没有见过，因为他妈妈还没有生下他，我就在莫斯科被捕了……后来，听人说起……”

爷爷急切地：“他妈妈叫什么？”

大胡子微微眯起眼睛，轻声答道：“塔姬雅娜·彼得罗夫娜·安东诺娃……”

爷爷猛地站起，万分激动。他慢慢从怀里掏出一张照片，低着头，双手捧着送给大胡子。

大胡子接过来一看，两只手不由自主地颤抖起来。他微微闭上眼睛，仿佛是在做梦。当他重新睁开眼睛的时候，爷爷已经张开两臂，站在他的面前。

爷爷和大胡子紧紧地拥抱着，亲吻着，热泪在他们的脸上滚滚流下。

坐在一旁的大胜，看着这个情景，惊喜万分。他微笑地望着，凝神地听着。

大胡子和爷爷坐了下来。

爷爷抹了一把泪，叙述着："1906年秋天，塔姬雅娜·彼得罗夫娜，怀里抱着沃洛加，手里牵着加丽娅，到西伯利亚的流放地去找你。路过我们乌拉尔的时候，她忽然得了伤寒病。我们老两口子就把她们母子三人收养在家。那时候，我在铁路上做工。你妻子病一好，就去找你。可是，人们告诉她，你在逃跑的时候被打死了。前年冬天，塔姬雅娜·彼得罗夫娜，因为运送一捆传单，被宪兵逮住，没有几天就……"

大胡子声音轻得几乎听不见地："牺牲了?"

爷爷点点头，停了一会，又继续说下去："……去年春天，听人说戈尔洛夫，就是曾经出卖你的这个总管，到北方修铁路来了。加丽娅天天吵着，闹着，要为爸爸报仇。就这样，我们从乌拉尔来到了北方……这一切，我们都瞒住了沃洛加……"

大胡子静听着，当时的情景随着爷爷的声音，一幕一幕掠过他的脑海。他深深地怀念着坚贞勇敢的妻子，想念着正在受敌人严刑拷打的加丽娅和沃洛加，为他们而痛苦，也为他们而骄傲!

这个普通的俄国工人家庭的命运，深深地激动着大胜的心。他走到大胡子和爷爷面前，抓着他们的膀子，激动地说："你们……你们就是布尔什维克!"

大胡子用微笑的眼睛默默地望着他。

四十七

"布尔什维克的老巢已经被我找到了，尊敬的将军阁下!"总管在办公处打着电话，竭力压低着声音，"我现在需要一个营。马上从城里开来!以最快的速度……对，今天晚上，他们要开会，研究下一步如何来对付我。……您猜得不错，俄国人，中国人，'精华的精华'，一网打尽！再见，将军阁下。”

总管放下电话，眉飞色舞，用手指头轻轻弹着肥胖的肚子，命令宪兵队长：“准备行动。绝对秘密！”

四十八

湖边石洞里，已经聚集了一群俄国工人。

大胡子劝导着大胜：“完全可以肯定，王三是一个叛徒。可惜我们知道得太晚了……”

“不，怎么说，我也不信。”大胜执拗地，“您不知道，我们中国人只要拜了把兄弟，那就是同生共死，雷打不散。咱们是对天发了誓的！我救过他的命，难道他会害我？宪兵队长要弄死他，难道他会忘了，跟仇人串通一气？”

大胡子担心地：“大胜，请原谅，我再一次问你，你是不是已经告诉了小福子，要王三今天晚上也到这儿来开会？”

大胜肯定地回答：“没有，我没有让他来！而且，我要老九哥他们绝对不能走漏风声，不能叫王三哥知道。自然，我……我心里不痛快。王三哥确是胆小怕事，可他决不是那种人……”

四十九

安德烈爷爷领着郭老九、莽子等在风雪里走着。

后边，离他们不远的地方，有两个人影在晃动。

这是王三和大柜。他们像盗贼一样，跟踪潜行，一会儿伏在地上，一会儿藏在树后……再后边，隐隐看见一队宪兵。

湖边石洞里。俄国工人们正在开会。

大胜焦急地：“郭大哥他们怎么还没来？莫不在路上……”

大胡子非常不安：“依万，你快去看看，再一次要放哨的同志们提高警惕。万一遇到紧急情况，立刻按照预定的路线撤退。雪橇都准备好了吗？”

“准备好了。”依万戴上帽子，匆匆而去。

安娜大婶奔入，急呼：“发现了叛徒！”

大胡子："谁?"

"尼可莱的父亲！我看见他……他……"

黑麻麻的沙皇士兵，穿着白色的罩衣，由尼可莱父亲带路在雪地上奔跑着。总管和宪兵队长坐着雪橇，催促："快！快!"

加丽娅和沃洛加带着手铐，贴在地窖的门上，向外望着，他们看见——

谢苗拿着一瓶酒，走到门口放哨的哥萨克——愚蠢而凶恶的刽子手身边，说道："来，喝一杯，天气太冷啦!"

哥萨克犹豫着："总管大人不准喝……"

"咳，我准就行啦。"

"嗳，谢苗，听说您爷爷……"

"对，我父亲的父亲……"

"是一位伯爵?"

"不，不！伯爵见了他都得这样。"谢苗做了个低头的姿势。

哥萨克皱着眉头："那么，他是……"

谢苗以十分庄重的口吻说："他是一个伟大的上帝！可惜他，唉……"

哥萨克刚要大笑，谢苗立刻打着手势："嘘——"然后把酒瓶塞到他手里。

哥萨克仰起头，对着酒瓶"咕咚咕咚"地喝着。

谢苗当胸一刀将他刺死。

加丽娅瞪着两只大眼睛，呆住了。这时，谢苗打开地窖的门，飞步奔入。姑娘惊呼："谢苗！你……"

谢苗一边匆匆打开她的手铐，一边急急说着："加丽娅，我的爷爷不是什么伯爵，是马克思！现在已经到了紧急关头。快，跟我走!"

加丽娅和沃洛加跟着他奔了出去。

他们爬出铁丝网。谢苗把滑板递给他们，小声说："沃洛加，赶快去工地叫人援救大胡子他们！快，快!"

沃洛加套上滑板，疾驰而去。

谢苗又命令加丽娅："绕场一周，开枪!"

加丽娅围绕总管府一边滑，一边射击。

顷刻间，枪声大作。

依万听到枪声，紧急命令几个俄国工人："快，准备战斗！"说着，向石洞奔去。

总管和宪兵队长听着枪声，僵住了。

一个宪兵跑来："报告！郭老九他们逃走了！"

总管声嘶力竭地喊着："追！快追！"

"布尔什维克打进来啦！"谢苗拿着手枪，大叫着奔入太太卧室。

琼斯和太太吓得满屋乱窜，狂呼着："上帝呀！""上帝保佑啊！"

谢苗站在窗前，一边向院子里的宪兵开着枪，一边向琼斯和太太喊着："快，藏起来！"

琼斯一头钻到床下，屁股翘得老高；太太藏到衣柜里。子弹"嘎嘎"地射来。

谢苗对着琼斯的屁股连开数枪，怒骂着："见鬼去吧，亲爱的！"

宪兵队长听着激烈的枪声，说道："往回撤吧！"

"不！这是敌人的阴谋，阴谋！他们想转移我们的目标。不！"总管举着手枪，吼道："继续前进！"

加丽娅飞一般滑雪而来，从敌人的后边开枪射击。

几个滑雪的宪兵追赶着她，终于把她打倒了。

大胡子、依万等隐蔽在岩石后边，射击着。

宪兵们不顾一切地向上冲来。

大胡子抓着大胜的手："大胜，快走吧！华工们需要你，华工们离不开你……"

"不，我不能走。"大胜坚决地说："死，我也要跟您死在一起！"

"大胜，我的好兄弟，我请求你，听我的话……"大胡子一边向敌人射击，一边说。

安德烈爷爷拿着猎枪，从树后奔来："郭老九他们已经安全撤到五号森林。"

大胡子命令他："立刻把大胜带走！"

"是！"爷爷说罢，拉着大胜就走。

“不，我不走！”大胜挣脱了他的手。

大胡子态度严厉地：“大胜，我以革命的名义命令你：马上离开这儿，回到华工那儿去！中国工人和俄国工人的联合总罢工，不是明天开始，而是现在！”

“是！……”大胜走了，仍不时回头望着。

大胡子用依恋的目光送别了他，立刻向冲来的敌人射击着。

两三个俄国老工人在他身旁倒下，牺牲了。

大胡子擦了一把汗，命令一位老工人：“通知大家，撤退！”

“是！”老工人向一旁急急奔去。

大胡子刚跑几步，立刻就中弹倒地。

依万奔来，将他背起走了。

五十

沃洛加奔进草棚，一下扑倒在大胡子身边，唤着：“爸爸！”

身负重伤的大胡子躺在干草上。金娜奶奶守护在他身边。他慢慢睁开眼睛，望着沃洛加，慢慢地伸出巨大的手臂，将他紧紧地搂在怀里。

金娜奶奶感动地流着泪。

安德烈爷爷、大胜、依万低看头。

大胡子用微弱的声音问：“加丽娅……在哪儿？”

“她被打伤了，又被……抓去了……”沃洛加说着，哭了起来。

大胡子抹着他的泪：“不要哭，沃洛加，不要哭。”他一下发现了大胜，突然坐起来，急迫地问道：“总罢工……”

“开始了！”大胜高声回答，“弟兄们都说，过去俄国工人帮了咱们的忙，现在咱们也得跟他们一起干！皇上要修通这条铁路，运洋枪洋炮杀俄国弟兄，咱们不答应！要修，就让总管自个儿去修吧！”

大胡子的脸上浮现出微笑，多么快乐，多么幸福的微笑呵！突然，他捂着胸口，闭上了眼睛。

爷爷和大胜急忙扶他躺倒。

金娜奶奶和依万紧张地忙碌起来。

大胜双手抱着草棚的柱子，垂头叹息。痛苦和悔恨绞刺着他的心。

大胡子睁开了眼睛，轻声唤着："大胜……"

大胜走过去，坐在他身边，低着头："我……我对不起您！真没想到，对天发了誓的弟兄会出卖……"

"大胜，"大胡子无限亲切地："欧洲有句谚语说得好：'告诉我，你跟谁在一起，我就告诉你，你是谁。'懂吗?"

大胜想了想，点头说："懂了，可已经……晚了。"

大胡子微微一笑："不，并不晚，大胜。"他紧紧握着大胜的手，激动地，"大胜，我的好兄弟！任何时候，都要分清楚，谁是你的敌人，谁是你的朋友。看待一切人，不管他是什么民族，不管他的皮肤是什么颜色，不管他嘴上讲的多么好听，不管他披着什么外衣，都要看透他的灵魂——阶级的灵魂，都要看他跟谁站在一起，为谁效劳，为谁卖命！好，回去吧，大胜。将革命的火把举起来！让华工心中的怒火烧起来！永远记住：不管俄国的统治阶级如何仇视中国人民，不管他们用什么阴谋诡计来欺骗俄国人民，我们俄国无产阶级将永远跟你们站在一起，我们和你们的心将永远紧紧地连在一起！任何人在任何时候都无法把我们分开，因为我们有着相同的苦难、相同的命运，因为我们是属于一个阶级的兄弟！……"

大胜无限感激地望着他，慢慢站起身来，像宣誓一般向他举起手，半晌才轻轻地说了声："我走了。"

大胜慢慢走到门口，又回过头来，向带着微笑送别他的大胡子，依依不舍地望着，望着。终于，他鼓起勇气，跟随安德烈爷爷奔出了草棚。

爷爷领着大胜在森林里走着。狂暴的风雪迎面扑来。

大胜挺着胸膛，脸上现出不屈不挠、英勇豪迈的表情。

大胡子的声音在他耳边震响着："将革命的火把举起来！让华工心中的怒火烧起来！永远记住：我们是属于一个阶级的兄弟！……"

五十一

黑夜。大胜和郭老九贴着玻璃窗望去，看见王三坐在大柜家中，用手支着头。大柜坐在他对面。俄国女人在为他斟酒。

王三突然扑倒在大柜面前，痛哭流涕地哀求着："我不能回去呀！郭老九他们要杀死我的呀……"

大柜把刀往王三身旁一扔："嘿嘿，郭老九要杀你，你就不能杀他？郭老九一死，罢工就要完蛋。那时候，总管大人就会答应你的一切要求，要啥有啥！干吧，我的王三老弟！大丈夫一不做、二不休呀，嘿嘿！"

王三听着，慢慢地下着决心。他拾起刀来藏在怀里。

大胜站在窗外，怒不可遏。他拔出刀，就要往里冲。郭老九一把拉住他，连连摇头。

王三慢慢走出大门，顺着林中小道蹒跚而去。

大胜和郭老九突然从树后闪出，将他按倒。

悬崖上，三兄弟插草为香、对天发誓的地方，苍松、白桦昂然挺立，一缕青烟袅袅升起。

大胜高高举起酒杯，将酒洒在地上，以祭奠死难的俄国弟兄。然后，他向王三举起了刀。

王三跪在他面前哭求着："这……这是他们逼我干的呀！你……你饶了我吧。"

郭老九骂道："你这个败类！原来我还不相信你会勾结洋人，坑害自家的弟兄……"

王三转而向他哭求："郭大哥，我……我对不起你们！这是他们逼我干的。我只求你饶……我一命！"

郭老九的心被他哭软了："唉，大胜，你就发个慈悲，饶了他这条狗命吧。"

大胜也软了下来："好吧，我不杀你。"他沉思片刻，把刀往地上一扔，"你自己去死。"说罢，厌恶地掉过头去。

王三悄悄地伸手取刀，一跃而起，向大胜砍去。

郭老九飞起一脚，把王三踢倒。

大胜愤然举刀，当头砍下，怒骂着："狗畜生！"

依万等从树后跳出，把尼可莱父亲打倒。

依万举刀，怒骂着："叛徒！"将他砍死。

五十二

酒馆里冷冷清清，灯光暗淡。只有大柜陪着宪兵队长在喝酒。

一个宪兵奔来："队长大人，不好了！"

宪兵队长醉醺醺地："呶，呶，什么？"

宪兵指着窗外："您看，大人，他们来了！"

宪兵队长和大柜恐怖地睁大着眼睛，向窗外望着。只见两颗小小的火星在黑暗里闪耀，一颗在左，一颗在右。

两颗火星仿佛飞过高山、森林，时隐时现，越来越大，终于变成了两条细长的火龙。

大胡子半躺在草棚里，微笑地向外望着。只见两条火龙的距离越来越小了，终于慢慢地汇成了一条巨大的火龙。

火龙在雪原上奔腾着，紧紧地追赶着宪兵队长、大柜等。他们像一群被追逐的野兽，狂奔而来。

总管院子里，一片欢腾的海洋。无数的火把照耀着。

华工们和俄国工人拥抱在一起。

安德烈爷爷摇臂高呼："俄国无产者和中国无产者团结万岁！"

华工们响应着，欢呼着："万岁！万岁！"

俄国工人们响应着，欢呼着："乌拉！乌拉！"

大胜振臂高呼："我们永远在一起！"

华工们和俄国工人们齐声响应："我们永远在一起！"

加丽娅透过地窖的门缝，微笑地向外望着。那一片春雷般的欢呼，那一片朝霞似的火光，使她激动得流下了热泪。

总管和太太一边看着窗外沸腾的人海、火海，一边对着圣像画着十字，用颤抖的声音祷告着："我的上帝！上帝保佑！我的仁慈的上帝啊！"

宪兵队长走到总管身边："报告！"

总管和太太被吓了一跳，本能地举起双手。一看是宪兵队长，总管跳起来狂吼着："你这个饭桶，笨蛋，蠢猪，酸牛奶！"

宪兵队长提醒他："总管大人，代表们来了。"

“要他们进来!”总管脱口叫道，但马上又改了口气：“我……我去。”

宪兵队长：“胡大胜也来了。我看可以把他抓起来，或者干脆把他打死!”

“胡说！难道你不明白，现在是什么时候？所有的人都变成了胡大胜，除非你把他们统统抓起来，统统打死!”总管看着窗外，悲哀地，“如今的问题已经不是我们去抓他们，而是他们来抓我们……”

客厅里。依万、大胜等六名代表（俄国工人和华工各三名），和总管、宪兵队长等面对面站着。谢苗站在他们身后。

大胜冷笑一声：“总管先生，您不是到处在抓我吗？不用您费心，我自己来了。”

总管狠毒地望了他一眼，傲慢地坐了下去。

大胜怒吼道：“站起来!”

总管一下从沙发上蹦了起来。

大胜走到总管面前，俯视着他：“总管先生，请您不要忘了，您现在是跟谁在说话!”

总管望着他，听着窗外震天动地的怒号声，无可奈何地咽了一口气。

谢苗和依万交换了一下目光。

依万打开罢工工人的请愿书，大声念着：“我们代表全体俄国工人和中国工人要求：第一，严厉惩办杀人放火的凶手宪兵队长，赔偿华工的一切损失。第二，改善工人生活，不准打骂华工。第三，不准解雇俄国工人。第四，用现金补发华工全部工资，不得采用记账等欺骗手法。第五，实行八小时工作制。第六，取消一切隔离华工和俄国工人的措施。第七，华工有回国的自由。”

总管听着，圆脑袋上汗珠直流。他望了望窗外的人群、火海，听着愤怒的吼声：

“打倒帝国主义战争!”

“要自由!”

“要面包!”

"世界无产阶级革命万岁!"

"全世界无产者，联合起来!"

总管用手帕揩着头上的汗，喉咙里好像塞着一块痰似的："我……全部接受。"

"请签字!"依万递给他一张协议书。

在一片欢呼声中，总管用微颤的手签了字。

第八章

五十三

阴云密布。天昏地暗。

总管失神地在铁路上走着。宪兵队长跟在他身后。

铁路像一条死蛇僵卧在空旷的雪地里。铁轨没有了。工地上空无一人，到处散放着一堆堆枕木，钢轨，推土车……

隐隐传来教堂的钟声。总管猛一惊，摇晃了一下，微微闭上了眼睛。

钟声越来越响。

总管喃喃自语："1917 年快到了!铁路还没有通车。可怕，可怕啊!"

他睁开眼，发现被炸毁的七号桥就在面前，至今还没有修复，不禁咬牙切齿地说道："难道我输了？不，不!我要让他们知道，什么叫做俄罗斯帝国的尊严，什么叫做饥饿和死亡!"

五十四

工棚门上挂着铁锁。沙皇士兵在门口警戒着。

工棚内，静静悄悄。华工们默默地躺着，坐着。

大胜脸上罩着一层愁云。他苦苦地想着：怎么办？怎么办啊？

"唉!"天津人坐在角落里唉声叹气。大胜一惊，抬起头来，发现一群人已经围着他，期待地向他望着。

天津人又叹了一口气。

金大叔小声说："大胜，弟兄们两天没吃东西，没喝水，这样下去不是个办法。"

大胜急切地："金大叔，你说咋办？"

金大叔想了一想，说道："先上工去！吃饱喝足了，养养精神，再跟他们干！"

大胜愕然："上工去？"

少数几个人哄了起来：

"金大叔说得在理呀！"

"人是铁，饭是钢……"

"先吃饱肚子，然后再罢工，还不是一样？"

李老好附和着："那可不！"

多数人在观望。少数几个人开始往门口走去。

大胜和郭老九等追上去，拦住了他们。

大胜恳求着："不能这样，弟兄们！咱们现在去上工，岂不是向洋人投降，向洋人去讨饭吃？岂不是把俄国弟兄给卖了？……"

大柜在窗外嚷着："哼，俄国弟兄！他们早去上工啦！总管把你们的工钱给了他们，把你们的'列巴'也给了他们……"

"胡说！"山东大汉、莽子等齐声吼道。

忽然，有人在窗口大喊："快来看哪！"

许多人好奇地拥到窗前，望着宪兵们抬来的大米干饭、白面馒头。

人们冷笑道：

"哼，耍这一套！"

"这是什么把戏！"

"咱又不是三岁小孩子！"

有人却咽着唾沫："唉，家乡饭，家乡饭呀！多少日子没吃着啦！"

大胜激动地："弟兄们，就是饿死，咱也决不伸手向财主老爷们要饭吃！这就是咱中国人的骨气！"

人们纷纷响应道：

"对！说得对！"

“这还用说！”

“常言道，吃人的嘴软，拿人的手软。财主老爷的饭是好吃的么？”

“早先在家种地那会儿，就是三天揭不开锅，就是娃儿在炕上饿得噢噢叫，咱也不去给东家磕头作揖。”

“咱中国人虽穷，可就是有这么一股子劲！”

金大叔劝着大胜：“弟兄们说的都在理。我一个人可以饿死，心甘情愿！可这么多弟兄，难道就眼睁睁地望着他们活活饿死不成？”

大胜急得说不出话来。他望着金大叔，非常伤心地：“金大叔，您跟我爹是一个村的，多年的老邻居了。后来咱们两家又一块下了关东。在哈尔滨临走的时候，我娘又跟您说，我年纪轻，不懂事，太莽撞，遇事请您多照应着点。原想大叔您……在困难当口会助我一把，可您现在……”

他说不下去了。金大叔也难过地低下了头。

那少数几个人又往门口拥去。

莽子和几个小伙子拦在门口。山东大汉举着棍子，吼道：“谁想走，我就敲掉他的脑袋！”

大胜耐心地劝导着：“不能哪，弟兄们！你们再等等，等小福子回来……”

“小福子要是不回来呢？”天津人问。

大胜：“我用脑袋担保，俄国弟兄不会看着咱们饿死……”

金大叔小声地：“唉，‘路遥知马力，日久见人心’哪！”

李老好附和着：“那可不！”

有人说：“俄国人自己都穷得没有‘列巴’吃，还会来帮咱们？”

大柜又在窗外喊道：“弟兄们，你们饿了两天两宿，可俄国人在哪儿？哼，早把你们给扔在一边啦！”

郭老九大喝一声：“呸！狗嘴里长不出象牙来。各位弟兄，别听他一派胡言乱语，看我郭老九给你们耍两套！”

说罢，他“刷”的一声抽出大刀：“众位弟兄，见了这把刀，我就想起了义和团跟‘红灯照’。乡亲们，乡亲们！血海深仇不可忘，不可忘呀！如今，报仇的时候到了！要问这个仇咋个报法，那就要像大胜兄弟和大胡子说的那么干。过去咱知道：天下乌鸦一般黑。现在咱又知道了：天下工人是一家！要是咱们抱不成个团儿，那就会叫人家一口一口给吃了。你们说，我郭老九讲的在不在理?”

人们一致称赞：“在理！在理！”

郭老九恭手说道：“好，看我要两套，给大伙抖抖精神！”说罢，他舞起大刀。

草棚里，大胡子半躺着，对一群俄国工人说：“……华工弟兄在挨饿。他们表现了中国民族坚贞不屈的英雄气概！必须想办法，同志们，必须想尽一切办法！”

说着，他把自己的一块黑面包，塞到安德烈爷爷手里……

哗的一声，工棚区的铁丝网大门开了。

小福子领先，成群结队的俄国妇女、老人、小孩们，提着盆盆罐罐，欢叫着奔了过来。

一个又一个工棚的门开了！

宪兵们企图拦阻他们，但终于被人群所淹没。

人们纷纷跑进了华工棚。一个又一个工棚的门立刻又紧紧地关上了。

工棚内，一片欢腾的景象。华工们吃着、喝着，跟俄国的亲人们谈着、笑着。

郭老九拿着一块黑面包，朝窗外守护着米饭、馒头的宪兵们喊道：“嗳，伙计！咱这黑的‘列巴’比那白的‘列巴’可香多啦!”

李老好咽了一口，大声附和着：“那可不!”

金大叔手里拿着木勺，呆呆地望着一碗汤。

金娜奶奶催促着：“喝吧！喝吧！这是真正的俄罗斯甜茶汤。”

金大叔仍然在发呆。

安德烈爷爷笑吟吟地走到郭老九面前，从怀里掏出一个小酒瓶，一边斟酒，一边对郭老九说：“早就听你儿子说，你喜欢喝两杯。我嘛，也还可以。只是酒太少了，也没有什么像样的菜。”爷爷把手一挥，“嗨，这也没有什么！来吧，年轻人，为我们这些穷朋友，干它一杯!”

说罢，爷爷和他碰了杯，一饮而尽。

郭老九感动地望着他干了杯，然后也一饮而尽。

突然传来沃洛加的惊叫声："奶奶！奶奶！"

金娜奶奶晕倒在地上。

大胜把她抱起，小心翼翼地放上床，急问："安德烈爷爷，她怎么啦？"

"啊，没有什么。"爷爷走来，一边给她灌水，一边将面包揉碎，偷偷地塞到她嘴里。

细心的金大叔一下就发现了。他急忙端着菜汤走来喂她。

华工们默默地望着。

安娜大婶说："唉，不瞒你们大家，我们差不多也有两天没吃东西了。"

华工们望着俄国亲人，目光里含着惊讶、钦佩和感激。

安德烈爷爷叙述道："总管跟我们俄国工人说，只要我们答应复工，马上增加一倍工资，面包要多少有多少……哼，真有意思！我们对他说：'总管先生，您大概找错门了吧？您想用几个臭钱来收买我们无产阶级的灵魂？办不到！告诉您，我们可以饿死，但决不出卖朋友！决不！'"

金大叔热泪盈眶，慢慢走到爷爷面前，双手拉着他的膀子。爷爷紧紧地拥抱着他……

被深深感动的华工们，纷纷拉着俄国亲人的手，把饭菜送到他们口边。

人们互相推让着，说着：

"吃吧！"

"不，你吃吧！"

"来，一起吃吧！"

募捐在另一个角落悄悄地热烈地进行着。人们把一叠一叠的"羌帖"往床上放。

金大叔从木箱里取出一个小木箱，从小木箱里取出一个小木盒，从小木盒里取出一个小布包，先拿出一半"羌帖"，刚把另一半放进木盒，立刻又取了出来，一齐放到床上。

宪兵开始撞门了。

工棚里响起一片依依道别声，盆碗叮当声。

沃洛加扶着奶奶向门口走去，不时回头向金大叔招手。

大胜递给爷爷一包钞票："老爷爷，这是弟兄们的一点心意，请收下吧。告诉大胡子叔叔，我们一定斗争到底，决不低头！"

俄国亲人们纷纷走了。

工棚里静悄悄的。许多人挤在窗口，挥着手，点着头，依依不舍地送别着他们。

门外突然传来一阵枪声。

大胜把手一挥："弟兄们，快！"

人们一下把门轰开，奔出了大门。

一队沙皇士兵正在向俄国妇女、老人、小孩们瞄准着。雪地上已经躺倒了几个人。

大胜奔来，毫不犹豫地用自己的胸膛卫护着一位俄国老人。

华工们也学着他的榜样，用自己的身体去对着敌人的枪口，挡着俄国的亲人。

刹那间的沉默。

总管咬牙切齿地命令："开枪！"

一场血腥的大屠杀开始了！

人们在如雨般的子弹下纷纷倒地。

金大叔用身体挡着金娜奶奶。他两手拉开胸前的衣服，大吼着："不要开枪！不要开枪呀！要打，你们就打死我吧！"他身中数枪倒地，牺牲了。

金娜奶奶也捂着胸口倒下了。

郭老九伏在金娜奶奶的尸体上哭着。他抬起头来，愤怒地望去，只见自己的弟兄和俄国的亲人一个个倒下了。他把上衣一脱，提着大刀，迎着飞啸的子弹，冲向敌人。

安德烈爷爷突然从后边一把抓住了他："快，往后退！"

"往后退！"大胜向一群冲向宪兵的小伙子们喊着。

华工们纷纷背着俄国的亲人，跑向工棚。

负了轻伤的大胜，在枪林弹雨之中，一手抱着俄国小女孩，一手着地，在俄国人和中国人的尸体中间奋力向工棚爬去，两眼喷射着愤怒的火花。

枪声停息了。

总管带领一群宪兵，气势汹汹地走向工棚。

工棚里，挤满了俄国老人、妇女和小孩。

工棚外，华工们手挽着手，组成了一层又一层坚固的防线。

总管恶狠狠地："把俄国人交出来！"

大胜愤怒地回答："不！"

华工们齐声怒吼："不！"

总管："那我就把你们统统打死！"

大胜："你可以把我们打死。但是，你想要咱把他们交出来，办不到！"

总管眯起眼睛，望着大胜，阴森森地狞笑着："中国人，我要你低头，我要你投降！"

"除非太阳打西边出来！"大胜斩钉截铁地回答。

总管使了个眼色，宪兵队长随即奔向大胜，要把他抓走。

华工们迈步向前，用自己的身体一层又一层地卫护着大胜。

总管望着华工们，故意用和缓的语气说："我不明白，你们为什么要受那些俄国人利用，为他们卖命呢？只要你们上工，我们就可以给你们增加一倍的工资，面包，不，大米干饭，白面馒头，要多少有多少！不然的话，嘿嘿，你们就要挨饿……"

"我们不怕死还怕挨饿？"大胜分开众人，走上前去，冷笑道："您想来收买我们？让我们跟您一样，为了自己活命，为了升官发财，去出卖自家的弟兄，去舔资本家的屁股？哈哈，总管先生，那是您！请您记住：我们中国人是吓唬不倒、收买不了的！我们中国人是有骨气的！"

总管刚要发作，忽然发现一群俄国工人站在不远的地方怒视着他。

他在中国工人和俄国工人这两面铜墙铁壁的合围之下，无可奈何地低下了头……

五十五

夜深人静。大胡子半躺在干草上写着，写着……

安娜大婶倚着柱子，掩面而泣。

安德烈爷爷领着大胜、沃洛加，在雪地上跑着，跑着……

大胡子突然哼了一声，痛苦地抚着胸口。他咬着牙，用尽最后一点力气，又写了几行。然后，握着笔，就像握着枪一般，微笑着死去。

两张遗嘱飘然落地。沃洛加奔入，扑倒在大胡子身旁，呼唤着："爸爸！爸爸！爸—爸！"

晚了，晚了！爸爸已经听不见了！可是，他微笑着，手中握着笔，就像握着枪一般，微笑着。

空中响起了悲壮的赞歌。

一片白雪，雪地上隐隐看见有一排白桦。

白雪呵，她是多么纯洁，多么明朗，多么宁静！

白桦呵，她是多么坚韧，多么勇敢，多么骄傲！

白桦树越来越大，终于像巨人一般耸立眼前。

大胡子安葬在树下。沃洛加、爷爷、安娜、依万等一群俄国人，大胜、郭老九、小福子等一群中国人，默默地站在墓前。

大胜低着头，心中无限悲伤。

他慢慢抬起了头。红润的眼睛放射出坚定的光辉。

宣誓一般的声音在他心中震响着："我要跟布尔什维克走到底！我要跟劳苦大众的仇敌斗争到底！"

五十六

谢苗抹去眼泪，慢慢向地窖门口走去。

加丽娅望着遗嘱和照片，悲痛地呼唤着："爸爸！爸——爸！"她把遗嘱和照片放在胸前，眼泪如泉涌一般。

加丽娅噙着泪水，看着爸爸的遗嘱——

画外响起大胡子的声音："不要哭，我的好女儿！你知道，我是多么想最后地看你一眼，多么想最后地听你叫一声：‘爸爸’……我为此而难过，而痛苦。可是，我并不后悔，并不怨恨，不，不！我们的血没有白流呀，亲爱的加丽娅！你看，大胜成长起来了！他是好样的！在他的带领下，华工们站起来了！他们跟我们拉起手来了！敌人曾经想用刺刀和谎言，在我们两国工人中间筑起一道墙。可是，他们的阴谋没有得逞，而且永远也不会得逞！我们和华工的友谊，在斗争的烈火中用鲜血、用生命凝结起来的友谊，开花、结果了！她使敌人恐慌，她使敌人颤抖了……”

乐声中出现了雄壮的《国际歌》的旋律。

画外，充满了激情的大胡子的声音：“加丽娅，加丽娅！像过去在最困难、最痛苦的时刻那样，现在，我的耳边又一次响起了那激动人心、震撼天地的声音，使人变得无比高尚和幸福、无比快乐和勇敢的声音，向黑暗的旧世界挑战、向光明的新世界召唤的声音：‘让那些统治阶级在共产主义革命面前发抖吧！无产者在这革命中只会失去自己颈上的一条锁链。他们所能获得的却是整个世界。全世界无产者，联合起来！’”

五十七

一支巨大的队伍，在雄壮的进行曲声中，由远而近。

华工们和俄国工人分成四路纵队，由大胜和郭老九，依万和安德烈爷爷率领着。在用血汗筑成的铁路上，在数十面迎风招展的红旗下，他们昂首阔步，并肩向前。

俄国工人唱着俄罗斯革命歌曲：“同志们，勇敢地前进！”

华工们高呼口号：

“打倒帝国主义！”

“中国和俄国无产者团结起来！”

“布尔什维克万岁！”

“列宁万岁！”

客厅里乱糟糟的。桌上杯盘狼藉。沙发歪放着。花瓶的碎片在地上被人踩得吱吱直响。

总管命令："马上出发！"

将军跟着喊："马上出发！"

宪兵队长和几个军官同声回答："是！"

大柜上前两步，挨近总管："大人，上回抓大胡子，您答应给的那笔钱……"

总管吼道："给我滚出去！钱，钱，钱！除了钱，你还知道什么？"

大柜现出一副可怜相："总管老爷……"

总管命令宪兵队长："把他赶走！"

大柜挣扎着："好哇！现在你他妈的用不着老子了……没有那么便宜！谁给你在哈尔滨招的工？是我！谁给你在北极圈修的铁道？是我……"

大柜拿着棍子，上边扎了一根红布条，迎面奔向高歌行进的工人队伍，喊着："弟兄们，乡亲们！我来跟你们一块儿……"

队伍停下了。

大胜怒问："你是什么人？"

"嗳，大胜，你……你怎么不认识我？"

"认识！咱只是想问问，你是什么人？"

"我……我是中国人嘛。"

"胡说！你早就把祖宗八代卖给了洋人，你还配得上叫中国人？"

大柜见势不妙，拔腿就跑，郭老九一把抓住他，笑道：

"来得去不得，张二爷！"

华工们举着拳头，一拥而上：

"打倒张大柜！"

"跟把头算账！"

"为弟兄们报仇！"

俄国工人也跟着喊起口号。

天津人举棍要打，大胜拦住他："等等，不能这么便宜他。"

一列装甲火车从车站开出，号叫着扑向游行队伍。

队伍前进着，没有被来势凶猛的野兽所吓倒，它像一股奔腾的巨流，不顾一切阻拦，锐不可当地前进着。

火车和队伍的距离越来越近了！

队伍前进着。歌声更加高昂，步伐更加坚定。

宪兵队长把头伸出窗外，挥舞着手枪，吼叫着："向后——转！散开！散开！"

但是，队伍在继续前进。

火车的速度越来越慢，最后不得不叹了口气，停下了。

宪兵队长领着一队哥萨克士兵从车上跳下。

车又慢慢向前开去。

哥萨克们拿着军刀，在车头两边慢慢走着，和游行队伍的距离更近了，终于，火车又长长地叹息一声，停了下来。

队伍也停下了。

双方对峙着。

沉默，沉默，沉默。

车厢里，总管和将军互相望着。谢苗站在一旁，严密地注视着他们。

总管突然吼道："开！"

将军也跟着喊："开！"

火车号叫着，凶恶地冲过来。

依万和大胜刚刚迈步向前，安德烈爷爷和郭老九就紧紧地抓住了他们，然后不顾一切地飞奔而去。爷爷和郭老九几乎同时卧倒在铁轨上。

火车又发出一声沉重的叹息，停下了。

双方对峙着。

沉默，沉默，沉默。

雪海里的冰墙。

峭壁上的冰刀。

隐隐响起了暴风雨前夕的低沉的雷声。

华工们和俄国工人们的愤怒的脸。

依万和大胜的愤怒的脸。

爷爷和郭老九的沉静的、乐观的脸。他们并肩躺着。两只巨大的手紧紧地一握，合到了一起。

总管站在车厢里，恐惧地望着，慢慢后退着。渐渐地，他的眼睛射出凶残冷酷的光。他像一只预感到死亡将临的野兽，慢慢伸出两只颤抖的手，扑向前去，狂叫一声："开！"

车轮慢慢转动着。

爷爷和郭老九毫无惧色的脸，两只紧紧握在一起的手。

巨大的车轮，在淡白色的蒸气中，从他们身上滚了过去。

暴风雨来了！

依万和大胜率领着怒吼的人群，像排山倒海一般，向前涌去。

装甲火车两旁的机关枪，喷着火舌。

华工和俄国工人们纷纷倒地。但是，他们仍然从火车两旁勇敢地往前冲去。

谢苗飞快地闪入司机室，将铁门上了锁。然后，悄悄地走到宪兵司机身后，一刀将他杀死，以最快的速度把车向后倒去。

宪兵队长和哥萨克们向后退的列车狂叫着，穷追着。

双手被反绑着的大柜也夹在他们当中。

华工和俄国工人们紧紧地追赶着。

谢苗驾驶着装甲火车，飞一般向后退去。

车站近了，更近了。

车站上的哥萨克们，看见火车没有在站上停下，并且向七号桥方向驶去，知道事情不妙，便出动骑兵去追赶火车。

谢苗驾驶着火车。追赶的骑兵向他开枪射击。他突然抚住胸口，倒下了。

火车的速度慢了下来。谢苗挣扎着爬起，继续驾驶火车，不断地加快速度，向后倒去。

被炸毁以后尚未修复的七号桥遥遥在望。总管和将军在车厢里来回奔跑着，狂叫着；宪兵们拼命地轰着司机室的铁门。

眼看火车就要退到河里去了，总管活像一头垂死的野兽，匍匐在地上，两手抓着地板，恐怖地瞪着眼睛。

而谢苗却是那样的镇定，那样的泰然，那样的豪迈！

轰隆一声，装甲列车滚下了河。

森林里，俄国工人和华工们，正在和哥萨克们格斗着。天津人举着棍子，打倒了一个敌人。

沃洛加被一个敌人按在地上。小福子从后边举刀砍下，把敌人杀死。

森林的一角。

大柜被绑在树上，哭求着："李老好，你行行好，行行好……"

李老好以前所未有的力量，说出了唯一的那句话："那可不！"说罢，当头一棒将他打死。

森林的另一角。

大胜和宪兵队长格斗着。他们弯着腰，慢慢走着，互相望着。大胜猛扑过去，冷不防被宪兵队长一脚踢中了腿上的伤口。宪兵队长将他摔倒，卡住了他的脖子。

当宪兵队长伸手到地上拿刀的时候，大胜鼓足全身的最后一点力气，突然翻过身来，举起拳头打了下去，一下，又一下。然后，他从地上拿起刀，一刀将宪兵队长杀死。

大胜脸上掠过一丝复仇的快乐的微笑，但立刻就晕了过去。

尾　声

万里无云的夜空中，响起了当当的钟声。

1917 年元旦的钟声响了！

白桦树下，烈士墓旁，站着无数的华工和俄国工人。

越来越多的拳头，像宣誓一般举起来了。

钟声越来越响，仿佛响彻了整个地球，整个宇宙！

依万仰望着明朗的天空，自语着："1917 年到了！"他转向大胜，无限兴奋而又意味深长地，"他们的路没有修通，可我们的路修通了！"

"我们的路？在哪儿？"大胜茫然望着他。

依万激动地："就在我们脚下！"

大胜依然没有了解他的意思，期待地望着。

“这条路，你看不见它。可是，它就在我们脚下！”依万指着看不见的远方：“你看，这是一条革命的路！这是一条友谊的路！我们用无数的鲜血和生命，把它修通了，修通了！……沿着这条路走下去，前边就是胜利！”

黑暗的世界豁然明亮，大放光彩，仿佛沐浴在一片金色的朝霞里。

“北极光！”依万兴奋地叫道。

大胜、沃洛加、小福子，所有的人都仰头望着天空。

蓝色的星空里，闪耀着一团殷红的霞光。鲜艳的彩虹放射着奇光异彩，飘忽不定地变换着颜色和形状——一会儿是盛开的鲜花，一会儿是扬蹄飞腾的骏马……

大胜的眼睛闪耀着快乐的光辉。他笑了。

依万充满幻想地自语着：“快啦！快啦！”

玫瑰色的霞光忽然变成了熊熊的烈火。

在隆隆的炮声中，在硝烟弥漫中，世界无产阶级革命的伟大领袖和导师——列宁，振臂高呼：

“十月革命万岁！”

“世界革命万岁！”

像毒蛇一般的千斤锁链，终于被砸断了！

监狱的铁门豁然洞开。

加丽娅随着一群政治犯，欢呼着奔了出来。

加丽娅戴着红五星军帽，从烟雾里纵马飞出，她跳下马，向依万行了军礼：“队长同志，团长命令你们第五铁路工人赤卫队，必须在天黑以前把七号桥夺回来，好让从彼得格勒开来的我们的列车顺利通过！”

依万眯起眼睛，轻声重复着：“我们的列车……好呀，说得好呀！”然后，他行着军礼，大声答道：“是，加丽娅·安东诺娃同志！”

大胜一听见这个名字，猛地掉过头来，一下发现了加丽娅，惊喜万分。

加丽娅无限深情地望着他，慢慢走到他面前，勇敢地伸出了手：“你好，大胜同志！”

大胜望着加丽娅的手，不知如何是好，刚刚把手伸出去，又急忙缩了回来。然后，把手在衣服上抹了一抹，慢慢地伸出去，终于紧紧地握住了她的手。

加丽娅温柔地望着他："听说有些华工回中国去了，我以为你……"

"你看！"大胜用手一指，仿佛在说：不光我一人没走！

加丽娅顺着大胜手指的方向望去，只见一排一排的中国工人，和俄国工人赤卫队队员们一起，拿着红旗握着枪，列队站着，整齐威武，容光焕发。

小福子手持安德烈爷爷的猎枪，身背弹弓，站在队伍的末尾。

沃洛加手持郭老九的大刀，身背弓箭，和他并肩站着。

加丽娅激动地望着他们，充满着怀念和骄傲地："啊，亲爱的爸爸！你要是能看到我们今天……"

空中响起了庄严、热情的颂歌。

一片纯净的白雪，闪着耀眼的光芒；雪地上，坚贞的白桦，挺拔的青松，昂然屹立。

黑压压的队伍走过来了！

他们是谁？是华工，昨日被鞭打、被凌辱的"黄奴"，今天为自由、为解放而斗争的战士！

看他们脸上多有生气，看他们步伐多么坚定，看他们手中的枪握得多么紧！

依万和大胜率领着队伍。

俄国工人和华工在红旗下并肩前进。

隆隆的炮声响起来了！

火光烟影之中，无数只强劲的手臂高举着枪和红旗。

《国际歌》的声音汹涌澎湃，震天撼地。

看，红旗上那一行行金色的大字，灿烂夺目，光芒四射：

"为了世界无产阶级革命，前进！"

"全世界无产者，联合起来！"

旗帜上的每一个字呵，都是无产者用生命和鲜血写成的！

（1957 年冬至 1964 年春，第六稿）

附录：电影剧本《无产者》座谈会记录

几句开场白

陈荒煤：

东生同志在工作之余，花了几年的时间，写出了电影剧本《无产者》。

这是一个很新颖的，很重要的题材。新中国成立以来，我们的电影还是第一次正面接触这样的题材，它强烈地表现了十月革命前夕的中俄两国劳动人民的战斗友谊。这种友谊，是在列宁缔造的光荣的布尔什维克党的领导下，共同反对沙皇统治的斗争中，用鲜血凝结成的无产阶级的友谊。真实、生动地表现了这种友谊，也深刻地体现了“全世界无产者，联合起来!”这个重大的主题。

这个主题和题材是非常重要的，通过艺术的概括，再现中苏人民历史上的共同斗争和战斗友谊，有很重要的现实意义。

我和大家一样，看到这个剧本感到很兴奋。

今天召开这个座谈会，就是希望大家各抒己见，对这个剧本加以评论，给作者提供一些宝贵的意见，供作者参考，以便再提高一步，使得剧本更真实、更生动、更完整。

充满革命激情的作品

陈亚丁：

先说几句题外话。读了这个剧本，给我很大的启发。看来，我们的作家不仅有责任反映我国人民的革命斗争，以满足国内广大人民和世界人民的需要，还应该扩大题材的范围，努力表现国际范围内的革命斗争。这不仅是我国人民所需要的，对全世界革命的人民也是很有意义的。电影是国际文化交流的有力工具，就更加必要。

这个剧本我看了两遍，它给我的印象是：作者有很强烈的政治责任感，有很饱满的阶级感情，通过剧本说出了当前广大群众心里要说的话，表达了广大人民的愿望。这是一部具有阶级性、战斗性和现实性的剧本，它反映了在伟大的列宁和布尔什维克党领导下俄国无产阶级的崇高的国际主义精神；反映了国际无产阶级在共同斗争中互相帮助、互相支持和磐石般的团结；反映了中国无产者在一旦掌握了真理之后，那种勇敢、顽强的战斗精神；体现出了“全世界无产者，联合起来!”这一伟大号召的战无不胜的力量。虽然作品写的是 47 年前的斗争生活，但却有强烈的现实意义，对今天的观众将会产生很大的教育作用。它是阶级教育的一课，也是无产阶级国际主义的一课。

剧本中所描写的是 1916 年被欺骗、贩卖到俄国修铁路的华工，在俄国布尔什维克党和俄国无产阶级的教育和帮助下，团结起来，共同反对沙皇统治的斗争，表现中俄两国人民在革命斗争中的伟大团结。这是一个伟大的主题，有重大现实意义的主题，作者怀着十分崇敬的心情，成功地歌颂了伟大的俄国无产阶级，歌颂了光荣的布尔什维克党，塑造了安东诺夫、安德烈爷爷等俄国共产党人的光辉形象。当时，中国还没有建立马克思主义的政党，中国的无产者还不可能有真正的阶级觉悟，但中国人写外国人，总有一定困难，也和外国人写中国人一样。现在《无产者》中俄罗斯人的性格、语言，作者能写到这样，就不容易了。同时，作者也怀着十分崇敬的心情，恰如其分地歌颂了俄国无产者的革命精神，塑造了大胜、郭老九等启蒙时期的劳动者的英雄形象，中国的无产者在长期的反帝反封建斗争中，他们一向是最坚决最勇敢最富有自我牺牲精神的，他们对帝国主义又有刻骨的仇恨，一旦觉醒过来，他们是无愧为伟大的中国人民，也无愧为伟大的俄国无产阶级忠实的战友的。我相信这部作品，不仅中国的观众看了会高兴，会受到鼓舞，苏联的广大观众和全世界的朋友们看了，也一定会高兴，会受到鼓舞。我衷心地祝贺作者已经获得的成功，并希望作者在进一步加工中，把歌颂中苏两国人民的马克思列宁主义基础上的伟大团结的主题思想表现得更加充实、更加丰富。

其次，这个剧本的成功还在于它的史诗式的风格。作者不仅在事件的描写和人物的塑造上，始终以革命现实主义的态度，注意历史的真实性和具体性，准确地再现了历史，作品读起来使人感到真实、生动、感人，而且全剧也有革命浪漫主义的精神，热情充沛，很有气魄，富有想象力。诗的感情，史诗的体裁，对这部戏是非常适合的，因为这本来就是一首“全世界无产者，联合起来!”的颂歌。应该粗的地方还可以再粗些，应该细的地方还可以再细些，但无论如何，都应有助于史诗的风格，使它更雄伟，更有气魄，更能激动人心。

再谈谈对剧本的几点具体意见：

整个剧本的结构看起来，前面三分之二都很好，后面三分之一有些乱，还需要下些工夫。

大胜是个在当时虽然没有觉悟、但却富有反抗精神和正义感的华工，现在看来，这个人物还显得有些孤单，他作为华工的领袖，还缺乏更充分的说服力。他到底为华工做了些什么，华工通过斗争如何逐步地理解他，都还写得不充分。他与郭老九、王三桃园结义，郭老九是个中间派人物，王三最后变成叛徒，他们三人与群众的联系都不太多。当然，不是因之要求增加许多人物，而是希望写出大胜的作为和在群众中的影响，只有这些条件写得充分，大胜作为华工的领袖才更加真实、可靠。所谓联系群众，当然不仅指他们三人，也不仅仅是他们那个华工工棚，而应该是整个的华工，如果不能把全部华工团结起来，斗争就不可能取得胜利。从现在写的绝食一场戏来看，大胜等还没有能从政治上启发教育华工，还没有把大家真正团结起来，落后面还太大。因此，注意加强大胜在斗争中的作用，还是必要的。

华工形象中着重描写的只是大胜，除了郭老九、王三之外，其余就是一群不觉悟的华工，因此，要反映当时华工的面貌主要依靠大胜这个形象的塑造。如果大胜这个人物的思想面貌不清晰，整个华工的面貌也就不会清晰。目前看来，大胜的性格和思想感情的发展和变化，也还可以写得更加清晰些。

大胜出狱后，他的活动使人产生疑问，为什么敌人对他的逃跑不加追究？如果有所监视，他的行动为什么那么自由？他现在这样不像是个逃犯，否则，总管对他怎会善罢甘休呢？因此，他出狱后这一段情节，使人感到还不够真实。

郭老九这个老江湖形象，很有特点，他是一种饱经生活沧桑的典型人物，他经历过斗争，也经历过失败，遭遇多，心眼多，顾虑多，不太相信人。应该说，这只是这个人物的一面，就是他内在的反帝力量，他曾参加过义和团，虽然遇到失败，但他对帝国主义就服了？不会。而剧本对他性格的这一方面，就强调不够。在旧社会里，这种人比大胜还更容易成为群众的领袖，老话说："嘴上无毛，做事不牢。"像他这种人在剧本中是中间势力的代表，如果把他发动起来，就可以带动许多觉悟不高的华工。加强这方面的描写，对大胜这个人物会起到烘托的作用。

王三这个人物，主要是前面写得很革命，后面又软得太快，交代不清。此人是天津的，小买卖人出身，这一点也交代得太晚。这种人物在戏里还是必要的，他见钱眼开，所谓"人为财死，鸟为食亡"，为了钱可以出卖朋友。没有他，戏也写不下去，但他只是一个配角，因此，对这个人物只要写清楚就行了，不必作过多的要求。

整个剧本看后，好人几乎都死得差不多了，有被火车压死的，翻车摔死的，被打死的，如果要写下集，就难下笔了。当然，最重要的还在于，人死得是否有意义。从剧本中看来，人们所关心的是两国的无产阶级联合起来在斗争中取得胜利。当然，要与敌人进行斗争，自然要付出代价，但是，现在看来，有些人死得没有多大必要，也没有太大的意义。因此，人物的结局还可以考虑一下。

戏到底在哪里结束？也值得考虑。现在，是以十月革命作为尾声，我也赞成这样写。但是，前面，在哪里结束？作品是要定两国无产阶级联合起来，为破坏沙皇修通铁路的计划而斗争，但铁路毕竟还是修通了。虽然剧中人也讲："他们的路修通了，我们的路也通了。"但是，从情节的发展来看，总使人觉得，斗争没有结果。因此还不如在华俄工人团结起来举行大罢工，在斗争的高潮中、情绪最饱满时结束，最后以十月革命为尾声，这样主题一完成就结束，会更有力量些。而且，还可以裁去一些过长的篇幅。

《无产者》是时代的产物

孙定国：

我看了这个剧本，感到很兴奋。它是时代的产物，它通过历史事实的深刻描写，反映了中苏两国工人阶级和劳动人民的心声，反映了全世界工人阶级和劳动人民的心声。这个剧本虽然是 1957 年开始写的，虽然写的是伟大的十月革命前 1916 年的历史事实，但是时代精神很强烈。近年来看了不少好的电影和话剧，例如《槐树庄》、《停战以后》、《李双双》和《霓虹灯下的哨兵》，等等，觉得我们的电影越来越好。它的好处是通过电影艺术来描写历史的或现实的阶级斗争，以阶级斗争的观点，教育了干部和人民。看了剧本《无产者》之后，更有强烈的感觉，不论从主题到表现形式，都把人引入新的境界。我感到我国电影创作正在跟着伟大的历史步伐前进。

《无产者》写的是 1916 年的历史事实，但对 1963 年的今天仍有重要的现实意义，因为"全世界无产者，联合起来！"这一伟大真理，自从 1848 年马克思和恩格斯在《共产党宣言》中揭示出来以后，就成为我们无产阶级、共产主义者、真正马克思列宁主义者的战斗旗帜了，这面旗帜永远是红的。它经过一个世纪的斗争，越举越高，吸引着全世界无产者奋勇前进。《无产者》就是以这个口号，这面旗帜作为创作的主题，正如剧本中安德烈爷爷说的，这是个"世界规模"的事情。这是一个伟大的主题，1916 年的伟大历史事实有力地唤起人们更密切注意和倾听这个受过马克思列宁主义教育的国际无产阶级的革命声音，特别因为这个剧本是以伟大的十月革命作结束的，十月革命的声音，列宁的声音就不能不更加有力地使人们对当代一切国际现象，进行深刻地思考，为保卫和发展无产阶级“世界规模”的事情进行着排除万难与再接再厉的斗争。为此，我完全同意刚才几位同志的意见：这是个很好的电影剧本。

此外，这个剧本是以1916年的历史事件作为背景的，作者在处理这些历史事件时采取了非常严肃的态度。我觉得作者东生同志对当时的历史背景，对中国和俄国的情况是作了仔细研究的，对剧本中的人物也是有深刻研究的。作者翻阅了当时大量的历史资料，而且对1916年的俄国和中国的当事人进行了直接的调查，他访问了当时在俄国参加革命斗争的老华工，他们当中有许多人后来参加了苏联红军；作者访问了华工中间老的一代和新的一代，这些老华工已在苏联安家落户，满堂儿孙。同时作者也访问了苏联的一些和这个历史事件有关的老工人、老布尔什维克。因此，剧本所反映的历史事实、历史背景，都有历史事实作根据，是真实的。

作者所塑造的俄国布尔什维克的形象以及华工的形象既符合历史真实，又鲜明生动。如作者不对历史事实进行深入的调查研究，是不可能写出这样好的剧本的。以此为基础，经作者的努力，这部作品的成功是可以预期的。

剧本的主题是鲜明的，构思是很好的，而且主要的正面代表人物是完全站得起来的，有些人物写得很好，他们表达和体现了无产阶级的语言、感情、思想和行动，代表和体现了以伟大列宁为首的俄国共产党人和中俄工人阶级的高度革命精神、国际主义精神。在1916年，中国早已有工人阶级的斗争，在全世界来说，正是毛主席所说的“十月革命一声炮响”的前一年，俄国的工人阶级在布尔什维克党的领导下，早已从自在的阶级走向自为的阶级。而中国工人阶级则正处在这个从自在阶级走向自为阶级的过程，1919年爆发五四运动，1921年中国共产党成立，剧本所反映的时代比五四运动早三年，当时中国虽有工人阶级斗争，但还是在十月革命一声炮响之前，中国共产党还没有成立，所以对大胜、郭老九这些人物的处理，须依据具体的历史环境和历史条件，因此，我同意剧本对这些人物的处理。当时这些人在国内不能生活，结果被招去当华工，他们当时的觉悟是处于从自发到自觉发展阶段，不是处于自觉阶段，因此，我觉得，作者这样严格地按照历史背景来考虑人物塑造是对的。但另一方面，我感到适当的提高也是必要的。这是因为从鸦片战争以来，中国的无产阶级是在中国的资产阶级以前产生的，在长期反帝斗争过程中，在长期农民战争过程中，已经表现出伟大的革命气概，正如毛主席讲的，中国人民是勤劳的、勇敢的、智慧的，敢于斗争和不屈服的，因此中国工人阶级和农民阶级还在未成为自觉的阶级以前，就有强烈的革命要求和革命表现。因此我觉得处理大胜这个人物，还是可以表现中国人民的这种革命品质的，可以在他出国前、出国后，有一两个镜头，通过他自己的行动和言论，显示出他将要成为华工领袖人物的条件。郭老九这个人物也可以适当地加强。大胜在革命斗争中无所畏惧，但在他未从事革命活动前，还可以写郭老九的某些好的方面对他的影响，这也是合乎逻辑的。这样，两个人物形象都得到了加强和丰富。我觉得，这几个主要华工的形象要表现出我们民族的伟大的气魄，即体现出我国的工人阶级和农民阶级在还未觉醒之前，在帝国主义和封建主义这两座大山压迫之下的强烈革命要求，虽然他们还没有找到革命的道路，但他们痛恨旧社会，积极要求革命。这样写，大胜等华工和大胡子安东诺夫等俄国革命者的结合就更加显得有力。

关于几个俄国人物的处理，我觉得通过大胡子安东诺夫和其他俄国革命者表达出十月革命前夕列宁的思想，这是出色的、成功的。我们通过大胡子的形象，可以生动地看出伟大的列宁所培养出的俄国工人阶级、俄国布尔什维克十月革命前的伟大革命气概，可以更加深刻地理解到伟大的十月革命是由成千上万这样的列宁式的革命家和伟大俄国工人阶级、劳动人民而胜利完成的。我们看到大胡子、安德烈爷爷、加丽娅姑娘的形象感到亲切，感到骄傲。另一方面，大胡子这个人物在某些方面也可以考虑适当地加强。我觉得人物方面不必作大的剪裁，只要在某些方面再加以斟酌，就会更好地突出典型环境中的典型性格，就会更好地写出两个伟大民族的人民互相支持，进行共同的革命斗争的伟大意义。

最后，列宁的形象、列宁的语言在适当地方加以表现，就可使大胡子、安德烈、大胜的思想更有深度；就会使人更深刻地理解“全世界无产者，联合起来!”的伟大口号，在马克思、恩格斯所处的时代是如此，在列宁所处的时代是如此，因之在我们的时代也必然是如此。

我认为剧本《无产者》的时代意义，正在于此，马克思列宁主义的真理是不可抗拒的。

中俄无产者的革命情谊的赞歌

陈默：

拿到《无产者》这个剧本以后，我几乎是一口气把它读完的。这个剧本，题材新颖，主题重大，气势磅礴，激动人心。剧本写的虽然是四十多年前的事情，现实意义却非常强烈。当人们读这个剧本的时候，自然而然地会产生这样的联想：中俄无产者之间的友谊。《无产者》这个剧本所以能够在我们心里激起巨大的共鸣，正是因为它形象地阐明了这个客观真理，抒发了中国人民和苏联人民共同的感情和信念。

第一次世界大战期间，沙皇政府招收了十几万华工到俄国开矿筑路。这些为饥寒所迫的中国工人，并没有在帝俄统治下找到温饱，而是和俄国工人一样地遭受着极为残酷的压榨。相同的命运，使中俄无产者成为同生死、共患难的兄弟。在布尔什维克党的启发教育下，华工们提高了阶级觉悟，和俄国工人一起向帝俄资本家展开了英勇的斗争，不少华工还参加了十月社会主义革命，有的还参加了保卫十月革命果实的国内战争。这一页中俄无产者并肩战斗的光辉历史，在一些苏联同志的著作里曾经得到动人的反映。东生同志根据自己在苏联进行长期采访所获得的材料，写成了电影文学剧本《无产者》。这个剧本不仅真实地再现了当年的斗争生活，而且还热情地歌颂了列宁所领导的布尔什维克党，歌颂了敢于向帝国主义和资产阶级进行殊死战斗的俄国无产阶级，歌颂了把自己的鲜血和俄国工人兄弟的鲜血流在一起的华工。应当说，这是一个渗透着无产阶级国际主义精神、洋溢着无产阶级革命感情的好作品。

作者令人信服地写出了华工们思想觉悟逐步提高的过程。华工们背井离乡，来到北极圈修建铁路，是由于误信了资本家的诺言，以为在俄国可以谋得较好的生活出路。谁知天下乌鸦一般黑，沙皇统治下的俄国一点也不比军阀混战、民不聊生的祖国好，他们只是从一个人间地狱走进了另一个人间地狱。华工们在这里被俄国资本家当作“该死的黄奴”，阶级压迫加上民族歧视，他们的处境比俄国工人的处境就更加悲惨。对于这种阶级压迫，以大胜为代表的先进华工，最初还只是凭着自卫的本能进行个人反抗。他们一时还看不清资本家和工人阶级的区别，以致对俄国工人也怀着一定程度的戒备心理。现实生活教育了他们，俄国布尔什维克更擦亮了他们的眼睛，华工们终于认清了谁是真正的敌人，谁是朋友和兄弟。在剧本的后半部分，觉悟了的华工们和俄国工人融为一体，互相支援，共同战斗。你看，当俄国总管企图用增加一倍工资的钓饵来收买华工的时候，大胜回答得多好：

“我们死都不怕，还怕挨饿?”大胜分开众人，走上前去，冷笑道：“你想来收买我们？让我们跟你一样，为了自己活命，为了升官发财，去出卖自家的弟兄，去舔资本家的屁股？哈哈，总管先生，那是你！请你记住：我们中国人是吓不倒、收买不了的！我们中国人是有骨气的!”

这种响当当的语言所表达的绝不是什么狭隘的民族感情，而是中国工人对俄国工人兄弟生死不渝的伟大的阶级感情。

华工方面的三个主要人物，曾经撮土为香，结为兄弟。但是在尖锐的阶级斗争的考验下，三个拜把兄弟却走着不同的道路。年轻的大胜真不愧为“中国的鹰”，他一旦接受了革命真理，便赤胆忠心，百折不回，终于成为优秀的华工领袖。而老于世故的郭老九，虽然摆脱自己身上的旧意识的过程要艰巨得多，但他最后是在斗争中毫不踌躇地献出了自己的生命。唯有死抱住“人为财死，鸟为食亡”的人生哲学不放的王三，一步步从贪生怕死发展到投降变节，成为可耻的叛徒。这三个人物之间的关系的发展变化是意味深长的。革命的熔炉，在炼出金子的同时，必然要排出一些渣滓，这是阶级斗争的规律。革命队伍中出现动摇变节的分子是并不奇怪的。阶级敌人虽然可以暂时利用叛徒对革命事业进行破坏，但叛徒是逃脱不掉被清除的命运的。人们清除了叛徒，革命斗争就会更加健康地向前发展。《无产者》在歌颂华工们的革命斗争的同时，并不回避生活的复杂性，这样写无疑是正确的。

在俄国工人方面，安德烈爷爷的形象最为生动。这一心想往前“世界规模”的事业的老工人，既可敬，又可爱，更可亲。他的乐观、幽默而又认真的性格，为这个悲壮雄浑的剧本增添了令人欢愉的色彩。他最后和郭老九手拉着手卧轨牺牲的场面，令人长久不能忘怀。加丽娅这个天真纯朴的俄罗斯姑娘也很可爱，她对大胜的感情，现在看来有点像爱情，如果把它处理成真挚的阶级感情，可能要更恰当一些。因为在剧本的规定情景内，这两个人物似乎还没有产生超越战友之情的可能。

体现布尔什维克的领导作用的安东诺夫这个人物，基本上也是塑造得好的。这位党的地下工作者，作风平易近人，循循善诱。在争取和教育华工的过程中，他始终坚持引导他们“自己救自己”的原则。“我们俄国无产阶级永远是你们最忠实的朋友和兄弟!”这些发自肺腑的话和安东诺夫的行动是完全一致的。剧本通过安东诺夫和大胜谈话的一场戏，引述了列宁在1900年12月《火星报》上的一篇文章，指出当年那些在俄国人民中间煽风点火，挑起对中国的仇恨的人，是为了把人民对政府的不满转移到别人身上去。这场戏能够使得今天的读者认识到加强国际无产阶级的团结和共同反对帝国主义的深刻意义。而安东诺夫化装成神父，深入虎穴解救大胜的一场戏更是大快人心。当总管弋尔洛夫居然想用当年曾经“一道追随列宁同志”的话来软化安东诺夫的时候：

“住口!”大胡子（安东诺夫）拍案而起。

这雷鸣似的怒吼声，一下子把总管从沙发上弹了起来，他颤抖着，现出一副可怜的奴才相。

大胡子抓着他的衣领，旧恨新仇涌上心来，怒骂道：“你用无产阶级的鲜血填肥了你的肚子，你这个革命的叛徒，沙皇的奴才，资本家的走狗！你竟敢侮辱列宁这个神圣的名字……”

可以想见，安东诺夫这段话正好一针见血地刺痛了剧中的叛徒戈尔洛夫的卑鄙灵魂！

赞美中俄无产者的革命精神，歌颂中苏人民的革命友谊，是贯串在《无产者》这个剧本中的一条红线，它鲜明地体现出“全世界无产者，联合起来!”这一伟大的主题，“全世界无产者，联合起来!”是马克思、恩格斯向全世界劳动人民提出的战斗号召，正是它将中苏两国人民以及全世界劳动人民紧紧地联结在一起，并鼓舞着全世界无产者朝着解放全人类的伟大目标，奋勇前进！因之《无产者》所表达的主题思想将会在读者心目中产生强烈的反映，是可以预料的。

无产者联合起来，共同对敌

成荫：

我前几天才把剧本看了一遍，没有很好地研究、考虑。我也许被剧本的生动情节和强烈的政治热情吸引住了，一下子还不能跳出来，对剧本进行细致的分析。我看了剧本后，很激动。剧本的主题很好：无产者联合起来，共同对敌。这个主题用这个题材来反映，确实很有意义。作者充沛的政治热情洋溢在整个剧本中。剧本写得很深刻：华工的觉醒，他们和俄国工人联合起来，是经过了一个相当复杂的过程，剧本描写的华工的觉醒过程和华工与俄国工人联合起来的过程使我感受到时代的气息。剧本展示出这个曲折复杂的过程，使主题得到深化，这是剧本的一个很大的优点。我们有些剧本的意图常常是很好的，但往往把一些本来是很复杂的矛盾斗争过程简单化了，这也就使得主题流于浮浅无力。现在从剧本所描写的大胜、郭老九、王三等几个华工的发展变化、俄国工人的形象以及总管、英国工程师琼斯等敌人的形象来看，矛盾冲突的复杂性和深刻性是揭示得比较充分的。整个看来，剧本反映了历史的真实。布尔什维克所进行的革命活动，把俄国工人和华工联合起来，令人看后感到真实可信。当然有一些具体细节的真实性还可以推敲一下。我也想到有些地方（例如王三的性格发展等）是还可以推敲一下。但使这些地方合理化和设伏线，并不很困难。

从一部影片的容量来考虑，剧本所包括的东西是多了一些。当然这将是一部长片子。有些重要场面是很精彩的，人物发展变化的关键性的地方，例如郭老九和安德烈爷爷卧轨牺牲、华工罢工、俄国工人送饭去等场面，是很能激动人心的。把这些地方着意地描写，而有些可以忽略的地方再精炼一下，也许会更动人些。电影就是这样：比起小说来，电影总是粗线条的东西，这是由于电影的容量而来的。若处处都要求写得很具体很细腻，会使作品臃肿不堪，要点不能突出，而且越细描写会有不足之感。我的意思是说：只要事件发生的可能性存在，你稍用伏笔介绍一下：事情发生了，就可以了。每个事件的过程都加以细致的描写，反而会削弱重要而感人以及渲染主题的东西。我想，如果剧本抓住一些最中心的东西，简化一些东西，反而会使剧本的主题更好地突出。但这样精炼并不等于要削弱矛盾斗争的复杂性，这个剧本很可贵的地方就是表现出矛盾的复杂性，表现出斗争的各个方面。但各个方面都要求细腻，每条线都充分地发挥，那恐怕不是一部两部影片所能容纳得了的，即使三部电影也未必能拍完。所以面既要广阔，又要集中地表现一些场景。在现在剧本的基础上，如果把一些重要的场景渲染得很足，同时把旁枝的东西精炼一下，但不削弱复杂的一面；可忽略的东西加以忽略，不需要交代的不交代，人物和事件有内在的逻辑，令人感到可信。这样，这个剧本就可以进一步提高质量。

一个富有现实意义的剧本

曹欣：

《无产者》是一个具有革命历史意义和现实意义的剧本，作者以高度的革命热情歌颂了中俄两国无产者在十月革命前夕，紧密团结、共同对敌的伟大斗争。通过这一气势磅礴的有如史诗般的描绘，热情地赞颂了列宁式的革命英雄，宣扬了伟大列宁的革命精神。读到这样的一个好剧本，使人十分兴奋。

我认为它所以具有强烈的时代意义是由于全剧响彻了时代的声音。剧中人阿历克赛·安东诺夫所说的：“只要地球上还有一个被剥削者、被奴役的人，只要旧世界的锁链还有一个环节没有被打碎，那么，他们的心就不会平静！他们就不会放下武器，停止战斗。”在这里，令人难忘的主人翁呼喊出今天全世界无产者和亿万革命人民的心声。这呼声在我们心里引起了巨大的共鸣，给了我们极大的激励和鼓舞。我们深信，

“使鲜红的太阳照遍全球”的崇高理想一定会在全世界实现的，全世界无产者会像当时中、俄两国工人一样为了摆脱自己被剥削和被压迫的命运而联合起来，进行坚决的斗争的。这伟大的革命意志是任何力量也不能阻挡的。

《无产者》作者以极大的政治热情刻画了中俄两国无产者在反对共同敌人的战斗年月里建立起来的牢不可破的友谊。任何革命者都不能不为剧中所描述的俄国工人饿着肚子，带着自己仅有的一点点口粮，冲破沙皇宪兵的封锁去救援华工的情景所感动。

《无产者》成功地塑造了列宁式的革命家——阿历克赛·安东诺夫的动人形象。这是一个塑造得最为成功的人物，他具有革命者的伟大理想与乐观精神，他一出场就给人带来了俄国人特有的幽默与风趣，他所执行的那件“世界规模”的任务是使人念念不忘的。他遵循着列宁的教育关怀着全世界无产者而一心一意地工作，他为维护革命的利益而冒着生命的危险去抢救和掩护华工、直至英勇地献出了自己的生命，他以自己崇高的理想去感染和教育着中俄两国的无产者。作为华工中有威望的大胜，就在他的身上得到了阶级的温暖，就在他那伟大的理想中得到了启示，就在他那忘我的精神里得到了鼓舞，最后，终于带领着全体华工投身斗争，步入了革命的行列。我们从阿历克赛·安东诺夫的动人形象中看到了真正的列宁式的战士，听到了列宁的声音，更深刻地体会到了伟大列宁对全世界无产者的无比的关怀和热爱。可以预期这个剧本对巩固和加强中苏人民的革命友谊，对宣扬列宁的革命精神，对鼓舞全世界无产者的胜利信念和战斗团结，将会起到应有的作用。

正因为这个剧本具有如此重大的意义，我们就有必要使它更趋完善，使人民从中获得更大教益，对中苏两国人民的团结与友谊作出更大的贡献。因而，进行细致的探讨与加工是十分必要的。

首先我感到在几个主要人物性格塑造方面，还有进一步加工的余地。

大胜是一个真实可信的人物，从个人复仇到带领群众一起步入革命这一过程是描写得比较自然的。但似乎赋予他的事件过多了，他一再被捕和获释，安东诺夫冒着生命的危险去救了他，又那样直率而诚恳地教导他，而他却远远地避开他，对接受真理显得过分犹豫，这样反使他的思想发展显得不清晰了，他如何渐渐在群众中成为一个有威望的领导者也显得不是那么有说服力了。

郭老九是华工中一个很有特色的人物，但对他身世的介绍却显得晚了些，那样就不可能引起人们对他有更大的注意与理解。对这样一个有过丰富斗争经验、受过不少挫折、因而在一定时期内失去斗争信心的人，一旦在他心里重新燃起斗争火焰的时候，他的丰富的斗争经验是会显示出极大的作用的。但作者似乎只着重描绘了他受压抑的一面，而忽视了他在投入斗争后善于斗争的另一面。郭老九被王三栽赃后要自杀的那一场戏是不够合理的，像他那样久经世故的流浪汉，对这一点误解不会没有能力作出解释，也不会那样轻易地自冤而刎。

在三个华工中我认为写得最差的是王三，在他身上存在着一些不合理的情节。首先是王三在大柜威迫变节后由一个被迫失足者立即变为一个死心塌地积极破坏革命的凶恶的叛徒，就使人感到有些突然。更重要的还在于他成为一个阶级敌人之后，安东诺夫不知从何处知道了他的叛变，但证实他叛变后又不作防备，大胜还会相信他给老九栽的赃——这些都交代不清。再者，大胜身旁如果有这样一个叛徒存在，也就无法逃脱敌人的魔爪了。

我感到要使这些人物性格发展得更为合理，最重要的还在于对剧中的事件进行严格的压缩与剪裁，并弥补漏洞，否则反而淹没了人物，模糊了人物思想发展的线索。

其次，《无产者》从总的方面来看是真实可信的，但有些情节的安排却还值得推敲。

例如宪兵队长放火烧毁华工工棚，然后嫁祸于人，挑拨中俄工人的关系这一重要情节的设计，粗看是合理的，但从前后联系起来看这个误会却有些破绽。剧中描写了大批俄工出来救火，俄工的孩子沃洛加去华工工地报信，大胜父亲在临死前高喊着“宪兵队长”等，这就极其充分地说明了这把火不是俄工放的了。

原先敌人不捉大胜是企图通过大胜找到安东诺夫，接着大胜在华工中鼓动罢工，敌人本可以通过王三了解接近大胜的是些什么人，然后一网打尽，可是敌人却改变了主意，并逮捕了大胜，接着又要大胜去斗熊。如果大胜被熊害死了，不是什么线索也找不到了吗？

最后，值得研究的是剧本的风格问题。从全剧的内容来看应该是史诗性的正剧，就像剧中俄工饿着肚子送饭去救援华工那场戏所体现出来的那种朴素、真实而严谨的格调。但剧中安排了较多的传奇性的惊险情节与象征性的场景，如加丽娅滑雪围攻总管府；安东诺夫化装神甫救出大胜。这些与全剧不够统一。从全剧考虑是否尽可能删去那些与主线联结不紧的惊险情节与象征性的场景，这对保持全剧统一的格调会更为有利些。

总之，《无产者》从总的方面看，是符合历史的真实的，人物性格是鲜明突出的。但某些情节安排得不够周密，也在一定程度上影响了剧情与人物性格的合理发展。幕后戏作者虽然不必正面去写，但绝不能不作细心的安排与考虑，它最终还是会在“台前”体现出来的。如能围绕着人物裁剪掉与主线无关的一些枝节，更好地注意细节的真实与合理，这对《无产者》的益臻完整无疑是有帮助的。作者已经提供了极为坚实的基础，我预祝这一优秀作品获得更圆满的成功。

这是一个真实的剧本

鲁勒：

这是个好剧本，它的现实意义很重大，写得有深广度，富有思想内容和生活气息，使人感到厚实，有分量。人物的塑造也很成功：有特点，有合乎人物性格的行动。不论是俄国人物如阿历克赛·安东诺夫、老爷爷、加丽娅，或者是中国人物如大胜、郭老九等，都有一定的光彩，因而使人看了很受感动，而且感到亲切。这些，别人都说过了，我就不再重复。为了使之更加完善，提几点希望：

一、结尾问题：我感到剧本从第五十、五十一节以后就有些松散、拖沓，戏发展到这里已基本完成，可以很快地发展到罢工胜利，中国和俄国两股无产阶级的队伍汇合起来，就可以结束了，十月革命是个尾声。这样，可以更集中、更有力。

二、华工的集体形象问题：我觉得华工的形象写得低了一些。当然不是要求一开始就是很高的，而是逐渐地有所变化，有所提高。虽然，其中有些人物，如金大叔、山东大汉等，比过去提高了觉悟，但整个说来，这些形象写得太低，特别是到罢工时，许多人还抢饭吃，如果不是小福子来报信，说俄国群众送来了吃喝，看来大胜将无法掌握群众情绪，也无法胜利地领导群众斗争，局面将是很难收拾的。这些地方让人看了不舒服，也不完全符合历史的真实性。

三、有些情节的处理，还可以写得更合理些。特别是大胜逃出来后，那么自由，就显得不够真实。像这一类地方，还需要再理一理，加以必要的修改。

四、整个剧情的安排，还希望注意浓淡相宜，该忽略的地方就要大胆地忽略，该细致的地方又要充分细致。我们的戏曲中，这一特点非常明显，是值得学习的。没有戏的地方一笔带过，有戏的地方又能充分地把戏做足，这就使有限的篇幅作了最大的利用。这个戏里有些过程还是可以再简单一些。而在几个主要人物的戏上再多下点功夫。像大胜的思想变化，就写得很好。但是，大胜这个人物，除了他的坚强、勇敢、正直之外，还应对他的阶级意识从自发到自觉的一面再加以丰富。对郭老九的刻画，也只突出了他由于饱经沧桑后怕事、圆滑的一面，却忽略了他由于饱经沧桑、经过义和团斗争而会有的爱国精神及遇事考虑周到的一面，而且正是在这点上，他成为大胜的有力助手。

最后，我觉得剧本的热情很充沛，有些话很动人，也讲的是地方，但还感到有些不足。我想，写这样的史诗式的东西，应该让情感更加奔放一些，这样就会更加强作品的感染力。

歌颂中苏革命传统友谊的好作品

蔡楚生：

我是以十分激动的心情读完《无产者》这个剧本的。

《无产者》描写了我国早期去俄国的一批工人，在布尔什维克和列宁的领导和影响下，接受无产阶级教育，走向革命道路，与俄国无产者一道，最后参加了震撼全世界的伟大的十月革命。作品热情洋溢地歌颂了中俄两国劳动人民，在革命斗争中用鲜血凝结起来的友谊。这个作品的题材非常新颖，富有革命激情，给人总的印象是：十分鲜明与生动，不仅使我们受到一次很好的革命传统教育，而且受到一次隽永的艺术欣赏。

《无产者》是我国电影文学创作中，第一次正面表现我国早期的工人在俄国接受革命教育和参加革命活动的作品，它在创作上为我们开拓了新的园地，也为我们开阔了眼界。作品的主题思想是非常鲜明的，从剧本的开头，我们就可以看到被压迫的奴隶的铁腕被千斤锁链无情地缠绕着，在痛苦中挣扎着，铁腕终于举起来，交织成“擎天柱”，“柱”上飘扬着绣有“全世界无产者，联合起来!”字样的红旗，背景上，无边的黑暗逐渐被血红的火焰代替，《国际歌》终如万马奔腾，震撼天地！这个开头就是整个剧本的象征或缩影，人们从这短短的篇章中就可领会到作品强烈的革命意境。

“全世界无产者，联合起来!”是马克思和恩格斯 1848 年在《共产党宣言》中向国际无产阶级提出的伟大号召，它也将永远是国际无产阶级所必须遵循的准则。从整个剧本看来，这个主题思想就像一根红线似的贯串始终。一方面，我们看到作品中苦难的华工，在布尔什维克的领导和影响下，与俄国的劳动人民一道，挣脱身上的锁链，英勇地走上革命的道路。这是作品中的主流；另一方面，我们也看到反动统治阶级的残暴与荒淫无耻和如何在作垂死前的挣扎与反扑。作品以生动的笔触，将这种阶级力量的对比和发展的趋向，揭示得十分深刻，使人们深切地感受到当时那种强烈的阶级斗争，以及无产阶级力图打破旧俄的国家机器，以便于登上政治舞台，掌握自己命运的那种强烈的革命愿望。

作品主要是表现华工从自在到自觉的过程，但是，他们这种变化却是在布尔什维克的正确领导和耐心帮助之下形成的。为了等待与帮助华工的觉醒，安德烈老爷爷被误打，大胡子长期被误解。而以大胜为首的华工们一旦觉醒，开始睁开眼睛来看世界，考虑自己命运时，就紧密地追随着俄国无产阶级，并和他们一起，迈开自己的步伐，朝着伟大的革命目标，坚定不移地奋勇前进，其势如排山倒海，猛不可当！他们在为夺取胜利的斗争中英勇地付出了宝贵的生命，两国工人阶级的鲜血流在一起！

中苏两国人民这种革命的传统友谊是无比珍贵的。我们热爱伟大的布尔什维克，热爱伟大的苏联共产党和苏联人民，也热爱我们这种用鲜血凝成的传统的革命友谊。这种传统的革命友谊，在过去、在今天、在将来，都有着极其重要的革命意义和现实意义，因此在读《无产者》这一作品时，由于作者是以奔腾澎湃的无产阶级的革命热情来歌颂这种友谊的，首先就使我们为此而觉得十分振奋！

作为一个艺术作品来看，《无产者》也有着它独特的艺术构思和鲜明的艺术色彩。从剧本中，我们可以看到，在第一次世界大战期间，在沙皇统治下的俄国，真是百孔千疮，士兵们被强迫到前线为侵略战争当炮灰，老百姓饥寒交迫，奄奄一息。可是，沙皇统治阶级却根本无视全国人民处在水深火热之中，继续倒行逆施。当时，他们迫不及待地要修通通往北方港口的铁路，并保证在五个月内，即 1917 年到来之前通车，以便从西方帝国主义手中获得大量军事援助。就在这时，修建这条铁路的工人展开了罢工，可是沙皇政府却从中国招来一批华工，因此，如何争取华工与俄国工人并肩反抗沙皇政府就成为当时布尔什维克燃眉之急的革命活动。由于布尔什维克的领导与影响，参加筑路的华工不仅与俄国工人一道卷入罢工斗争，而且最终与俄国工人一道参与了十月革命。作品透过这一事件，不仅体现出中俄两国无产者的战斗精神，而且使人们感受到俄国从世界大战期间到十月革命之间，那种时代浪潮的汹涌澎湃和急骤地向前发展。正由于作品所安排的事件反映出当时俄国国内外阶级斗争的曲折性、复杂性和尖锐性，因之，作品就具有强烈的时代感，作品所反映的生活就具有一定的深度和广度。这些都是作者强烈的无产阶级感情和高度的国际主义精神与对生活的洞察力以及概括力分不开的。由于作品中的戏剧冲突反映出当时社会生活和斗争的曲折性、复杂性和尖锐性，作品中所赋予的情节发展，也就显得是一波未平，一波又起，一波刚平，一波突起，具有回环曲折，跌宕多姿之妙；加以有许多“柳暗花明”之笔的点染，就使全剧的戏剧色彩显得更加绚烂和具有很强的吸引人的艺术力量。

全剧的语言也是十分具有特色的，不同的人物性格都有恰如其分的不同的语言。这些语言都是“来自肺腑，出于衷肠”，而且音节铿锵，气韵生动，显得十分鲜明，十分突出。从中也可以看出作者在这方面所下的苦功力。

这个剧本还塑造出各色各样具有鲜明性格的人物形象，有正面人物和反面人物，有中国人，也有俄国人。这里不打算全面分析所有这些人物，仅举其中几位来谈谈。

在中国人的形象塑造中，作品着重刻画的是大胜、郭老九和王三这三个人物。大胜是这个作品中塑造得比较丰满而有深度的人物。他是旧中国苦难的劳动者的典型形象。由于他身负着旧社会的千斤枷锁，他憎恨一切反动统治势力，渴望解放，可是却找不到出路。后来，在安东诺夫的耐心教育下，他受到了俄国无产阶级教育，才走上革命的道路。正因为他遭受的痛苦非常深重，而始终找不到道路，因之，他的觉醒就难免有一段曲折而复杂的过程，而当他一旦觉醒后，就朝着无产阶级的伟大革命目标，奋不顾身地前进。作品对这个人物的成长是描绘得淋漓尽致，感人肺腑的。这个形象是劳动人民中富有革命英雄气概的人物，也是无愧于接受列宁教导而成长起来的无产阶级忠诚的儿子。他的性格与郭老九和王三都不同，或完全相反，他非常深沉、刚毅，而这种性格色彩是通过如火如荼的阶级搏斗中展现出来的，因之是一个有血有肉、十分鲜明的艺术形象。

这个剧本在刻画人物形象时，往往善于采用鲜明的对比手法，通过一件事情将正反面人物的不同性格和精神面貌同时表现出来，给人留下极为深刻的印象。如大胜斗熊一场戏就是一个出色的例子。俄国总管要逮捕大胜，原是企图割断布尔什维克与华工的联系，并且进而将布尔什维克一网打尽。在大胜被捕后，总管对之采取了种种毒刑，可是都成泡影。这样，才产生了总管想利用野兽来制服大胜的一场戏。从剧情发展上看，这场戏又登上另一个高峰，从冲突上来看，敌我双方的斗争又更加紧张、深入一步。特别是总管为了要制服大胜，竟然采取了这种惨无人道的行径，使人们不由得联想起罗马时代的斗兽场，想起古代残暴的统治者采用斗兽来残害奴隶的滔天罪行，思之真是令人发指！而大胜这个英雄形象即使在这种酷刑面前，依然不向反动派低头，不暴露他与安东诺夫的关系。他这种英雄气概就鲜明地体现出堂堂的中国无产者，为了反抗反动派，维护中俄两国无产者之间的战斗友谊和团结，在任何狂风暴雨的袭击下，都是始终临危不惧的！

郭老九这个人物是江湖艺人出身，他的一言一行都有江湖艺人和江湖义士的特色，使人如闻其声，如见其人，而且富有鲜明的民族色彩。

当王三叛变投敌后，不是大胜，而是郭老九挥刀对着王三当头砍下；以及他在罢工斗争中，卧轨壮烈牺牲。这些戏尤其动人心弦，令人难忘。

王三这个人物也有其较鲜明的面貌和性格特征。他见钱眼开，甚至不惜出卖拜把兄弟。这个民族败类的卑鄙、丑恶形象，从悬崖结义到堕落成无耻之徒，其变化的轮廓也是有迹象可寻的。最后，大胜在悬崖上举刀要砍死王三以祭奠死难的俄国弟兄，王三当时假惺惺地骗取到大胜的怜悯，并进而恩将仇报，举刀要砍死大胜。作品这一笔告诉我们，对阶级敌对分子，是绝不能姑息养奸，徒贻后患的！

对俄罗斯正面人物形象的刻画，如大胡子安东诺夫、安德烈老爷爷，甚至加丽娅和谢苗，都十分动人。特别是大胡子这个人物的塑造具有独特的艺术色彩，他既是一个坚强而成熟的革命活动家，又是一个传奇式的英雄人物。他对待华工的觉醒表现出极大的耐心，力图让他们自己来解放自己，但在紧要关头，又善于当机立断，拔刀相助。虽然作品中着重表现的，是安东诺夫如何耐心而真诚地帮助中国无产者获得解放，而在他的整个言行中却贯串着列宁式的无产阶级国际主义精神，正如他对大胜说的："对，中国的，俄国的，世界上一切被压迫人民解放的事情，他们都关心！"

"只要地球上还有一个被剥削、被奴役的人，只要旧世界的锁链还有一个环节没有被打碎，那么，他们的心就不会平静！他们就不会放下武器，停止战斗！因为他们的理想是：让'鲜红的太阳照遍全球'！……"

这些都表现出一个无产阶级革命活动家崇高的精神面貌和坚定不移的革命性。

安东诺夫化装成神父，去见总管，并给予他一定的惩治，是富有戏剧性和带有惊险色彩的。有人说，这是一部史诗样式的作品（是否完全是史诗样式，还可以讨论），其中穿插这种惊险的笔调，似乎在风格上显得不够协调。我想艺术风格主要应决定于作品所反映的生活内容，像《无产者》这样以史诗样式为基调，其中点染一定的惊险色彩，并且自成一格，是无不可的，这正是这部作品特有的风格所在。所谓自成一格，就是说其中的惊险情节并非出于人为和外加的，而是由于情节发展必然的结果，作品中的史诗样式是与惊险色彩水乳般交融在一起的。从剧本中，我们可以看到，当时大胜危在弹指之间，安东诺夫所以要出奇制胜，化装成神父去见总管，一方面是由于特定环境所使然，因为他当时是从事地下革命活动，不便公开露面，另一方面，也同时表现出安东诺夫的机智勇敢和无产阶级的革命气概。所以我觉得这样处理还是十分协调的。在这场戏中，一些动作和对话也是非常动人的，如：

总管望了望门口，决定采取拖延时间的战术，微微一笑："亲爱的阿辽沙，想当年，我们怀着多么高尚的热情，一道追随着列宁同志……"

"住口！"大胡子拍案而起。

这雷鸣似的怒吼声，一下把总管从沙发上弹了起来，他颤抖着，现出一副奴才的可怜相。

大胡子抓住他的衣领，旧恨新仇涌上心头，怒骂道："你用无产阶级的鲜血填肥了你的肚子，你这个革命叛徒，沙皇的奴才，资本家的走狗！你竟敢侮辱列宁这个神圣的名字……"

这段话有力地体现出无产阶级革命者的声音，这是对沙皇的奴才，资本家的走狗宣判死刑的声音！在这段描写中，一个伟大的无产阶级革命活动家的形象和一个卑鄙无耻的叛徒的嘴脸，是形成了如何强烈鲜明的对照！不难看到，像这样的情节，如果轻易加以舍弃，恐怕将会削弱作品的主题思想、人物形象塑造、艺术色彩和浓郁的生活气息的。

安东诺夫与加丽娅和沃洛加的关系的安排，也是富有传奇性的。安东诺夫由于奔走革命，与幼小的加丽娅和沃洛加分离，他的妻子曾将这两个小孩寄养在安德烈家。据说安东诺夫在逃跑中牺牲，后来他的妻子也因运送炸药被捕殉难。但是，安东诺夫还活着，后来还接受党的命令来安德烈所在地进行秘密的革命活动，而他的女儿加丽娅也已长大成人，并且在从事同样性质的活动。虽然父女之间在工作上有接触，并且曾两次都几乎有可能水落石出，真相大白，但均因故而不能使得父亲与子女的关系得到明确，重新团聚。这种若即若离、将连忽断的表现手法，始终引起人们对他们的密切关心，而且作品把这条线索巧妙地与主要情节交错在一起，所花篇幅也不多。值得一提的是，直到安东诺夫牺牲前，他们还没有机会团圆，畅叙阔别之情，最后安东诺夫留给孩子们以遗嘱。这种艺术处理使人感到安东诺夫虽死犹生，无产阶级的革命事业代代相传，是出人意外，激动人心，而且意味深长的。

安德烈老爷爷这个艺术形象也很饱满，并富有俄罗斯人敦厚的性格和幽默感。他的一言一行都使我们联想起令人尊敬与爱慕的俄罗斯长者。他的谈吐很有风趣，他一心向往于“世界规模”的事业，为了这个崇高的事业，他忍受了一切苦痛，甚至由于一时误解还曾挨过华工的痛打，可是他从未动摇过自己的信念。最后，他还为了这个崇高的事业而牺牲了自己宝贵的生命。作品在塑造这个人物时，既写出他老当益壮的英雄本色，又赋予他天真、幽默和风趣的色彩，给人留下非常深刻的印象。

小福子与沃洛加这两个中俄小家伙，也写得活灵活现，他们不仅随着长辈从事革命活动，通风报信，参加斗争，而且两人之间也建立起战斗的友情，交换了自己各自心爱的东西。在十月革命后，他们两人也站在战斗的行列中，体现出中俄无产者的革命精神和战斗友谊在下一代中生根开花，使人看到了革命的前途与发展，而为作品增色不少。

在俄罗斯的反面形象中，总管这个人物是塑造得比较深刻的。他在1905年以前曾经参加革命，后来叛变投敌，这个人物的设计就反映出革命的复杂性。表面上，他好象是个人道主义的“卫道士”，实际上，他是个极端野蛮、残酷的沙皇反动统治阶级的忠实奴仆！这从他迫使大胜斗兽；在罢工中血洗无辜的工人群众，甚至不管是老年人或小孩；以及革命装甲火车活活压死安德烈和郭老九这些地方可以鲜明地感受出来。如前面所提他在安东诺夫面前的表现，则是一个极端卑鄙、无耻的家伙。按照他自己的说法，活着就是一切。所有这些，都表现出这个人物的复杂心灵，活画出一个反动统治阶级忠实而狞恶的走狗的典型形象。

读了这个剧本，我一方面感到非常兴奋，其中有不少东西值得我们学习；另一方面，我还有一些不成熟的意见和看法。现在看来，这个剧本由于人物众多，事件复杂，情节曲折，作为一个电影剧本来看，有些地方似乎显得冗长了些，而另一些地方又显得还不够饱满，或是交代不清，针线不密。例如总管原想采取斗兽的酷刑，以期制服大胜。在这种情况下，大胜是有可能被野兽伤害致命的。果真如此，那总管原欲通过大胜，进而将布尔什维克一网打尽，这种阴谋岂不落空？虽然作品中也曾提到总管对加丽娅也有所怀疑，也有可能通过她来打击布尔什维克或者采取别的措施，但是，现在看来，作品对总管这些诡计的步骤和层次，是写得不够清楚的。其他，有些则因文字与电影的表现方法不同，文字可看懂，在电影上却不易看懂，也有待于调整。在人物形象塑造、语言的运用和细节的选择等方面也还有某些地方值得作进一步的推敲。

大胜这个人物形象塑造，基本上是真实、鲜明、生动而有一定深度的，但他的性格色彩好像稍嫌单调些，作品除了突出地描绘出他性格上的刚烈一面之外，对这个人物性格的多方面和丰富多彩的内心世界，则表现得稍为弱些。他在斗争中的成长，从大的方面看，是有层次的，但还写得不够细腻，而安东诺夫对他的教育和影响也似还可以加强。现在看来，他的觉醒也还写得迟了一点。由于他是剧中的主要人物，如何集中更多的篇幅来丰富与提高这个形象，应是值得考虑的。大胜的某些语言，如被鞭笞时的内心独白："中国人啊，中国人！哪一天，哪一天你才能直起腰杆，像个人一样地站起来，谁也不敢欺侮你？……"虽然有激情，有诗意，但这样的表现方法，如处理得不好，就易感做作，不自然。

某些细节，如长命锁的穿插，当大胜在他爹的墓前回溯往事时，他双手捧着"长命百岁"锁，这是比较有特色而动人的。可是，当他在斗争中成长起来以后，并领导华工举行罢工，人物的精神世界和思想境界开阔了，但在一个静静的夜晚，他在依万家中坐在床上，还捧着："长命百岁”锁进行回忆，似乎就值得考虑。“长命百岁”锁是我国封建社会遗留下来的一种具有封建意味的装饰品或纪念品，大胜这时还借之回溯往事，这与这个人物现有的精神面貌就令人觉得是不甚吻合的。

郭老九是应该写成一个纯江湖艺人呢，还是写成主要是一个劳动者，在劳动之余，也爱好技艺？我觉得也是可以考虑的。因为旧俄的反动统治者“买”的是他的劳动力，而不是他的“技艺”。但是，不管依据哪种类型来刻画这个人物，似乎都有必要加强他积极的一面。

郭老九是个江湖艺人，走南闯北，饱经沧桑，因而这个人物有时候有点软弱、忍让，含怨贪生，是可以理解的，但这只是这个人物性格的一个方面。这个人物性格还有另外一方面，就是当年闹义和团，他曾抡起大刀，砍得那些侵略中国的洋鬼子哇哇叫，也是一条好汉。而剧本对他的这一方面就描绘得很少。他最后与安德烈一道卧轨，为无产阶级的革命事业而壮烈牺牲，令人肃然起敬。但是，这个人物如何由一个普通的艺人或劳动者，在革命斗争的烈火中逐渐锻炼成长为一个无产阶级的英勇战士，则缺乏清晰而有力的描绘。如果剧本在塑造这个人物的成长时，找到他循序前进的阶梯，这个形象就会更加真实、生动而深刻些。特别是当他被大胜误解时，自己含冤受屈，无地自容，竟然企图举刀自刎，对这个人物的落后面着色这么重，恐怕其必要性是不大的。而且，他独自对空拜托大胜三件心事，但大胜并不在场，这种描写也显得虚幻与不真实。

对于王三这个叛徒形象的变质过程，如果能适当地描写出其中的层次，不仅会使得这个形象更加真实可信，鲜明动人，而且还会有助于加强戏剧冲突的复杂性……

剧中最后出现十月革命的场景，是十分激动人心的。但如能通过十月革命看到大胜在人物性格上的成长，而不只表现了那个轰轰烈烈的场景就更好。此外是，作品所表现的只是一个侧面，而十月革命则是一个震撼全世界和全俄国的伟大的革命斗争，即使是场景我意也应表现得更加波澜壮阔些！

想起伟大的十月革命，人们总是很自然地要想起了伟大的革命导师列宁，因此到此时出现一下列宁的形象，我觉得既有其必要，对广大观众也将是一个莫大的鼓舞！

作为一个电影文学剧本，《无产者》已经有了良好的基础。虽然尚有不足之处，但应是可喜的收获。我想作者在多方听取和参酌大家的意见之后，在某些方面作些丰富、润色，而使某些章节和语言更加洗练些，是会成为一个十分优秀的剧本，并起到更大的教育作用和满足人们更好地欣赏艺术。在此，预祝这作品获得更大的成功！

结束语

陈荒煤：

大家对这个剧本提出了很多很好的意见，这些意见肯定对剧本的提高有很大的帮助。通过这个座谈会，可以看到，我们的意见基本上是一致的。

我们都感觉到，东生同志以非常饱满的政治热情来从事这个剧本的创作。这种热情使得作品气势磅礴，反映了我们这个时代的战斗精神。这个作品是一首“全世界无产者，联合起来！”的颂歌，是一首反对帝国主义斗争的颂歌，是一首中苏人民伟大友谊的颂歌。

作者充满一种革命乐观主义的精神，歌颂了苏联布尔什维克党员的英雄形象，苏联普通劳动人民英雄形象，中国劳动人民的英雄形象，以及中苏人民之间的战斗友谊。正是由于作者对十月革命、苏联布尔什维克党、苏联人民的热爱，以及对中苏人民友谊有极大的珍视和关怀，才能产生这个剧本。

艺术终究要通过形象来表现，作者的热情，总是通过他所创造的人物来体现。东生同志在作品中创造了好些生动鲜明的形象，如像大胜、郭老九、大胡子安东诺夫、安德烈爷爷、加丽娅等等。如果作者不热爱这些人物，就不可能满腔热情地歌颂他们。作者不以自己的热血沸腾的情感灌输在这些人物身上，这些人物就不可能获得真正的艺术生命——真实动人。

所以，我觉得，这个剧本有两个很大的优点：

第一，它表现的主题和题材是符合历史的真实的。剧本正确地反映了十月革命前夕布尔什维克党的斗争，是他们领导了中国工人参加革命斗争。中国工人确实在布尔什维克党的领导下，从自发的斗争中，终于自觉地与俄国无产者站在一起，共同进行了革命斗争。而且，中国工人一旦觉醒过来，就坚决地、勇敢地和俄国人民站在一起，投入了十月革命的洪流，为建立与保卫苏维埃政权而斗争，流血牺牲在所不惜，表现了无产阶级国际主义精神。

第二，作者写出了几个真实可信的普通劳动人民的英雄形象。他们在革命斗争中，逐渐成长起来，他们这种无产阶级兄弟的真挚感情、崇高的国际主义精神，是很动人的，他们的品质和风格也是非常崇高值得人们崇敬的。

这个剧本自然也有些缺点，作者第一次创作电影剧本，不太熟悉电影的表现方法，又是表现这样一个重大的题材，概括一个历史时代，人物众多，有些缺点是难免的，这些缺点也是次要的；我相信，作者听取了大家宝贵的意见，经过修改后，是可以再提高一步的。

中苏两国人民在十月革命的道路上用鲜血凝成的伟大友谊，体现了真正无产者联合起来的国际主义精神，应该通过电影这种重要的艺术形式表达出来；这对于中苏两国人民、对全世界革命的人民，都是一个不可缺少的纪念，也是不可缺少的生动的教育。我们希望大胡子安东诺夫这种无产者的精神永垂不朽！

（1963 年第 2 期《电影艺术》）

话剧剧本

路，洒满鲜血

人　物

列　宁
斯大林
大　胜
大胜父
郭老九
小福子（郭老九的儿子，十三四岁）
王　三
金大叔
莽　子
山东大汉
天津人
李老好
华工群众若干人
大胡子
安德烈爷爷
金娜奶奶
加丽娅

沃洛加（加丽娅的弟弟，十三四岁）

依　万

手风琴手

安娜大婶

玛　莎（安娜的女儿，十三四岁）

俄国工人、赤卫队员、群众苦干人

总管戈尔洛夫

总管夫人

英国顾问

宪兵队长

尼可莱

谢　苗

大　柜（中国包工头）

俄国宪兵、哥萨克若干人

场　次

序　幕：1916 **年夏天，俄国北方。途中**。

第一幕：**人和魔鬼**。

第一场：白夜。俄国工人铁路工地旁。

第二场：距前场若干天。华工区，悬崖边。

第二幕：**铁丝网**。

第三场：第三天早晨。总管客厅。

第四场：当日黄昏。华工棚外。

第三幕：相同的苦难。

第五场：数日后。坟前。

第六场：次日晚。安德烈爷爷家中。

第七场：第二天晚上。酒馆。

第四幕：**阴谋**。

第八场：若干天以后。景同第二场。

第九场：同日后。景同第三场。

第十场：数日后。景同第三场。

第五幕：我们的路修通了。

第十一场：距前场若干天。石洞。

第十二场：1916 年除夕之夜。景同第二场。

尾　声：1917 年十月革命胜利后不久。彼得格勒·斯莫尔尼宫门前。

一条巨大的锁链，在烟雾中激荡着。

《国际歌》的声音，像从遥远的天边奔腾而来的千军万马，冲破了重重黑暗，打破了死一般的沉寂。

猛一声，好似山崩地裂——锁链被挣断了！轰然烧起血红的火，昂然响起悲壮的歌。

火光烟影之中，缓缓举起了由各种肤色的手臂交织而成的“擎天柱”，慢慢出现了三个黑色的大字：**“无产者”**

序　幕

〔1916 年夏天。俄国北方。〕

〔老林阴森。〕

〔远处传来一声熊吼。〕

〔三个沙皇士兵，端着亮闪闪的刺刀，快步走过。〕

〔接着：如从天际飘来似的，轻轻响起了《苏武牧羊》的乐曲声，缓慢，深沉。〕

〔华工的行列出现了。他们饥寒交迫，疲惫不堪，在迷蒙的雾气中走着，走着……〕

〔宪兵队长扬着皮鞭，吆喝着：“快点！快点！”〕

〔华工们的脸上现出痛苦和愤怒的表情。《苏武牧羊》的乐曲声悲愤激昂，深深地震撼着人们的心。〕

〔一阵狂风吹过。雾散了。人们茫然凝视远方。〕

金大叔：有财哥，咱这是到哪儿啦？

大胜父：北极圈……

金大叔：咱就在这儿修铁道？

大胜父：……（摇晃着倒下）

金大叔：有财哥！

〔宪兵队长跑来，向大胜父举起了鞭子。〕

队长：起来！黄奴，该死的黄奴！

〔众人求情："老总，他病了。""长官，他实在走不动了。"……〕

〔大胜背李老好上，见有人被打，放下李老好，奔向前去。忽然，他倒退半步，扑倒在老汉身旁，大叫一声："爹！"〕

队长：滚开！

大胜：（恳求）老总，老总……

队长：（不予理睬，举鞭打下）……

大胜：（跳起，怒吼）老总！（一手接住了闪电般落下的鞭子，和宪兵队长怒目相望着）。

〔郭老九赶来，急忙松开了大胜的手。〕

郭老九：（拱手陪笑）长官，请您高抬贵手。我们华工远离家乡，来到你们俄国……

队　长：（气咻咻）呶，呶，滚——开！

〔台侧传来一阵枪声。众惊。〕

队　长：（举枪狂呼）不许乱动！

〔哥萨克骑兵急上。〕

哥萨克：报告，队长大人！后边有一群华工逃跑了！

队　长：追！快追！（急下。马蹄声远去。）

〔《苏武牧羊》的乐曲声，重又轻轻响起。〕

大胜父：（潸然泪下）大胜，爹这把老骨头，恐怕要丢在这儿了！

大　胜：爹！……

金大叔：（抹泪）有财哥，你可千万别往坏处想呀！……

郭老九：小福子，拿酒来！（接过酒葫芦向大胜父）胡大叔，喝口家乡酒，暖暖心吧！保您酒到病除。

大胜父：（一把拉住他的膀子）郭老九！

郭老九：胡大叔！

大胜父：大胜这孩子为人厚道，可就是太莽撞，求你往后多多照应着点……

郭老九：这个您放心，大叔。常言道，在家靠父母，出门靠朋友，何况如今又到了外国……

大胜父：老九，我信得过你！这口酒我喝了！

郭老九：乡亲们，大伙都来喝口家乡酒吧！唉声叹气有啥用？常言道：船到弯头自然直，天无绝人之路啊！金大叔，来，喝一口！

金大叔：唉，瓜儿不离秧，孩儿不离娘。穷家难舍呀！（喝酒）喝下这口酒，咱又像回到了中国，回到了家乡。王三，喝吧！

王　三：（接过酒葫芦）唉，人为财死，鸟为食亡。洋财发不了，小命还要赔掉，划不来，划不来啊！（喝酒）

大　胜：（声如闷雷）咱叫洋人给骗了！

〔群情激愤："是啊，洋老板把咱们骗啦！""在哈尔滨招工的那会儿说得多好听，可如今……唉！"〕

郭老九：（慨叹）唉，想当初……

大　胜：咱就不该来！

郭老九：（苦笑）嘿嘿，老弟，不到这儿来，又往哪儿去呀？天下虽大，可哪有咱们穷人落脚的地方啊！……

〔宪兵队长气呼呼地上。金大叔见势不好，急下。〕

队　长：告诉你们，谁如果再逃跑，那就像刚才一样，或者枪毙，或者绞死，明白吗？（逼近大胜）至于你……

郭老九：长官，请您多多包涵……

队　长：少说废话！（掏枪）

〔大胜怒不可遏，挺然而立。〕

队　长：（狞笑）好！英雄，可爱的英雄！

〔张大柜乘轿上。金大叔引着他，急急走向宪兵队长。〕

大　柜：（作揖）队长老爷，小的向您请安！来迟了一步，对不住，对不住。（怒斥身边华工）滚到一边去！

〔华工们退至台侧。〕

大　柜：（耳语）队长大人，修铁路要紧！你们总管老爷等着用人哪！这帮穷小子不好对付。路上走了一个多月，大伙吃了不少苦，心里都憋着一肚子气。眼看着就到了，要是半路上惹出乱子可就麻烦了。现在对他们客气点，到时候再……（作卡住脖子的姿势）嗯？（斜眼望见郭老九，灵机一动）郭老九，你这个在江湖上卖过艺的，还不快给队长老爷耍两套开开心、消消气，嗯？听见没有？

郭老九：（忍辱含愤）听见了！

大　柜：那还不快点?!

大　胜：（抓住郭老九）你不能……

郭老九：没关系。为了朋友……小福子，拿刀！（接过大刀，耍了几个招数）

队　长：哈哈！神奇的刀，耍得好，好！（掏钱给大柜）呶，赏给他十个金币。

大　柜：是，是。

〔郭老九断然推开大柜的手〕

郭老九：（向队长）先生，多谢您夸奖。（豪迈地走开）

大　柜：哼，不识抬举的东西！（向华工们）还不快给我赶路！〔华工们又上路了。一团雾气滚滚而来，遮没了一切。〕

——灯暗，幕落。

第一幕　人和魔鬼

第一场

〔白夜。〕

〔铁路工地旁。一片森林，苔原、沼泽。淡淡的雾气，像一缕缕轻烟冉冉升起。天际一抹红霞。远处可见乡村教堂的剪影。铁路从林中伸出。路旁隐现着无数的十字架。〕

〔篝火冒着余烟。〕

〔俄国工人们——老人、妇女和少年——默默地向远处望着，望着……华工的行列在他们眼前缓缓而过。不断传来宪兵的吆喝声："快点！快点！"〕

金娜奶奶：〔无限同情地〕愿上帝保佑他们！〔画十字〕

安娜大婶：金娜奶奶，中国离这儿有多远呀？

金娜奶奶：我想，安娜，总有一万多里地吧？

安　娜：我的天！

依　万：（愤愤地）那些俄国宪兵，对待我们的中国弟兄，就像对待俘虏和囚犯一样……

安德烈爷爷：是呀。我很同情他们。可是……

依　万：可是什么？

爷　爷：（忧虑地）我们的罢工……

〔总管悄悄上，谁也没有发现。两名哥萨克站在他身后。〕

尼可莱：唉！他们来了，我们完了……

总　管：〔洋洋得意〕完了，你们的歌唱完了，亲爱的朋友们！（用手指头弹着肥胖的肚子）罢工罢了五十天，哈哈，怎么样？这位朋友说得好，他们来了，你们完了……现在，我命令你们，无条件投降！

依　万：对不起，总管先生，在我们无产阶级的字典里，您永远找不到"投降"这个词儿！

手风琴手：是的，您永远也找不到的！（拉起手风琴）再见，总管先生！

〔工人们唱着歌，渐渐远去。〕

〔总管望着他们，气得浑身发抖。〕

〔马车声近。总管夫人上。女仆加丽娅拉着她的裙裾。〕

夫　人：啊，亲爱的，让我祝贺您！

总　管：谢谢您，我的夫人。

夫　人：华工来了，铁路很快就会修通的，是吗？

总　管：是的，娜塔莎。中国人是以勤劳闻名于世界的。

夫　人：（陶醉地）啊，您看，白夜，多么美妙的白夜呀！……

〔谢苗持电报急上。〕

谢　苗：老爷，公爵大人从彼得堡发来了急电！

夫　人：（抢过电报）今天是我的命名日，一定是爸爸的贺电……（念电报）“顷接沙皇陛下命令，内称……”

总　管：（抢读电报）“……前线形势急剧恶化，布尔什维克气焰嚣张，政府急需西方盟国大量军事援助，望立即利用一万名华工，火速抢修铁路，务于1916年内通车。如若再有延误，定将把你送交军事法庭，严加惩处！”

……（用手帕揩了揩汗，继续念）“另据可靠情报，布尔什维克已派人前往北方，煽动工人罢工，破坏铁路工程，他的姓名是阿历克赛·安东诺夫……”啊！（大惊失色，电报落地）

〔灯光集中在加丽娅的脸上。她痛苦地轻声自语：“阿历克赛·安东诺夫？……”向总管投去愤怒的目光。〕

夫　人：谢尔盖，你怎么啦？

总　管：啊，没有什么。您先回去休息吧，夫人。天都快亮了。

夫　人：再见，亲爱的。

总　管：再见，夫人。

〔夫人下，加丽娅跟下。〕

〔宪兵队长急上。〕

队　长：报告，总管大人，一群俄国老头和妇女给华工送饭送水，而华工对他们也很亲热……

总　管：立即把他们赶走！分开！

队　长：是！

总　管：我再一次提醒你注意，队长先生，中国工人和俄国工人必须隔离，完全隔离。

队　长：是，大人，完全隔离！

〔转暗。〕

〔三天后。夜。远处燃着一堆堆篝火。随风传来华工们紧张劳动的声音。〕

〔安德烈爷爷坐在篝火旁，望着华工工地，万分焦急。〕

〔加丽娅上。沃洛加从树后奔出："姐姐!"〕

爷　爷：(伸开两臂）加丽娅!

加丽娅：你好，爷爷!（和他拥抱。）

爷　爷：你好，孩子!（挥手要沃洛加到树后去。）

加丽娅：(小声）彼得堡的人来了吗?

爷　爷：(沉重地）没有。等了他两天两夜啦！大家都非常着急。

加丽娅：总管派出了许多暗探，到处在寻找他的足迹。你们可要小心呀!

爷　爷：嗯。总管怎样？华工来了，他很得意吧?

加丽娅：是呀。看见他那副神气，我真想一刀把他杀死!

爷　爷：加丽娅！你……你怎么又有了这种危险的念头?

加丽娅：不是又有，而是一直就有。

爷　爷：孩子，你暂时应该忘记……

加丽娅：不，我一天也没有忘记！十年前他出卖了我的父亲……

爷　爷：你应该把仇恨深深地埋在心里！明白吗？我的孩子!

加丽娅：爷爷，我明白。只是有时候……（低下头，忍不住流泪。）

爷　爷：(抚摸她的头发）加丽娅，加丽娅！我了解你……

〔传来手风琴声、人声。〕

加丽娅：(毅然站起）我走了，爷爷。再见!（下）

爷　爷：再见!（垂下手）唉！……

〔依万等上。〕

依　万：安德烈爷爷，彼得堡的人怎么还不来啊?

手风琴手：大家的情绪很不好……

俄工甲：华工白天黑夜地在修铁路，我们该怎么办啊!

〔沃洛加从树后探进头，吹了一声口哨，人们立刻围在篝火旁，轻声歌唱。〕

〔宪兵上，用目光搜寻着。〕

宪　兵：呶，朋友们，日子过得怎么样？感觉还好吗？华工抢走了你们的饭碗，这实在是一件令人遗憾而又痛心的事。我很同情你们，是的，非常同情。赶快复工吧，朋友们！再见。祝你们夜安!（下）

手风琴手：（气愤地）呸！见鬼去吧！

爷　爷：（焦急地）怎么办，依万？

〔传来女人的尖叫声。尼可莱一手拿着酒瓶，一手持着木棍，追打老婆上。〕

爷　爷：（拦住尼可莱，痛心地）哎嘿，尼可莱！又酗酒，又打老婆，难道你就不害臊吗？

尼可莱：害臊？哈哈哈！我……我问你，罢工为……为了什么？为了活着！活着又为……为了什么？为了这个（用手指在脖子上弹了两下——这是俄国人表示喝酒的意思。）

依　万：（逼近他）呶，呶，败类！

尼可莱：败类？哈哈哈！（嘲弄地）同志们，我们的罢工胜利了，乌拉！全世界无产者联合起来，乌拉！

依　万：住口！（举拳欲打，被爷爷止住）

尼可莱：（冷笑）斗争呀，革命呀，呸！统统见鬼去吧！我只要肚皮！只要活着！至于怎样活着，活着又怎么样，那对我都无所谓！嘿嘿，对不起，同志们，我要上工去了！而且，顺便说一句，华工抢走了我的饭碗，我饶不了他们！再见！（下）

依　万：站住！（欲追，被爷爷抓住）

爷　爷：随他去吧！

〔依万等坐下，低头不语。〕

爷　爷：（仰天长叹）唉，上帝呀，上帝！

〔大胡子从树后闪出。一位猎人跟随着他。〕

大胡子：（满面春风）愿上帝永远保佑您，老爷爷！

爷　爷：（惊起，上下打量）请问，先生，您是干什么的？

大胡子：您看，老爷爷，我是个打猎的。

爷　爷：这么晚您还打猎呀，先生？

大胡子：对于一个真正的猎人来说，白天和黑夜是没有什么区别的，您说不是吗？

爷　爷：嗯……一般地说，您喜欢在哪儿打猎呢？

大胡子：那可没有准儿。今天在这儿，明天在那儿。哪儿有野兽，就在哪儿打。

爷　爷：那么，先生，您喜欢打什么野兽呢？

大胡子：东方的狮子，西方的老虎，南方的豹子，北方的狗熊。

爷　爷：啊，这么说，先生您是干着一件……

大胡子：（压低了声音）“世界规模”的事情，哈哈哈！

爷　爷：（抓住了他的膀子）啊呀呀，年轻人！到底把你盼来了！（和他热烈拥抱）

〔依万等喜出望外，纷纷和大胡子拥抱，握手。〕

爷　爷：沃洛加，你去好好看着，眼睛睁得大一点，有了动静，小腿跑得快一点！明白吗？

沃洛加：明白啦，爷爷。（下）

〔众人围着篝火，在大胡子身旁坐下。〕

爷　爷：请问，该怎么称呼您呢？

大胡子：我叫符拉基米尔·瓦西里耶维奇·连斯基。

爷　爷：简单点，就叫大胡子吧！看你那一脸……哈哈哈！

依　万：路上辛苦了！

大胡子：没什么！

爷　爷：年轻人，您要是再不来，我可真要找上帝诉苦去啦！

〔人们笑起来。〕

依　万：嗳，你先说说，彼得堡那边怎么样？

爷　爷：全国的事情怎么样？

大胡子：到处都跟你们这儿一样……

爷　爷：跟我们这儿一样？（耸肩）唉，那可就糟啦！

手风琴手：我们这儿的事情很不妙啊！

爷　爷：总管每天下命令要我们复工。这些你都知道吗？符拉基米尔·瓦西里耶维奇？

大胡子：知道，知道。我都听说了。

〔人们沉默，等待着。〕

大胡子：好吧，同志们，首先请允许我向你们转达彼得堡无产阶级的问候和敬意！你们进行的这场英勇的斗争胜利了！

爷　爷：胜利了？（耸肩）不明白，一千个不明白！

大胡子：你会明白的，安德烈爷爷。目前，全国的形势很好。人民活不下去了。整个俄国都冒烟了！沙皇政府急着要把这条铁路修通，好把外国的枪炮运到俄国来，继续这场狗咬狗的帝国主义战争，同时镇压我们的革命，屠杀我们的弟兄。可是，敌人的计划一次又一次地破产了！直到今天，铁路还没有修通。所以说，同志们，你们的斗争胜利了！事实难道不是这样么？

依　万：是这样！

大胡子：现在，敌人想利用中国工人，在五个月以内，就是说，在1917年到来之前，修通这条铁路。我们说，不！华工弟兄们也将要说，不！因为，同志们，华工是我们的人！……

爷　爷：我们的人？不明白，一千个不明白！请问，符拉基米尔·瓦西里耶维奇，他们为什么要到俄国，帮助敌人修铁路，破坏我们的罢工？这还叫“我们的人”嗯？怪事，怪事，我明儿就写封信去问问马克思！

依　万：（忍不住笑）哈哈哈！

爷　爷：（微怒）依万，你笑什么？

大胡子：老爷爷，马克思他老人家早已不在人世了。

爷　爷：（耸肩，画十字）真可惜……好吧，我要请求列宁去问问中国的布尔什维克党，他们到底是为什么……

〔手风琴手、依万等大笑起来。〕

爷　爷：（气极）你们笑什么？这是政治，政治！

大胡子：非常遗憾，老爷爷，中国还没有布尔什维克党呢！

爷　爷：（耸肩）真可惜……好吧，符拉基米尔·瓦西里耶维奇，请你告诉我，关于中国人，我们的列宁说了些什么？

大胡子：列宁说，中国人民是真正伟大的人民，他不仅善于悲叹自己成百年的奴隶命运，不仅善于梦想自由和平等，而且还善于同压迫者作斗争！……

爷　爷：（复诵）真正伟大的人民……不但善于梦想自由、平等，也善于同压迫者作斗争……

大胡子：（回忆地）是呀，列宁同志说得对极了！我亲眼看见的中国人民，正是这样。

爷　爷：怎么，你到过中国？

大胡子：是的，老爷爷。我在中东铁路上当了七年火车司机，当我们俄国工人举行罢工的时候，中国工人弟兄多么热情，多么英勇地跟我们一起斗争，一起挨饿。我们用不同的语言喊着同一个口号，唱着同一首歌……有一天夜里，沙皇宪兵紧紧地追赶着我。一个中国老铁匠把我拉到他家里，关上大门，然后领着我从后门走了出去，把我藏在他的邻居家里。宪兵轰开大门，到处搜查，最后把老铁匠绑在柱子上，用皮靴踢他，用鞭子抽他，可他只是说：不知道！不知道！后来……

爷　爷：怎么样？

大胡子：那些强盗们用刀把他杀死了……

〔传来口哨声。手风琴手拉起手风琴，人们又轻轻哼着一支民歌。〕

〔宪兵队长等上。〕

队　长：你们听着，总管大人下了最后的命令，限你们明天复工，如果再说一个“不”字，那就要像清除垃圾一样，把你们统统解雇！你们自己选择吧！（下）

〔宪兵们跟下。〕

爷　爷：怎么办，符拉基米尔·瓦西里耶维奇？

〔人们期待地望着大胡子。〕

大胡子：（从容不迫）我们可以复工。

爷　爷：（惊叫）什么？

手风琴手：复工，我没有听错吧？

大胡子：（微笑）没有。

爷　爷：不，我们不能复工！

大胡子：情况变了，同志们，我们的斗争策略也必须改变……

手风琴手：可是……

依　万：大胡子说得对。华工来了，即使我们继续罢工，也不能阻止铁路的修建，相反地会给自己带来严重的困难……

大胡子：因此，不如暂时先复工，以便保存力量，准备力量，迎接一场新的战斗！参加这场战斗的不仅有我们的俄国工人，而且将有我们的华工弟兄……

爷　爷：（摇头叹气）唉，难哪，难哪！

手风琴手：总管已经在华工区的周围安上了铁丝网……

大胡子：可怕的不是铁丝网，而是敌人正在我们俄国工人中间拼命地煽起对华工的仇恨。（微笑地）甚至像我们尊敬的安德烈爷爷……

爷　爷：也许，我无形中上了敌人的圈套。不过，我总觉得，未来的这场战斗太艰难、太复杂了…

大胡子：是的，安德烈爷爷，我们面前有着许许多多的困难。但是世界上难道有无产阶级这个伟大的巨人所不能攻破的堡垒，所不能跨越的障碍么？没有，同志们，没有！……精神振作起来！让敌人去高兴吧！时间将会证明，"笑到最后"的决不是他们，而是我们！

爷　爷：（情绪热烈）对！

依　万：那么，当前我们最重要的任务是……

大胡子：想尽一切办法，冲破敌人制造的各种障碍，和华工弟兄拉起手来！

——灯暗，幕落。

第二场

〔距前场若干天，某日正午时分。〕

〔华工区。一条长长的路基，穿过浩瀚如海的森林，伸向远方。右侧是一汪蓝色的湖水，悬崖高耸湖上。左侧乱石林立，树着一道铁丝网。隐隐望见一排工棚。〕

〔随风传来一阵阵夯歌声、伐木声、爆破声……〕

〔一群华工扛着枕木，在俄国监工和中国把头的吆喝声中慢慢走来。宪兵跟着他们上。〕

〔大柜怒气冲冲地上。王三跟着他，央求着。〕

王　三：大柜！大柜！（放下篮筐）

大　柜：（放下枕木）怎么回事？

王　三：大柜，我给弟兄们送饭来着，半路上遇见一个俄国人，把

“列巴”抢了不算，还把我毒打了一顿……

大　柜：我不信！“列巴”准是被你卖了。好吧，不多要你的，一块“列巴”一天的工钱。（向一群华工）没有“列巴”吃。你们找他要！（下）

〔人们气得咬牙。〕

宪　兵：（煽动）怎么样，我说的不错吧？俄国工人恨死你们了！你们抢走了他们的饭碗，他们自然也要抢走你们的“列巴”……我再一次提醒你们，当心！当心！俄国工人是不会饶恕你们的！（下）

〔人们茫然〕

王　三：（痛苦）大胜，我……我可怎么办啊？

大　胜：王三哥，别怕。天是塌不下来的！就是塌下来，大伙也能顶住！（向众人）这顿饭大伙先匀着吃吧。

（把自己的面包分给别人）

（人们望着他，目光里含着无限的尊敬。大家互相分让着面包。俄国监工和中国把头吆喝着：“快！快！”华工们重又背着枕木，艰难地迈着步子下。）

〔王三万分痛苦，忽然望着铁丝网，眉头一皱，逃跑？他左右张望着，从铁丝网里爬了出去。〕

〔少顷，小福子扛着枕木，摇摇欲倒地上。〕

〔大胜迎面奔来。〕

大　胜：小福子，（接过枕木）谁又叫你干活的？

小福子：大柜！他说，我爹病了，要是我不干活。我爹跟我就……就没有“列巴”吃……（抽泣）

大　胜：（替他抹泪）别哭……（传来一阵鸟鸣）嗳，小福子，你听……真好听呀！跟咱们家乡的鸟一样……

小福子：（喜欢）哎，真好听！

大　胜：你打鸟玩去！那堆枕木我来扛。

小福子：不，大胜叔叔，你干了一夜活，这会儿都快晌午了，还没歇着……

〔又一阵鸟鸣〕

大　胜：你听！……

〔趁小福子凝神谛听时，大胜扛枕木快步下。〕

〔小福子举弓搭箭，欲射时，鸟儿啪的一声落地。〕

小福子：（叫起来）大胜叔叔！

〔回头一看无人，惊讶未定，沃洛加从岩石后露出小脑袋。〕

小福子：（发现他）你……

沃洛加：（笑着走出）你好！

小福子：（打量了一会儿，指鸟）是你打死的？

沃洛加：（点头）嗯。

小福子：（望着他手里的弹弓）使这个打的？

沃洛加：嗯。（拾起一个石子，表演给他看）

小福子：嗬，真棒！

沃洛加：你这个……（指小福子手里的箭）

小福子：（射出一箭，一只乌鸦落地）……

沃洛加：好啊！好啊！

小福子：（拾起乌鸦）这是什么鸟？黑不溜秋的……

沃洛加：乌鸦。

小福子：乌鸦。（厌恶地扔下。）

沃洛加：怎么，你不喜欢乌鸦？

小福子：（摇摇头）你呢？

沃洛加：（摇摇头）呶，弹弓送给你！

小福子：（望着手里的弹弓）哎呀！这么好的弹弓，你……舍得？

沃洛加：为了朋友，什么都舍得！（悄悄地）这句话是爷爷教我的。

小福子：（回赠弓箭）给你！咱们交个朋友！

沃洛加：好！

〔两个小孩相互用拇指叩头。〕

沃洛加：你叫什么？

小福子：（羞怯的一笑）我叫小福子。

沃洛加：小——福——子！对吗？

小福子：对。你呢？

沃洛加：我叫沃洛加。

小福子：沃——洛——加！

〔两个小朋友相对而笑，竟未发现安德烈爷爷和大胡子从岩石后边走出来。小福子看见了他们，吓得直往后退。〕

沃洛加：（拉住他）小福子，别怕。这是我爷爷，那是我伯伯，（小声）人都叫他大胡子。

大胡子：（笑着拱手）你好，小朋友！我们跟你一样，是工人，懂吗？

小福子：（望着他，仍然很害怕）……

大胡子：（亲切地）来，坐下，坐下。

〔沃洛加坐在他的右膝上，小福子才疑惧地坐在他的左膝上。〕

半天望着他的胡子发呆。

大胡子：（对小福子）呶，看来，你对我的胡子发生了兴趣。而你呢，沃洛加？

〔爷爷偷偷递给小福子一把小木梳，和他做了个鬼脸。小福子终于笑了起来。〕

小福子：（轻轻摸着大胡子）真长呀！（咯咯笑个不停。）

大胡子：（微笑）怎么样？刚才……

小福子：吓了我一跳。

大胡子：以为我是个魔鬼？

小福子：差不离。宪兵说，你们俄国工人跟我们华工是冤家对头……

大胡子：宪兵的话不能听。他说是坏的，一定是好的，他说是好的，一定是坏的。懂吗？

小福子：嗯。

〔爷爷又向小福子做了个鬼脸。小福子开始用小木梳梳起胡子来。〕

大胡子：呶，想家吗？

小福子：不想。

大胡子：为什么？

小福子：我没有家。

大胡子：没有家？那你们住在哪儿呢？

小福子：有时住在破庙里，有时住在城门洞子里……

爷　爷：想不想妈妈？

小福子：（低头）我……我没有妈妈！（呜咽）听我爹讲，我刚生下来不久，妈妈就……被一个当官的……抢走了……（哭）

大胡子：（紧紧地抱住他）别哭，别哭……

〔爷爷难过地抹着泪。〕

大胡子：你们在这儿过得怎么样？

小福子：我爹说，咱们是从十七层地狱下到了十八层地狱了……

〔依万，手风琴手奔上。〕

依　万：（喘息着）宪兵队长……抓住了一个逃跑的华工……

手风琴手：先把他绑在马车后边，让他跟着马车跑……

依　万：后来用绳子在地上拖……

大胡子：现在在哪儿？

依　万：往这儿来了。

爷　爷：赶快去把他救下！

大胡子：走！（刚走了几步，忽然停下）等一等！（沉思地）救下他一个人很容易……不，必须让他们自己救自己！（向沃洛加和小福子）你们俩快去告诉华工叔叔，要他们赶来救人！

快！快跑！

〔两个小孩奔下。传来宪兵队长的狂笑声。〕

大胡子：我们先隐蔽起来。如果华工弟兄的生命遭到危险，那就不惜一切代价把他救走！

〔他们消失在乱石、丛林中。〕

〔宪兵队长拿着酒瓶，用绳子拖着王三上。〕

队　长：（坐下喝酒）你想逃跑？……呶，跑呀，哈哈哈！

（把酒瓶往树上一扔，随着瓶子的碎裂声，狂笑）哈哈哈！哈哈哈！我要把你扔到湖里去喂……喂鱼！

王　三：（睁开眼）长官！长官！

〔王三挣扎着要爬起来。宪兵队长咕哝着："呶……呶……"向他举

起了鞭子。这时，大胜飞也似的奔来，紧紧地抓住了他的手腕。〕

队　长：（转过头来）啵，啵……（猛然挣脱大胜，咆哮）滚——开！

……你……你是谁？

大　胜：（威严地）我是中国人！

队　长：中国人？哈哈哈！你……你要干什么？

大　胜：请你把他放了！

队　长：放了？

（猛力举鞭打下，大胜用手接住，猛一抽拽，使他踉跄欲跌，然后愤然将鞭子折断，扔在地上。这时，郭老九等奔至。）

郭老九：（拱手陪笑）老总，请您多多包涵……

队　长：（猛醒，狞笑）啊哈！我们好像在哪儿见过……（凝望大胜）对，对，在路上……又是你和他！……（掏出手枪）〔大胜一个箭步上前，抓住了他的手。两只手在空中格斗起来。朝天放了两枪。台上大乱。〕

〔宪兵和华工们闻声赶至。双方对峙着。〕

〔马车声急。总管、琼斯、谢苗、大柜等匆匆上。〕

总　管：怎么回事？

队　长：报告，总管大人，这个逃跑的华工被我抓住了……

总　管：啊！……（以手制止，微笑着走近王三）亲爱的朋友，你为什么要逃跑呢？

王　三：……

大　胜：（忍无可忍）因为你们不把我们华工当人看！

〔华工议论声起。〕

总　管：什么？你说什么（装笑脸）啊！朋友们，这些日子你们太辛苦了！请允许我利用这个机会向你们，并且通过你们，向全体华工表示最深切最衷心的感谢！（鼓掌，开始只有琼斯一人响应，然后宪兵队长等才稀稀落落地鼓起掌来）好吧，这场误会就算过去了。我希望，今后不要再有人逃跑了。等你们修好了铁路，发了财，是的，一定要发了财，那时候，我们再送你们回家。顺便说一句，合同上可没有写着逃跑一条呀，对吗？哈哈哈！

大　胜：（愤愤不平）总管先生！

金大叔：大胜，少说两句吧！

天津人：人家总管已经……

大胜父：嗨，算啦，算啦！（拉着大胜的膀子）

大　胜：（怒吼）不能算！到底是他有理，还是咱有理？……总管先生，合同上是没有写着逃跑这一条，你说得不错。可合同上规定咱们每月工钱是 60 块“羌帖”，而你只发给我们 30 块，对吗？

〔华工议论声。〕

总　管：〔向宪兵队长瞪了一眼，然后故作惊奇〕哦？难道会有这样的事情么？

大　胜：合同上讲包吃包穿生活好，可你看看，我们穿的是啥？吃的是啥？（掏出一块黑面包）这“列巴”硬得像块石头，〔扔到总管脚下〕请问，这该怎么说？

大　胜：合同上讲了病了有药吃，伤了有人医，可你看看，我们多少弟兄在这北极圈里得了坏血病，牙齿都烂掉了，谁来问过多少弟兄做工的时候被炸伤了胳膊压断了腿，谁又给治过，请问，这该怎么说？

总　管：（小声向队长）我要砍掉你的脑袋！（向大胜）朋友，等一等……

大　胜：（不予理会，滔滔地说下去）合同上讲白天干活，晚上睡觉，可宪兵队长拿着鞭子逼着我们白天黑夜连轴转，一天只睡 5 个钟头觉。请问，这又该怎么说？

总　管：（见势不妙，大声喝止）朋友！……（威胁口吻）如果您对合同这样的感兴趣，那么，我想正式提醒您注意，合同上没有写着可以逃跑，因此，对于逃跑的人我们完全有权利按照我们俄国的法律严加惩办！

队　长：（命令宪兵）把他（王三）带走！

宪　兵：是！

大　胜：（挺身而出）慢着！合同上没有写着可以逃跑，可也没有写着我们华工不是人，可以任你们打骂，任你们糟蹋！

〔群情激愤："对！""你们凭什么欺侮咱们？"〕

大　胜：弟兄们！咱们凭力气挣饭吃，不讨他的要他的，没有把命卖给他，他不按合同办事，活活把咱们骗了，反而倒咬一口，吓唬咱们。咱们不给他干了！要他送咱们回国！

总　管：〔和琼斯耳语一阵，故作笑脸，轻轻拍掌〕安静，朋友们，安静！由于语言的隔阂，我们之间发生了一场可笑的误会。请问，应不应该遵守合同呢？当然应该。这是我们共同的愿望。也许某些人在某些时候、某些方面，没有完全按照合同办事，那么我要请求你们谅解并且相信，这仅仅是偶然的疏忽和过错。我要进行调查……

琼　斯：并且给予惩罚！

总　管：对，英国顾问先生说得好，一定要给以惩罚！至于你们提出的关于工资，关于改善生活和劳动条件等等一系列问题，我们一定采取措施，尽量满足你们的要求，而且将在另一个场合和另一种气氛里和你们商量……

金大叔：（圆场地）好，好，再商量。

大胜父：是呀，再商量。

总　管：（命令队长）立即把他（王三）放了！

队　长：是！（解开王三的绳）

总　管：那么，请大家先去上工，好吗？

金大叔：好，好。

总　管：我相信，朋友们，没有任何东西能够妨碍我们亲密合作。因为我们都是生活在一个地球上的人，而人跟人永远是朋友，是兄弟。难道不是这样么？

大　胜：（冷笑）哼！

总　管：呶，朋友们，千万不要悲观，在这个美好的世界上，一切都会变得越来越美好的！

郭老九：（冷笑）如果真是这样，那就好了。

金大叔：是呀，那就太好了。

总　管：呶，再见，我的朋友们！（下）

〔琼斯、宪兵队长等跟下。华工目送着他们。〕

〔郭老九、大胜去照顾王三。人们议论纷纷。〕

金大叔：（吁了一口气）有财哥！我真为大胜这孩子捏一把汗哪！

大胜父：唉！可不是嘛，这孩子也太……

金大叔：想不到总管这么和气……

莽　子：和气？金大叔，依我看，这叫装蒜！

金大叔：嗳，莽子，你不可能这么说呀！人家总管跟宪兵队可就是不一样嘛！李老好，你说是不？

李老好：那可不！

莽　子：这一仗干得漂亮！大胜哥早就说过，对洋老板不能客气，他怎么来，你就怎么去！

李老好：那可不！

华工甲：大胜真是一条好汉！为朋友两肋插刀……

华工乙：为人厚道。咱信得过他！

金大叔：走吧，走吧。上工去吧！

〔众陆续下。〕

郭老九：（扶起王三）王三兄弟，你受苦了！

王　三：（感激涕零）大胜，老九！多谢你们搭救了我的性命，请受我王三一拜！（扑地跪倒）

大　胜：（抓着他的膀子不知所措）……

郭老九：（双手扶起他）快请起，快请起。你我都是中国人……

大　胜：王三哥，回去歇着吧！

〔二人扶着王三，刚走几步，王三停住，异常激动。〕

王　三：二位，我……我心里有话，不知当说不当说。

郭老九：说吧，说吧！咱又不是外人。

王　三：咱们虽然萍水相逢，可实在是亲同一家。你们二位向来见义勇为，与众不同，小弟心里十分佩服。如今又蒙你们从虎口里救了我的命，王三我更是永辈子感恩不尽。我有心想跟你们二位结拜为兄弟，只怕……只怕高攀不上呀！……

郭老九：哎，看你说的！（沉思自语）咱出门在外，举目无亲，在这洋人的地界……

王　三：（接上去）实在没法活下去啦！就是因为这，我才横了心逃跑的，我想反正是死路一条，逃了兴许还能落一条小命……

大　胜：唉！

郭老九：（继续沉思自语）要是咱们三人结成兄弟，大事小事也好商量，互相有个照应。大胜，你说呢？

大　胜：（腼腆地一笑，爽快地）老九，我听你的！

郭老九：（兴奋）好！让咱们撮土为炉，插草为香，对天发誓！

〔三人走上悬崖，盟誓结拜。〕

〔爷爷、大胡子等躲在岩石后望着。〕

爷　爷：（赞叹地）啊呀呀，真有意思！

大胡子：（手指大胜）你看，就是他，中国的鹰！

爷　爷：好，我去试试。

大胡子：见面的时候，别忘了……（拱手）

爷　爷：（学拱手）嗯……

大胡子：要特别注意方式。

爷　爷：方式？（他望了望自己，认真地整装，梳头）

大胡子：祝您成功！（隐去）

〔大胜等慢慢走来。〕

〔爷爷笑嘻嘻地迎上前去。〕

爷　爷：（拱手）你们好！

〔大胜一怔，刚要拱手答礼，王三一把拉住他的手，拖着他匆匆走下。〕

〔爷爷扬手，追赶。〕

〔大胡子从岩石后走出。爷爷垂头丧气地上。他们互相望着，无可奈何地耸了耸肩膀。〕

爷　爷：（独自走去，突然回头，态度严肃地）符拉基米尔·瓦西里耶里奇，你看我长得怎么样？

大胡子：（由不解而会意，打量着）唔，依我看是很不错的。

爷　爷：（指着大胜离去的方向，气鼓鼓地）可依他们看，我却是个魔鬼。

大胡子：（微笑）老爷爷，您不能责怪他们。绝对不能！要知道，人和魔鬼的区别，往往是不容易看清楚的。有时候，人被看作是魔鬼，而魔鬼呢，也可以打扮成人，甚至是非常“善良”的人……

——灯暗，幕落。

第二幕 铁丝网

第三场

〔第三天早晨。〕

〔总管府客厅。正门通花园，旁门通舞厅。透过窗纱和舞台一角，可以看见湖滨花园的景色。〕

〔总管背着手来回踱步，焦躁不安。宪兵队长低着头，像是刚被训斥的样子。〕

队　长：（鼓起勇气）请允许我冒昧地说，总管大人，您……您是过于人道了！

总　管：我们需要人道，需要！懂吗？

队　长：（微微耸肩，不以为然）……

总　管：（沉思）因为我们需要人！……

队　长：（恶狠狠地）依我看，应该统统把他们……（举起拳头）

总　管：（暴怒）胡说！你这个笨蛋，蠢猪，酸牛奶！（转了一个圈）正因为你那样惨无人道地虐待华工，杀害华工，所以才引起了这场可怕的骚动……

队　长：（惊慌）总管大人，这……

总　管：住嘴！我不止一次地警告过你，这些华工是公爵大人用金子买来的，需要加倍爱惜，可是你……

〔谢苗上。〕

总　管：我们的英国顾问怎么还没有来？

谢　苗：他……他又在……

总　管：在哪儿？

谢　苗：太太的房间里。

总　管：（奔向门口，忽然又无力地）请琼斯先生马上来……

谢　苗：是，老爷。（下）

队　长：（倒了一杯水给总管）请。

总　管：（疲倦地）谢谢。

队　长：请原谅，大人，我不能不向您报告，这几天华工逃跑的多起来了……

总　管：这都是因为你的愚蠢和残暴迫使他们不得不选择这条绝望的路！……唉！……（闭起眼睛）

〔琼斯、总管夫人慢慢走到客厅门口。〕

夫　人：〔依恋地〕亲爱的，我在花园里等着你。

〔琼斯向她微微一笑，走进客厅。夫人下。〕

琼　斯：早安，总管先生。

总　管：（冷冷地）早安，顾问阁下。请坐。

琼　斯：谢谢。（抽雪茄）

总　管：（故意怠慢地）队长先生，请马上通知账房，按照合同补发华工的全部工资！……

队　长：什么？补发华工的全部工资？

总　管：对，你的耳朵没有欺骗你。除此以外，再给华工预发两个月的工资……

队　长：（更加困惑）什么？

总　管：我再重复一遍，预发两个月的工资！明白吗？

队　长：不明白，大人，一点儿也不明白。

总　管：这就是说，你是一个地道的蠢猪。

队　长：也许。不过，总管大人，这……实在是非常危险的事呀！

总　管：（冷笑）为什么？

队　长：有了钱，不是会有更多的华工要逃跑吗？

总　管：不会是更多，而会是更少！

队　长：为什么？

总　管：因为华工不是为了别的，正是为了钱而来，明白吗？当他们看到手里的钱越来越多的时候……

队　长：他们就要逃跑！

总　管：哎嘿，你呀，除了是酸牛奶，还是酸牛奶！你为什么不想想，我亲爱的，怎样才能把发给他们的钱再统统收回来呢？嗯？

队　长：收回来？

总　管：酒馆盖得怎么样了？

队　长：快盖好了。

总　管：漂亮的娘儿们呢？

队　长：已经连同大批的伏特加一起，从圣·彼得堡运来了。

总　管：这很好！（仿佛刚刚发现琼斯似的）啊，顾问阁下，您以为怎样？

琼　斯：（带刺地）我是英国人，不大懂你们俄国的事情。

总　管：您过于谦虚了，琼斯先生。依您看……

琼　斯：依我看，尊敬的戈尔洛夫先生，您的灵魂过于高尚，您的心地过于单纯了。难道您真的以为，俄国的女人和伏特加就能使华工忘记故乡，就能使货币全部回收么？

总　管：那么……

琼　斯：应该采取更加彻底的办法，以便使华工的钱在一个晚上统统……（用拇指和中指打了个响，吹了一声口哨）嗯？

总　管：在一个晚上统统……（恍然大悟）好呀！好呀！

队　长：我也明白了！

总　管：什么？

队　长：烧！烧！

总　管：对，对！

队　长：我可以走了吗？

总　管：立刻执行！

队　长：是！（欲下）

琼　斯：等一等。总管先生，您还没有完全明白我的意思。

总　管：哦？请您指教。

琼　斯：据说，戈尔洛夫先生，您曾经在共产党里待过，是吗？

总　管：（吃惊）啊……是呀，那是1905年革命以前的事……

琼　斯：那么您，亲爱的，应该比我更加清楚，对于我们来说，什么是最可怕的东西。

总　管：（沉思自语）什么是最可怕的东西？

〔谢苗急上。〕

谢　苗：总管大人，据玛丽亚卡驿站的骑兵报告，在一辆运送旅客的马车里发现了一捆中文传单……

总　管：（大惊）什么？中文传单？……（命令宪兵队长）马上告诉罗曼诺夫将军，要他立刻派军队把马车包围，不，把整个的驿站包围！

队　长：是！

总　管：不准旅客自由行动一步！检查！彻底检查！

队　长：是！

总　管：当场把传单全部烧毁！

队　长：是！（急下）

总　管：（自语）我的上帝！他们……他们在接近，接近……这……是多么可怕！……

琼　斯：（冷笑）我很高兴，总管先生，您终于认识到……

总　管：我明白了，明白了！他们在接近……对我们来说，这就是最可怕的东西！

琼　斯：对，对！从华工骚乱到中文传单，这一切都表明，布尔什维克已经打入华工内部……

总　管：不，依我看，他们正在千方百计地企图打入，但是还没有能够打入……

琼　斯：即使您的判断是正确的，那么，我也想提醒您注意，危险的信号灯已经亮了！

总　管：是的，是的。危险的信号灯已经亮了……谢苗，你去告诉宪兵队长，要他立刻采取一切措施，寻找阿历克赛·安东诺夫的踪迹。同时，在华工区的周围再加上一道铁丝网，不让俄国工人有任何接触华工的机会。

谢　苗：是，老爷。（下）

琼　斯：难道您真的以为，总管先生，铁丝网就能把华工和俄国工人隔离起来么？

总　管：（望着他发呆）……

琼　斯：（嘲讽）您的头脑过于简单，您的心灵过于天真了，亲爱的。隔离！加一道铁丝网！哈哈！真是一个绝妙的方法。可惜它过于原始而又不大符合现代的文明了，您说不是么？

总　管：（冷笑）……

琼　斯：您想到的，总管先生，仅仅是消极的防御。

总　管：那么，顾问先生，什么才是积极的进攻呢？

琼　斯：如果您想知道的话……

总　管：乐于向您请教，尊敬的阁下。

〔加丽娅端东西上，二人顿然沉默。她似有所悟，放好东西，安详地走出。琼斯目视她下。〕

琼　斯：那么，我就告诉您，加一道铁丝网，当然是正确的……

总　管：（不在意地）哼！

琼　斯：不过，这道铁丝网不是用有形的物质来制造，而是用无形的精神来制造的。

总　管：哦？

琼　斯：而且，这道铁丝网不是安在地面上，而是要安在人们的心里！

总　管：啊，这就是说……

〔加丽娅在门外偷听。〕

琼　斯：在俄国工人和中国工人的精神上加一道铁丝网，懂吗？要知道，金属的铁丝网不论怎样牢固，也很难不被布尔什维克所冲破。但是，他们要想摧毁人们心上这道精神的铁丝网，可就不那么容易了，对吗？

总　管：（沉思）对，具体来说……

琼　斯：（和他耳语）……在中国话里，这叫做“一箭双雕”。

总　管：（狂喜）在俄国话里，这叫做“一枪打死两个兔子！”哈哈，亲爱的琼斯先生，您……您真是一位天才呀！（拥抱琼斯，两人相

对大笑）

——灯暗，幕落。

第四场

〔当日黄昏。〕

〔华工棚外。重病的大胜父坐在门口，垂头落泪。小福子焦急地望着他。〕

小福子：爷爷！爷爷！

大胜父：（抬起泪眼）孩子，我……不行啦！想不到……我这把老骨头要……丢在外国！……

小福子：爷爷，别难过……您的病一定能好的……

大胜父：好不了啦，孩子。好不了啦……（仰天长叹）唉！我们胡家祖祖辈辈是被一根苦命的绳儿穿起来的！大胜他爷爷帮人扛了四十年长工，到头来还是被老东家活活吊死了。这把“长命百岁”锁就是他临死那天亲手交给我的……

小福子：爷爷！

大胜父：民国初年，咱们一家五口离开保定府，下了关东。唉，到了关外，还是没有活路呀！去年腊月初十，在奉大，我……我一咬牙，把大胜他小弟、小妹给卖……卖了！……（哭）

小福子：爷爷！（倒在他怀里）您……您别说了！

大胜父：（泣不成声）大胜他娘孤单一人，无依无靠，在哈尔滨日夜盼着咱爷儿俩回……回去哪！……

〔风声起。〕

小福子：爷爷，起风啦！快回工棚歇着吧！

〔大胜父勉力站起。刚要迈步，忽然头晕目眩，摇摇欲倒。

小福子：爷爷！（扶着他走入工棚）

〔沃洛加奔上。〕

〔小福子从工棚奔出，和他碰了个照面。〕

沃洛加：小福子！坏了，坏了！

小福子：什么事？

沃洛加：宪兵队长他们要放火！……

〔人声近。沃洛加拉着小福子就跑。〕

小福子：〔突然止步〕爷爷他……

沃洛加：快！赶紧去报信，不然就来不及啦！

〔二人奔下。〕

〔宪兵上，左右张望着。〕

〔宪兵队长上、大柜等上。俄国工人尼可莱悄悄走进工棚。〕

队　长：（望着大柜）呶，怎么样？

大　柜：（为难地）这……

队　长：（拿出一根金条）现钱交易！

大　柜：（讨价还价）这恐怕……

队　长：（又拿出一根金条）呶，拿去！

大　柜：哎，哪里，哪里……（接过）

队　长：马上动手？

大　柜：好，好！（下）

〔宪兵队长做了个手势，一群化装成俄国工人的宪兵奔上，散开，点起了火。远处出现火光。〕

队　长：（洋洋得意）哈哈！烧吧，烧吧！

〔尼可莱抱着一捆卢布，从冒烟的工棚奔出。〕

尼可莱：（狂叫）啊——！工棚里有人！

队　长：（命令宪兵）把门锁上！快！

〔宪兵锁门时，里边有人拼命轰门。〕

队　长：祝贺你，尼可莱！这么多钱，喝一辈子酒也喝不完呀！

尼可莱：谢谢！再见！（下）

队　长：再见！哈哈哈！（跟下）

〔大胜父在窗口出现。〕

大胜父：来人呀！救火呀！

〔大柜上。〕

大胜父：大柜！大柜！有人放火！快去告诉弟兄们，快！……

大　柜：阿弥陀佛！这……这恐怕是天火吧？

大胜父：（递上一叠卢布）张二爷，不看僧面看佛面，念咱们都是中国人，您老人家行行好，救我一命……

大　柜：（抢过卢布）我去想想办法。（狂呼）来人呀！救命呀！

（奔下）

〔烟雾腾起。大胜父在绝望之中，一把挣断了颈上的“长命百岁”锁，声泪俱下，仰天长号。〕

大胜父：天哪！我们中国人究竟造了什么孽呀！……老天爷，你也不睁开眼睛看看，我们中国人受的是什么苦，遭的是什么难呀！难道……难道我们中国人就不是人吗?！老天爷，你……你瞎了眼啦！你瞎了眼啦！……

〔远处钟声、人声起。纱幕落。暗转。〕

〔二道幕前。林中。钟声急。〕

〔大胡子领着一群俄国工人前往救火，穿场奔过。〕

〔安德烈爷爷奔上。安娜大婶追来。〕

安　娜：老爷爷哪儿失火啦？

爷　爷：华工棚！

安　娜：啊……那就随它去吧！（转身欲走）

爷　爷：（生气）站住！安娜，你可上了敌人的圈套啦！谁把你儿子送到前线当炮灰的？是他们！谁把你女儿活活饿死的？是他们！谁放火烧华工棚的？还是他们！

安　娜：他们？这么说，那么中国人跟我们……

爷　爷：是属于一个阶级的，懂吗？哎嘿，傻姑娘，我可跟你说了一千遍啦！

安　娜：（把头巾一扎，提着木桶）快！（奔下）

〔一群俄国老人，妇女冲上。爷爷领着他们奔下。〕

〔钟声愈急。人声一片。“快呀！快呀！”〕

〔纱幕起。〕

〔台上工棚冒起烟柱。大胜父沉入雾海。〕

〔宪兵队长等急上。哥萨克骑兵迎头奔来。〕

哥萨克：报告！俄国工人拥在桥头，拼命要往这边冲！

队　长：拦住他们！必要的时候，开枪！（下）

哥萨克：是！（急下）

〔舞台空场片刻。台上工棚火起。远处传来枪声。〕

〔大胜、郭老九等奔上，破门而入，冲进火海。〕

〔华工们奔向各处救火。〕

〔大胜抱着父亲走出工棚。〕

金大叔：（扑倒）有财哥！

大　胜：爹！

〔大胜父慢慢醒来。〕

大胜父：孩子，为咱中国人……报仇！（把“长命百岁”锁塞到大胜手中）回家去……（死去）

大　胜：爹！……

金大叔：有财哥！……（哭）

〔人们低着头，万分悲痛。〕

〔宪兵队长等上，华工怒视之。〕

莽　子：谁放的火？

队　长：这不是很清楚吗？

众：谁？

队　长：俄国工人。请注意，不是别人，正是你们，破坏了他们的罢工，抢走了他们的饭碗。不是别人，正是他们……

〔人群中有人喊：“我不信！”〕

队　长：你不信？那么好，我们还要调查，一定要把放火的凶手抓到！

（命令宪兵）赶快救火！快！（下）

〔华工们交头接耳，小声议论。忽然传来人声，“放火的凶手抓到了！”“抓到了！”〕

〔宪兵们押尼可莱上。〕

队　长：这就是放火的凶手之一——俄国工人尼可莱！

尼可莱：（恐怖地）啊——！

队　长：（从他怀中掏出一卷卢布）你们看！

尼可莱：啊！我的上帝！

王　三：上回抢“列巴”，打我的就是他！

〔大胜怒不可遏，一把抓住他。〕

尼可莱：（战栗着）我说，我说。我是工人……

〔大胜一拳把他打倒。尼可莱哀求着。〕

尼可莱：弟兄们，看在上帝的面上，饶恕我……

队　长：（掏枪）你这条狗，活活丢了我们俄国人的脸！

尼可莱：弟兄们！……

〔宪兵队长砰砰两枪把他打死。〕

——灯骤暗，幕落。

第三幕　相同的苦难

第五场

〔数日后〕

〔荒山坡上，一片华工的坟包。景色凄凉。乐声如泣如诉。〕

〔台上一座新坟。坟上插着一块木头牌子，牌子上写着：“保定府胡有财五十寿终”。坟前一堆烧纸冒着余烟。〕

〔大胜跪坐在父亲的坟前，双手捧着“长命百岁”锁，低垂着头。〕

大　胜：（抬起泪眼，轻声重复着父亲的遗言）“为咱们中国人……报仇，……回家去……”（乐声中又一次出现了《苏武牧羊》的旋律）啊，家……家……（眼望东方）中国啊，中国！我们舍不得离开你，一步一回头，一步一把泪，眼望着离你越来越远，越来越远……我们心酸，我们心疼呀！……可又有……什么办法？为了挣口饭吃，我们只好离开了你，孤苦伶仃，流落他乡……中国啊，中国！世界上哪个洲没有你苦命的孩子流下的鲜血？世界上哪个洋没有你苦命的孩子洒下的眼泪？……中国啊，中国！哪一天，哪一天你才能直起腰杆，站起来，谁也不敢欺侮你?！……

〔大胡子、爷爷悄悄上，站在大胜父坟前，爷爷胸前画着十字，大

胡子低头默哀。〕

〔大胜勒着拳头，逼近他们。〕

大　胜：（声音沙哑）你们要干什么？

爷　爷：我们也跟您一样，心里很难过，很难过！

大　胜：（愤怒地）走开！

爷　爷：孩子，你听我说，我们是工人……

大　胜：（咆哮）走开！你们要是再逼我，我也会放火，我也会杀人！

〔郭老九、王三等闻声赶至。〕

大胡子：华工弟兄们！这场大火……

王　三：放火的就是他们，大伙给我揍呀！

〔人们怒吼着，“揍呀！”一拥而上。〕

〔大胡子喊着：“弟兄们！弟兄们！”卫护着爷爷。〕

〔郭老九喊着：“住手！”拦住了华工。〕

郭老九：老先生，刚才是弟兄们一时莽撞，请您老人家多多包涵。

爷　爷：没有关系。孩子们，我要对你们说，放火烧了你们工棚的不是别人，正是……

郭老九：（有意制止，冷淡地）老先生，请！（指着路）

〔爷爷还想说，大胡子摇头示意，扶着他走去。爷爷一边走一边向他瞪眼，嘟哝着：“哼，我们的人！”下。〕

天津人：老九，你不该拦我们！

山东大汉：他们烧了咱们的，咱就不能烧他们的？

郭老九：老山东，这把火到底是谁放的，咱还没有闹清楚。遇事得“三思而后行”啊！弟兄们，请回吧，回吧！

〔人们纷纷议论着散去。〕

郭老九：（责备地）王三兄弟，你怎么啦？哪能随便动手打人呢？

王　三：我看这两个老头准不是好人！

郭老九：你怎么知道？

王　三：宪兵队长不是说……

郭老九：宪兵队长的话你能听？你还没有吃够他的苦头么，唉，我的王三老弟，咱不能胡来呀！

王　三：你说他们是好人？

郭老九：我没这么说。

〔小福子悄悄向大胜走去，被郭老九一把抓住，拉到一边，晃着拳头赶下。〕

郭老九：（扶起大胜）大胜兄弟，听大哥的话，回去歇着吧！

〔大胜痛苦地望着他，然后顺从地被莽子扶着走下。王三跟下。〕

〔小福子奔上，想去追赶大胜，冷不防被郭老九抓住。〕

郭老九：（晃着拳头）你要是跟大胜叔叔讲了，我就宰了你！

小福子：（大声辩解）本来就是宪兵队长放的火……

郭老九：住口！（捂住他的嘴，向大胜离去的方向望了望）以后不准再跟俄国人来往……

小福子：爹，他们是好人！

郭老九：坏蛋也会装成好人。快回去！

〔小福子含着眼泪，随郭老九下。〕

〔安娜大婶和她的小女儿玛莎上。安娜突然晕倒在地。〕

玛　莎：妈妈！妈妈！（小姑娘急得又哭又叫）来人呀！来人呀！……

〔大胜和莽子狂奔而来。玛莎惊慌地躲到一边。〕

大　胜：（扑向安娜）大婶！大婶！

〔他焦急地望着那个昏倒在路旁的仿佛不是一位俄罗斯妇女，而是他自己受苦受难的母亲。他转过身，忽然发现躲在一边的玛莎。〕

大　胜：小姑娘！她怎么啦？

〔玛莎害怕地望着他们，退缩着。〕

大　胜：小姑娘，别害怕。她是有病……

玛　莎：不，她……她饿得晕过去啦？

大　胜：啊？（掏出一块面包）莽子，快去弄点水来！快！〔莽子下。大胜将面包揉碎，开始喂着安娜。〕

大　胜：来，小姑娘，你也吃点！

〔玛莎慢慢走近大胜。〕

大　胜：拿去！（掰了一块面包给她）一定饿坏了吧？

玛　莎：（接过面包）谢谢您，叔叔。（吃面包）

大　胜：你叫什么名字？

玛　莎：我叫玛莎。我们一早就到林子里去采蘑菇，可哪儿也没有……

〔莽子提上水。大胜喂水。安娜渐醒。忽然爬起，怀疑地望着，拉着玛莎就走。〕

大　胜：大婶！大婶！

玛　莎：妈妈！他们是好人。刚才你昏倒了，这个叔叔喂你面包……

安　娜：难道这是真的吗。玛莎！

玛　莎：真的！你看，妈妈，他还给了我一块面包呢！

安　娜：（望着玛莎手里的面包，感动地流下了泪，走向大胜）谢谢你，孩子！愿上帝永远保佑你！（画十字）看见你，我就想起了我可怜的儿子别佳……

大　胜：他如今在哪儿？

安　娜：他……他去年夏天在前线被德国人打死了！（哭泣）

大　胜：大婶，别难过。

玛　莎：我爸爸昨天夜里也被他们抓到前线去了……

大　胜：你家里还有什么人呢？

玛　莎：没有了。去年冬天，我的小妹妹娜佳饿死了。如今就剩下我跟妈妈……（哭）

大　胜：（难过）唉！天下穷人的命都是一样苦啊……（掏了几张卢布）大婶！这点小意思……

安　娜：啊，不，不！

大　胜：（恳切地）大婶，请你收下吧！这是刚刚发下的一点救济费……

安　娜：（收下，万分感动）孩子……孩子……你妈妈……

大　胜：（低下头）她在哈尔滨……

安　娜：你爸爸呢？

大　胜：〔心疼得一颤，望着坟墓，低头咬牙〕……

〔玛莎拉了拉妈妈的袖子，指了指坟。安娜恍然大悟。〕

安　娜：孩子，你可知道是谁把你父亲烧死的？

大　胜：（急切地）大婶，你说是谁？

〔宪兵和哥萨克上。宪兵一把抓住安娜。〕

宪　兵：你在这儿干什么？快点滚开！（鞭打）

大　胜：（上前拦阻）你凭什么打她？

宪　兵：这跟你没有关系！

安　娜：（挣扎着）放开我，放开我！

宪　兵：（松手）难道你忘了，这儿是华工区，俄国工人是不准来的！快走！快！

〔哥萨克和宪兵鞭打着安娜、玛莎下。〕

大　胜：（沉思）这放火的……到底是谁？……俄国工人跟我们一样受苦受难……

〔小福子喊着“大胜叔叔！”和沃洛加一起奔上。〕

小福子：大胜叔叔！放火的人……

〔郭老九、王三上。〕

郭老九：小福子！一边玩去！

〔小福子跟着沃洛加，沃洛加用手势鼓励他说。〕

小福子：放火的人我知道。

郭老九：（晃着拳头）滚开！

大　胜：（拉住他）大哥，你这是干什么？小福子，快说！

小福子：这把火是宪兵队长放的！

郭老九：（威吓他）小福子！

大　胜：（命令他）说下去！

小福子：俄国工人尼可莱被收买了，跟他们一起放火，宪兵队长后来把他打死了。

大　胜：谁告诉你的？

小福子：我们俩亲眼看见的。

大　胜：（恍然大悟）我明白了，明白了！……小福子，你为什么不早说？

小福子：我爹说什么也不让我告诉你……

大　胜：大哥！你……

郭老九：唉！……

大　胜：（伤心）老九呀，老九！我爹当初把我托付给你，大胜我也把心掏给了你……

郭老九：大胜兄弟！……

大　胜：（苦笑）兄弟，兄弟……

郭老九：你听我说……

大　胜：（愤怒）你还有什么可说？你明明知道谁放的火，谁活活烧死了我的爹，谁是我的仇人，可你不顾弟兄的情分，哄我！瞒我！骗我！……

郭老九：大胜兄弟！……

大　胜：将心比心，我哪一点对不起你？你说，洋毛子给了你什么好处？

郭老九：（叫了起来）大胜！……（难过）兄弟，你说这种话可是不应该呀……我郭老九走南闯北，三十多年，尝够了人世的辛酸，喝足了人间的苦水。我哪一天不是想着要报仇啊！自从那年狗官财主青天白日里抢走了小福子他娘……（哽咽）

小福子：爹！……（哭）

大　胜：（难过）大哥，你……别说了！

郭老九：（抹了一把泪）庚子年间，闹起了义和团。俺弟兄几个随着俺爹，跟穷哥们一道，水里来，火里去。拼死拼活，实指望为咱受苦人出一口气，眼看咱们就要赢了，就要把我的仇人逮住了，可谁知道，八国联军仗着洋枪洋炮，打进了北京……俺大哥让他们在树上吊死了，二哥被他们扔在河里淹死了！俺爹也被一群洋毛子浑身浇上洋油活活给烧死了！……兄弟，这……这就是洋毛子给我的“好处！”……

大　胜：（扑向他）老九哥！

〔他们抱头痛哭。小福子和沃洛加也相抱而哭。莽子、王三深深地埋下了头。〕

大　胜：（把泪一抹）走，大哥！咱们跟洋毛子拼了！

郭老九：不，不能硬拼！这条路我走过了。走不通呀，兄弟！就是怕你蛮干硬拼，我才哄你、瞒你、骗你……

大　胜：大哥，你的好心我知道，可这个仇我是非报不可呀！

王　三：硬斗斗不过人家……

大　胜：（激怒）斗不过也要斗！佛争一炉香，人争一口气！

王　三：太危险哪？

大　胜：脑袋砍了碗大个疤，二十年一过又是一条好汉！

郭老九：好汉不吃眼前亏，君子报仇，十年不晚！

大　胜：大哥！我等不及了！我都快憋死了！……（凝视远方）你有一个脑袋两只手，我就没有？……

——灯渐暗，幕落。

第六场

〔次日晚。安德烈爷爷家中。〕

〔俄罗斯农家木屋。屋外星斗满天。屋内陈设简单：正中一大壁炉，炉上放着茶炊，墙上挂有猎枪、熊皮，墙角供着圣像。有门通内室。〕

〔俄国工人们正在开会。看来，人们的情绪有些沮丧。〕

爷　爷：华工是我们的人？（耸肩）哼，请问，符拉基米尔·瓦西里耶维奇，哪一天他们才能……

大胡子：老爷爷，您是什么时候入党的。

爷　爷：（摆了摆手）嗨，早就入啦！

大胡子：哪一年？

爷　爷：去年十月。再过几天。可就整整一年啦。

大胡子：记得您前天跟我说过，您今年 71 岁。对吗？

爷　爷：不错。

大胡子：那么，这就是说，您整整活了 70 岁。才找到了……

爷　爷：哈哈，我替您往下说吧！（学大胡子的姿态和口吻）“您知道，安德烈爷爷，我们俄国有句俗话：‘莫斯科也不是一天建成的’。所以，要忍耐，要耐心，要有耐性……”哼，见他的鬼吧！再这么忍耐下去，对不起“世界规模”的事情哪一天成功，我可就看不到啦！

〔大胡子呵呵笑着。〕

爷　爷：（严肃地）你们笑什么？请你们了解我。孩子们，了解我，……我知道，华工的命运跟我们一样。不，比我们还要悲惨。我同情他们，我爱他们。如果可以的话，我要伸出我的两只胳膊去拥抱他们每一个人，用“面包和盐”欢迎他们，用俄罗斯人民的心跟他们说“我的兄弟我的苦难兄弟”……唉，我不明白，符拉基米尔·瓦西里耶维奇，他们为什么……

大胡子：（缓慢而有力）有压迫就有反抗，有剥削就有斗争，就如同有黑夜就有白天，有阴天就有晴天，有冬天就有春天一样……

爷　爷：不，不一样。符拉基米尔·瓦西里耶维奇，就拿大胜来说……

大胡子：对，就拿大胜来说。悬崖救王三，难道不是真正令人钦佩的英雄行为么？

爷　爷：（赞叹地）是的，是的！

大胡子：要知道，安德烈爷爷，即使没有我们，华工兄弟也是要起来斗争的。事实难道不正是这样么？他们早就开始了斗争，而且正在进行着斗争。问题是，我们必须努力把这种自发的斗争转变为自觉的斗争，把他们的斗争汇入到“世界规模的斗争中去，为了做到这一点，同志们，需要时间，时间……”

依　万：问题就在于时间！时间对我们多么珍贵，这您也是知道的。眼看着铁路一天天往前修。我们心里难过，我们心里痛苦啊，符拉基米尔·瓦西里耶维奇！

〔人们议论纷纷，“是呀！”“对呀！”〕

手风琴手：华工被他们逼着，日日夜夜地干活。修路的速度快极了。

俄工甲：八号桥都快修好啦！

俄工乙：唉，这可怎么办啊！

依　万：问题的关键还是在于华工……

大胡子：是的，在于华工。我们必须相信，同志们，华工弟兄终究会跟我们拉起手来的。

依　万：什么时候？用什么办法？华工区的周围又加了一道铁丝网，所有的路口都有哥萨克的岗哨……

爷　爷：倒霉的还不在于铁丝网和哥萨克，而是那个败类尼可莱，他给我们带来了灾难，真正的灾难。……

俄工甲：上一次那些中文传单。在马车里藏得好好的，鬼知道怎么一下被敌人发现了……

〔有节奏的敲门声，金娜奶奶开门，欢呼："加丽娅！"〕

〔加丽娅提着一包东西走进屋内。〕

爷　爷：加丽娅，（拥抱她）啾，这就是从彼得堡来的人。

大胡子：（凝视）你好，加丽娅！

加丽娅：（激动）您……您好！（握手）

大胡子：（微笑）见到你我非常高兴。

加丽娅：（勉力镇静）我也非常高兴。

大胡子：我们需要的东西……

加丽娅：带来了。

众：（惊喜）带来了？

大胡子：谢谢你，加丽娅！

奶　奶：那是什么？（指加丽娅带来的一包东西）

爷　爷：（神秘地）炸药。

奶　奶：（惊叫）炸药？我的上帝。

加丽娅：七号桥警戒很严……

奶　奶：怎么，你们要去炸桥？

大胡子：铁路修得很快，必要的时候，只好用它来赢得时间！

爷　爷：明白？

奶　奶：（点头）嗯。

大胡子：怎么样。加丽娅，总管大概很得意吧？

加丽娅：表面上是这样。

大胡子：实际上呢？

加丽娅：整天提心吊胆。

大胡子：（笑）祷告上帝保佑吗？

加丽娅：还念圣经呢！而且，每天到了黑夜，脑袋瓜里就发出一种奇怪的声音……

手风琴手：（惊奇）哦？什么声音？

加丽娅：吱—吱—吱，吓得总管大声叫喊："魔鬼！"宪兵们一连搜查了三天三夜，结果真的搜出了……

手风琴手：什么？

加丽娅：一只耗子。

〔人们大笑〕

大胡子：呶，同志们，你们说，总管他惊慌什么，害怕什么？

〔人们静听。〕

大胡子：要知道，世界上最厉害的武器，不是刺刀、大炮，而是真理，马克思主义的真理。敌人很清楚，被压迫的人民一旦掌握了这个武器，那么，他们的脚下就要发生地震！他们建筑在沙滩上的宝座就要被革命的惊涛骇浪冲垮而化为乌有；正因为如此，敌人拼命地想用铁丝网和刺刀、无耻的谎言和一切卑鄙的手段，不让人民互相接近，不让人民了解真理。可是，同志们，真理就像光芒四射的太阳一样，难道是铁丝网、刺刀和谎言能遮盖得了的么？

〔沃洛加从门外奔来。〕

沃洛加：宪兵队长家着火了！你们看！

〔窗外升起一团火光。〕

爷　爷：这是怎么回事？

俄工甲：咳，见他的鬼吧！

手风琴手：哈哈，让宪兵队长自己去救火吧！

大胡子：（沉思）这是……为什么？（果断地）同志们，准备行动！

俄工甲：什么？这跟我们有什么关系？

大胡子：（沉思）也许关系很大！

依　万：难道是华工弟兄们放的？

大胡子：（整装）如果是，我们必须想尽一切办法掩护他们。同志们，立刻行动！

〔人们纷纷离去。〕

爷　爷：（从墙上取下猎枪）我也去！

大胡子：不，你和加丽娅留下。沃洛加，走！（和沃洛加急下）

〔加丽娅倚在门边。凝望着大胡子的背影，流下了眼泪。〕

爷　爷：加丽娅，你……你怎么啦？

加丽娅：（竭力控制）没……没有什么。

爷　爷：不，你不要骗我。你哭了。

加丽娅：没有，没有。

爷　爷：告诉我，孩子，你为什么流泪？

爷　爷：我……我又想起了死去的爸爸！……

〔远处传来枪声。加丽娅冲出了门，爷爷、奶奶也跟着奔了出去。暗转。纱幕落。〕

〔二道幕前。林中。枪声渐疏。王三和郭老九从两旁奔上，碰了个照面。〕

郭老九：（惊喜）王三！

王　三：大哥！

郭老九：弟兄们到处在找你们。唉，把人都急死啦！大胜呢？

王　三：他……

郭老九：他怎么啦？

王　三：他……

郭老九：（吼起来）他在哪儿？

王　三：不……不知道。

郭老九：你为啥不知道？这到底是怎么回事？……你说话呀！……兄弟，慢慢说。宪兵队长在不在家？

王　三：不在。

郭老九：那么有谁？

王　三：就一个女人。大胜把她放了，对她说："告诉宪兵队长，今天算便宜了他，下回老子再要他的狗命。"那个女人一走，我们就点起了火……

郭老九：后来呢？

王　三：那个坏女人领着一大帮宪兵偷偷地摸来了，幸亏我耳灵眼尖，拔腿就跑……

郭老九：大胜呢？

王　三：他躺在地上看着火乐！

郭老九：你没有拉他一把？

王　三：没有。他离我有几丈远……

郭老九：你没有叫他一声？

王　三：没有。

郭老九：你没有向他扔块石头？

王　三：没有。宪兵离得好近，哪顾得上呀！

郭老九：你连头也没有回，就跑了，对吗？

王　三：不，回了。我还向他招了几下手，要他快跑……这时候，忽然听到一声枪响，只见一个宪兵被打倒了。……

郭老九：那大胜呢？

王　三：他听到枪声，一下从地上蹦起来，撒腿就跑。

郭老九：后来呢？

王　三：后来我……

郭老九：你就扔下自己的弟兄一个人逃命去了，对不对？

王　三：大哥，你说这种话……

郭老九：我说这种话对你算是太客气了！王三呀，王三！你，你，你……

王　三：大哥，我……我

郭老九：（低头挥手）去吧！去吧！

〔暗转。〕

〔金娜奶奶上，进屋点灯。刚站定，加丽娅扶着爷爷上。〕

奶　奶：（惊叫）安德留沙！

爷　爷：没有什么。摔了一跤。

〔突然，枪声、警笛声、犬吠声大作。〕

〔沃洛加引大胜急上。飞快地钻进屋内。沃洛加锁上门。大胜喘息未定，一下发现了爷爷，目瞪口呆。爷爷激动地张开两臂，大胜冲向门口，正想夺门逃走，宪兵敲门。爷爷和沃洛加一把拉住大胜。敲门声急。大胜在无可奈何之中，半推半就地走往内室。奶奶一边对着门画十字。一边朝室内望着。爷爷从内室奔出。整装后把门打开。宪兵领士兵进入。〕

宪　兵：老东西！为什么不开门？（一拳把爷爷打倒，命令士兵）（搜）（问爷爷）中国人，在哪儿？

爷　爷：中国人？（抹去嘴角的血）不知道。

宪　兵：（举鞭）在哪儿？

爷　爷：（坚定地）不知道。

宪　兵：（鞭打）在哪儿？

爷　爷：（怒吼）不知道！

〔两个士兵正要进入内室，加丽娅突然走出，威严地望着。〕

宪　兵：（先惊恐，后谄笑）啊，小姐……这……这是您的家……？

加丽娅：（怒指着门）走开！

宪　兵：（立正）是。请原谅小姐，在总管大人面前，请您……

加丽娅：（厌恶地）走开！

宪　兵：是！（向士兵们）快走！（下）

〔宪兵等下。加丽娅扑向爷爷。〕

加丽娅：爷爷！

爷　爷：没有什么，没有什么……

〔沃洛加领大胜走出。大胜和加丽娅一道扶起爷爷〕。

爷　爷：来。孩子。快坐下，坐下！

〔大胡子在外面有节奏地敲门。〕

〔爷爷挥挥手，沃洛加拉着大胜奔往内室。〕

〔加丽娅开门。大胡子进来。偷偷在门边包扎左臂的伤口。〕

爷　爷：（惊呼）你……受伤啦？

〔加丽娅急忙帮他包扎。〕

大胡子：（低头）没有什么。唉，好样的，真是一个好样的！

〔加丽娅刚要开口，被爷爷用手势阻止。〕

爷　爷：（故作惊异状）你说谁呀？

大胡子：（赞叹地）中国的鹰！

爷　爷：啊！（做了个鬼脸）他在哪儿？

大胡子：恐怕……永远看不见他了！……

爷　爷：（耸肩）真可惜！

大胡子：是呀……真可惜……

〔爷爷捂着嘴，扑哧一声笑出声来，和加丽娅相对大笑着。大胡子莫名其妙。〕

爷　爷：是这样，符拉基米尔·瓦西里耶维奇。请允许我向您报告，中国的鹰已经悄悄地飞到我们家来啦！您看！

〔大胡子掉过头，一下发现沃洛加拉着大胜的手站在内室门口，惊讶万状。〕

大胡子：（伸开双臂）欢迎你，我的好兄弟！（拥抱大胜）……

爷　爷：（捧着“面包和盐”）按照俄罗斯的风俗，对于高贵的客人用“面包和盐”来表示我们的欢迎和尊敬。来，我的兄弟，请你接受我们俄罗斯人民的一颗心！

〔大胜接过“面包和盐”，非常感动，不知说什么是好。这时，爷爷上前和他拥抱、亲吻。〕

爷　爷：（热泪盈眶）我的兄弟，苦难的亲爱的兄弟！（和他再一次紧紧拥抱）……来，坐下。坐下。我们今天要好好地谈谈！

〔大胜和大胡子在一旁坐下，小声谈着。人们忙碌起来。〕

爷　爷：加丽娅，快去告诉奶奶弄点吃的，不，最好吃的，比如说，俄罗斯甜菜汤啦，莫斯科沙拉特啦，西伯利亚饺子啦等等。总而言之，必须是最好吃的，懂吗？

加丽娅：懂啦！（刚要跑去，被爷爷拉住）

爷　爷：等等，（小声）我们家吃的东西几乎已经没有啦。请安娜大婶到各处去借点，快！

加丽娅：知道啦，爷爷。（刚要跑去，又被爷爷拉住）

爷　爷：等等。（向内室挤了挤眼）地窖里还藏着两瓶伏特加，你给拿一瓶来……

加丽娅：（叫道），爷爷，你心脏有病！……

爷　爷：（打手势）嘘——小声点呀！别让老太婆听见嘛！（央求）我的好孙女，你听着，今天可是个不平常的日子呀！我们想了多少办法要去接近华工弟兄，特别是想跟他会面，真是白天也想，晚上想，连做梦都在想呀！嗳，忽然间，好像上帝给他安了一双翅膀，他直接地悄悄地就飞到我们家来啦！你说说，这意味着什么？

加丽娅：（笑而不答）……

爷　爷：这意味着他们跟我们快要成为一家人了！……（幻想地）我常常在想，加丽娅，要是全世界无产者都能像马克思他老人家说的那样联合起来，那该多么好，多么好呀！要是一切被压迫的人，白种人、黄种人、黑种人……都拉起手来，都举起拳头，嘀，那你就瞧瞧什么帝国主义、资本主义，呸！统统见鬼去吧！……总而言之，加丽娅，你必须拿一瓶伏特加来！要是马克思他老人家今天也在这儿，我敢说，他也会喝它两杯高兴高兴的！

加丽娅：（笑）是啦，好爷爷。我一定拿一瓶来。不过，你得答应我，这是最后一次！

爷　爷：（做了个鬼脸）那当然。

加丽娅：我走啦！（刚转身，爷爷又一次把她抓住）

爷　爷：等等，两瓶都拿来！……

加丽娅：什么？

爷　爷：嗳，你不是说，这是最后一次嘛！

加丽娅：爷爷你呀，你真坏！（笑着跑下）

〔爷爷看了看身上，摇了摇头，从大胡子和大胜身旁悄悄走过，下。〕

大　胜：（怀疑地）老先生，你们为什么对我这么好呢？是不是要我……帮你们做什么事？

大胡子：是的，的确需要您做点事情。非常需要！

大　胜：好，明人不做暗事，要我做什么，你们就明着说吧。

大胡子：我们希望您带领大家，为了被压迫的华工弟兄，为了给您死去的父亲报仇！

大　胜：（霍地站起来，激动而又困惑地）我的仇……跟你们有什么关系？

大胡子：我们是一家人。您的仇就是我们的仇！

大　胜：（沉思）一家人……

〔爷爷穿着一件俄罗斯农民节日时穿的长袖花边上衣，从内室走出，刚好迎头碰上从厨房出来的加丽娅，于是把她拉到台前。〕

爷　爷：（严肃地）喉，你看，怎么样？

加丽娅：好看极啦！

爷　爷：样子不吓人吗？

加丽娅：（摇头，笑）……

爷　爷：（向大胜努嘴）他不会再把我当成魔鬼一见面就跑吧？哈哈！（突然捂嘴，小声地）加丽娅，饭做得怎么样？

加丽娅：开始做了。

爷　爷：我亲自去检查一下。你赶紧把酒拿来！

〔爷爷去厨房，加丽娅进内室。〕

大胡子：……要知道，有两种俄国人，有两个俄罗斯，一个是反动的俄罗斯，一个是人民的俄罗斯。反动的俄罗斯把你们当作仇人，人民的俄罗斯把你们当作朋友。是的。沙皇俄国对中国人民犯下了滔天的罪行。1900年，沙皇政府派遣了几万军队，参加八国联军，残酷地镇压了义和团的起义，占领满洲……

大　胜：对，郭大哥跟我拉过。

大胡子：帝俄军队到处残杀手无寸铁的中国居民，烧毁整个的村庄……沙皇政府究竟有什么权利，有什么理由派兵到中国呢？它欺骗俄国人民，说什么因为“黄种人敌视白种人”，因为“中国人仇视欧洲文化和文明”。所以才派兵到中国，帮助他们，开化他们。事实究竟是怎么呢？有一个俄国人说的好：“是的，中国人的确憎恶欧洲人，然而他们究竟憎恶哪一种欧洲人呢？并且为什么憎恶呢？……那些到中国是为了大发横财的人，那些利用自己的所谓文明来进行欺骗、掠夺和镇压的人，那些为了取得贩卖毒害人民的鸦片的权利而同中国作战的人，那些用传教的鬼话来掩盖掠夺政策的人，中国人难道不能痛恨他们吗？”……

大　胜：对呀，说得对呀！这个俄国人是谁？

大胡子：列宁。

大　胜：列——宁？

大胡子：对。列宁又说，那时候，沙皇政府和他的奴才们，拼命在俄国人民中间煽风点火，挑起对中国的仇恨。他们在报刊上大肆攻击中国人，叫嚣黄种人野蛮，仇视文明……

大　胜：卑鄙，卑鄙！他们这样造谣，究竟是为啥呢？

大胡子：列宁正好回答了你的问题。他说："凡是靠刺刀才能维持的政府，凡是不得不经常压制……人民愤怒的政府，都早就懂得一个真理：人民的不满是无法消除的，必须设法把这种对政府的不满转移到别人身上去。"……

大　胜：（咀嚼）把不满转移到……别人身上去？……嗯，有道理。那么，俄国老百姓……

大胡子：他们当中有些人的确受了欺骗。但是，要知道，人民是欺骗不了的！当那些可怜虫们制造对中国的仇恨的时候，列宁要俄国人民不要上当。他说："中国人民从来也没有压迫过俄国人民，中国人民也遭到俄国人民所遭受的那种苦难……"

大　胜：（沉思）是呀，说的是呀……

〔安娜大婶和玛莎，上。〕

大　胜：大婶！

安　娜：孩子！欢迎你，欢迎你呀！（激动地抹泪）

玛　莎：叔叔！叔叔！

〔他们亲热地坐到一旁，说着，谈着。〕

〔爷爷拿着个小镜子，一边走，一边认真地梳着几根淡黄色的头发和花白的胡须，加丽娅和奶奶上。〕

奶　奶：呶，安德留沙，快点儿吧！

爷　爷：马上……（又梳了一次）

奶　奶：行啦，安德留沙，已经够漂亮的啦！

爷　爷：嗯……（又整了整衣服）

奶　奶：安德留沙，甜菜汤都要凉啦！

爷　爷：好，开始吧！（向大胜等）请，请！

〔大家围桌坐下。〕

爷　爷：（大声向后台）奏乐！

〔手风琴手等出现在门口，奏起乐来。〕

爷　爷：（庄严地站起来，举杯）来吧，孩子，为了……（思索一篇美好的祝词，未果，忽然望着大胡子）对，为了“世界规模”的事情……

大胡子：（小声提醒）他恐怕不懂……

爷　爷：他应该懂嘛！（立刻改口）啊，他会懂的！来，我的兄弟，为了你今天到我们家来，为了我们两国无产者的心永远地连在一起，为了“世界规模”的事情早一天成功。干杯！

〔人们碰杯，干杯，大胜稍有踌躇。但立刻一饮而尽，忽然皱眉，咳嗽起来，加丽娅忍不住笑，跑到壁炉后边抿着嘴笑。〕

奶　奶：（跑过来）哎嘿，你呀，你呀！快满 18 岁啦，还像个小姑娘似的！

加丽娅：（强忍着笑）金娜奶奶，我……一会儿就好……

〔爷爷离开桌子，把脚一跺，跳起俄罗斯民间舞。〕

爷　爷：（边跳边喊）来呀，金娜！来跳呀，安娜！

〔安娜和爷爷跳了起来。大胜一边拍手，一边笑着。欢乐的情绪达到了高潮。大胡子从墙上取下吉他，弹了起来。〕

加丽娅：（一怔自语）听妈妈说，我爸爸也爱弹吉他……阿历克赛·安东诺夫……跟我爸爸同名同姓……不，不，这不可能，不可能！……他……牺牲了！……整整十年了！

〔大胜忽然皱着眉头，走到一边。〕

大　胜：（自语）王三哥不知怎么样了？该不会遇到危险吧？

——灯渐暗，幕落。

第七场

〔第二天晚上，二道幕前。林中。〕

〔王三跑上。大柜尾追而来。〕

大　柜：站住！输了不给钱，撒腿就跑？

王　三：赌了一晚上，钱都输光了，身上连个子儿也没有了！

大　柜：哼，你骗谁？

王　三：骗人是畜生！

大　柜：（一把抓住他的衣服）让我搜！

王　三：（着慌，紧紧捂住衣服）张二爷！张二爷！（欲跑未遂）

大　柜：（强搜身，从王三内衣袋里取出一个小布包，一层层打开，露出一枚金刚钻戒指）这是啥玩意？（用袖口擦了擦）宝石戒指？哈哈，好东西，好东西！（刚欲走开，忽然眉头一皱）哎，你这是从哪儿弄来的？

王　三：捡……捡到的。

大　柜：捡到的？胡说！哪儿来的？

王　三：张二爷……

大　柜：好吧，你不说，我也能知道！走！

王　三：上……上哪儿？

大　柜：宪兵队！

王　三：（一把抓住他）张二爷，我求求您……

大　柜：那么你快说，这是怎么来的？

王　三：我……我……

大　柜：你不说？好！（转身就走）回头宪兵队长会叫你说！

王　三：张二爷，您可千万别去！这……这是宪兵队长家的……

大　柜：啊？……（眼珠子转了两转）我问你，昨儿黑夜宪兵队长家那把火……是谁放的？

王　三：（颤抖）不……不知道……

大　柜：（冷笑）我知道，是你！

王　三：（惊叫）啊……不……不是我……

大　柜：（抓住他的衣领）嘿嘿，不是你，又是谁？

王　三：（犹豫片刻，摇了摇头）不……不知道……

大　柜：（松开手）好吧，干脆，跟我到宪兵队长那儿走一趟……（欲走）

王　三：（情急，抓住他）张二爷，张二爷！您做做好事……

大　柜：那么你到底说不说？

王　三：我说……我说。可您得答应我……

大　柜：什么？

王三：绝对不跟洋人讲！

大　柜：这个你放心。咱们都是中国人，还有胳膊肘往外拐的吗？你说吧，放火的是谁？

〔风声起。〕

王　三：他……他……

大　柜：他是谁？

王　三：大……大……大大大……大胜！

〔雷电交加。王三捂着耳朵伏在地上。〕

〔暗转。纱幕起。〕

〔酒馆的一个房间，窗外大雨倾盆，雷声隆隆。室内灯影昏暗，烟雾弥漫，外屋传来一阵阵男女哄笑声，喝酒猜拳声。〕

《苏武牧羊》的歌声……

〔俄国女招待忙碌了一阵，下。〕

〔王三抬起头，长叹一声。〕

王　三：唉！大胜呀，大胜，你到底在哪儿？弟兄们找了你一天一夜……

金大叔：怕是凶多吉少呀！

王　三：（拍脑袋）怪我，怪我，千不该，万不该，昨儿黑夜我不该扔下他一个人就跑……郭大哥怪罪我……应该，应该呀！（喝酒）

金大叔：王三，（夺下酒碗）

王　三：金大叔！你……你不知道我心里……唉！大胜他救过我的命，我们是对天发了誓的弟兄，可我……我对不起他呀！（伏在桌上哭）

金大叔：王三！王三！这哪能怪罪你呢？你要不是够朋友，还能跟他一起去吗？

王　三：大胜兄弟要是真有个三长两短。我王三还怎么活啊！

〔郭老九领着一群华工上。〕

王　三：大哥！你回来啦！

金大叔：怎么样？大胜找见没有？

〔郭老九等坐下低头不语。〕

山东大汉：老九，你给俺说说，这到底是怎么回事？大胜他为啥忽然就不见了？俺们跟着你四下里找他，可宪兵好像也到处在找什么人……

天津人：宪兵队长家失火跟大胜又有啥关系？难道是大胜去放的火？

〔郭老九仍默不作声。〕

华工甲：唉！没有大胜……

华工乙：往后谁来替咱们说话啊？

天津人：咱们可怎么办啊！

〔窗外风雪呼啸，幕后歌声起——

“凄风苦雨大雪飘，
北极圈里修铁道。
铁道越修路越长，
修路华工人越少。
一块石头血一滴，
一根枕木命一条。
漫漫长夜有时尽呀，
华工的苦啊何时了？……”

〔人们或坐或立，听着那凄切动人的歌声，不禁泪下。〕

〔宪兵队长上，左右张望着。〕

〔歌声在继续——

“华工苦，华工苦。
华工的命啊狗不如。
华工苦，华工苦，

呼天喊地无处诉。

华工苦，华工苦，

无娘的孩子，无根的树。

唉，想回家乡没有路。

重见爹娘在何处？……”

〔宪兵队长下。王三恐慌地瞪着眼睛。〕

王　三：〔自语〕宪兵队长来干啥？莫不是……

莽　子：（含泪）郭大哥，咱们实在活不下去了！

山东大汉：洋人把俺们当蚂蚁一样踩。要你死你就不能活……

天津人：咱中国人的命运就这么不值钱吗？

华工甲：哪一天，不抬出去好几个啊！

山东大汉：老九，有什么话你就说吧！

天津人：这儿都是自己的弟兄。难道你还信不过咱们？

华工甲：咱华工里头，除了大胜就数你了。

华工乙：大胜不在，你得给大伙拿个主意呀！

郭老九：（霍地站起）弟兄们！……你们可知道，是谁一把火烧了咱们的工棚。断了咱们回家的路？

众：谁？

郭老九：宪兵队长。

众：啊？宪兵队长？不是俄国工人？

郭老九：昨儿黑夜，大胜兄弟和王三兄弟把宪兵队长的家给烧了？

众：好，好！

王三兄弟，你可真是一条好汉哪！

郭老九：大胜兄弟生死不明……

众：兴许被人救了……

说不定在林子里迷了路。

怕只怕被宪兵抓住……

郭老九：如今，咱们只好逼上梁山跟他们干了！

众：对！咱们得像大胜那样……

火烧总管府！

你烧，我也烧！

你杀，我也杀！

郭老九：不，不能硬拼。你们该记得吧，上一回，大胜悬崖救王三……

众：那一场干得真痛快！

逼得总管走投无路，只好答应按合同办事，乖乖地补发咱们工钱……

不但补发了，还预支了两个月的工钱呢！

嗨！补发的，预支的，还不是统统被他妈的一把火给烧成灰了！

人家把工钱预支给你了，如今你干也得干，不干也得干。

是呀，咱们的脖子被人家掐住啦！

郭老九：他掐住咱们的脖子，咱就不能掐他的脖子吗？

众：对呀！

是呀！

郭老九：上一回，大胜救王三，领着咱们斗了一场，想不到真斗赢了！你们说，这是为啥？

众：是呀，这是为啥呢？

总管为啥要装笑脸呢？

郭老九：因为咱掐住了他的脖子！……你们说，总管最着急的是啥？最要命的是啥？是修铁道！……你等着铁道用，好，老子就不给你修！

众：对！

郭老九：眼下俄国跟德国正在开仗，能干活的全走了，剩下的都是一些老弱残废、妇女小孩。要是咱不给他修路，他就没有法！

众：好！

说得在理！

郭老九：大胜兄弟说得好，你怎么来，我就怎么去！你欺侮咱们，坑害咱们，咱就不给你干了，送咱们回国！

〔群情沸腾：对呀！好哇。〕

〔大胜突然走了进来。他神采焕发，仿佛是一新人。〕

〔小福子站在门口微笑着。〕

郭老九：（奔过去。一把抓住他的手）大胜兄弟！你……你可回来啦！

大　胜：老九哥！

〔人们团团围上：大胜！你回来啦！把人都急死啦！这一天一夜你都在哪儿？小福子下。人们张罗起来。〕

王　三：（抓住大胜）大胜兄弟，你……你不能回来呀！（急忙改口）啊，你可回来啦！

大　胜：王三哥，我还一直为你担心哪！

王　三：（害怕）你在路上没有遇到宪兵吧？

大　胜：没有。遇到也不怕！

王　三：那好，那好。

〔大柜的影子在窗前一晃而过。〕

金大叔：唉，孩子，大伙都以为你没啦！不是被宪兵逮去了，就是被狗熊吃了……

大　胜：（笑）哪能呢？

金大叔：谁把你给救了？是不是苏武大圣显灵……

大　胜：（笑）不是！

金大叔：那是谁？快告诉我，我要给他烧香磕头！

大　胜：金大叔，是俄国的无产……阶级把我给救了。

金大叔：什么？叫啥？

大　胜：叫无产……阶级！天下最好的人！咱们中国也有，就是眼下还不太多。

金大叔：（困惑）叫无产……阶级？怪呀！咱们中国也有？我活了这么多年，为啥就没听说呢？

众：是呀，为啥没听说呢？

这到底是啥人物呀？

大　胜：（搔头）哎呀，这可叫我怎么说呢？（回想）……啊，有了，世上有那么一些人，除了两只手，他们什么也没有。可是，就凭这两只手，他们什么都会有！

金大叔：妈呀，这不就成仙了吗？

众：是呀！

你说清楚点儿！

他们到底在哪儿？

大　胜：就在这儿！

〔人们愕然，互相望着。〕

大　胜：无产阶级就是咱们，咱们就是无产阶级！

金大叔：我明白了。无产阶级就是咱们劳工……

郭老九：工人。

大　胜：对，工人。

金大叔：嗨，看你，绕了那么大个弯儿！

天津人：嗳，大胜，你说咱们除了这两只手。啥也没有，这话我懂。可你又说，就凭这两只手，咱们啥都会有，这话我就一点儿也不懂了。

金大叔：是呀，我也不懂。（看手）看这两只手……

〔人们也纷纷看着自己的手。〕

金大叔：唉！咱用这两只手，早早晚晚给东家犁地，日日夜夜给老板干活，辛苦了一辈子，可落个啥？你们看，这一道道裂口，这一条条血印，这一块块伤痕！……就凭这两只手啥都会有？（摇头叹息）

大　胜：弟兄们！只要咱们挺起胸膛，举起拳头，拉起手来，跟他们干，就有出头的一天！

众：好，大胜，你就明着说吧！

怎么个干法？

只要你打头。就是上刀山，俺也跟你走！

只要你说一声：上！哪怕是火海，咱也跟你跳！

说吧！到底咋个干法？

大　胜：罢工！

众：对！对！

罢工！

刚才咱们还在说呢！

大　胜：常言道：众人拾柴火焰高。光咱们罢工还不够，咱还得跟俄国工人拉起手来，联合罢工！

众：跟俄国工人拉起手来？

联合罢工？

这……能行吗？

郭大哥，你说呢？

对，老九，你说说！

郭老九：这……恐怕……不行。

金大叔：是呀，恐怕不行。

大　胜：弟兄们，我亲眼看见，俄国工人也是一些受苦的百姓，跟咱们一个样！他们的话听着新鲜，说得在理。他们冒着危险救了我的命……

郭老九：不错，他们救了你的命，也给你说好听的，可谁知道他们打的是什么主意，安的是什么心？

金大叔：是呀，老九说得在理！

李老好：那可不！

郭老九：我郭老九在江湖上混了那么多年，吃过多少苦，受过多少骗，俺算寒透心啦！这个天下，什么人没有？何况是洋人，更加不能信。哪有洋人向着咱们中国人啊！

众：是呀。

这话不假。

李老好：那可不！

大　胜：弟兄们，听我说，天下工人是一家，洋人也有两种，一种是好人，一种是坏人……

郭老九：这话不错。可是好是坏，咱们还得看看。常言道“路遥知马力，日久见人心”。

众：是呀，咱得走着瞧瞧！

人心隔肚皮，狐心隔毛衣呀！

咱可不能上了人家的当啊！

大　胜：（沉思半晌）好吧，咱们自个先干起来！

众：（情绪又热烈起来）

对！

怎么个干法？

大胜，你说！

大　胜：先向总管提条件！

金大叔：啥条件？

大　胜：第一条，火烧工棚的凶手要法办，银钱损失要赔偿！

众：好！

大　胜：第二条，不准俄国宪兵和德国俘虏随便打骂咱们弟兄！

众：好！

莽　子：第三条，病了要给看，伤了要给医，不能像现在这样死活没人管！

众：对！

山东大汉：第四条，一天只干十个钟头活，不能像现在这样披着星星出去，顶着月亮回来！

众：对！

金大叔：要是总管不答应呢？

大　胜：不答应，咱们就回国！

众：这可好哇！

有门！有门！

不答应咱们的条件，咱就回国！

咱爬也要爬回中国，死也要死在中国！

大　胜：咱们赶紧分头到各个工棚去跟大伙说说，天亮以前再一块儿聚合。告诉众位弟兄，咱们得齐心，得争口气呀！非要让总管瞧瞧，咱们中国人不好惹的！

众：对！对！

〔小福子奔上。〕

小福子：（喘息着）不好了！

郭老九：怎么回事？

小福子：宪兵队长带着人马来了！

〔王三惊恐万状。〕

郭老九：大胜兄弟，你快走！

王　三：大胜兄弟！快，快去躲一躲！快呀！

小福子：大门出不去了！

郭老九：快，从后门跑！

大　胜：大哥，万一我出了事，你可千万要掌好舵呀！

郭老九：兄弟，你放心。快走吧！

大　胜：大伙有什么事多找老九哥商量。我走了！

〔大胜刚走到台侧，两把刺刀咔嚓一声，拦住了他的去路。〕

〔宪兵队长带着哥萨克从旁门上。〕

队　长：〔狞笑〕英雄，可爱的英雄，哈哈哈……带走！

〔两个哥萨克上前抓住大胜。大胜怒吼着："你们凭什么抓我？"被哥萨克推下。〕

郭老九：（冲向门口）站——住！

〔刚跑到门边，冷不防被宪兵队长一拳打倒。〕

郭老九：（抹去脸上的血，一步一句）毛子呀，毛子！你也欺人太甚，狗急还要跳墙……小福子，拿刀！

〔小福子送上大刀。郭老九刷地抽出刀来。〕

〔金大叔等围住他。〕

金大叔：老九，不能去呀！

天津人：硬拼不是找死么？

山东大汉：咱们再想别的法子……

郭老九：（声如雷鸣）让开！

〔众人默默地让开一条路。〕

郭老九：（举刀）弟兄们，是中国人，跟我走！（奔下）

〔人们跟着他冲了出去。〕

〔王三呆望着，突然双手捂脸。〕

〔大柜上，王三怒视着他。〕

王　三：你……你为啥跟洋人说？你把我骗了！你把我卖了！

大　柜：哈哈，王三老弟，到底是谁把谁卖了？

王　三：（捶胸顿足）我不是人，我不是人！……

大　柜：来，为你交了红运喝一杯！（喝酒）王三老弟，听说您府上是奉天人，做过几年小买卖，后来给土匪抢了？现在，可是个发洋财的好机会呀！

王　三：你……你还要我怎么样？

大　柜：很简单。总管要抓的不是大胜，而是那些跟大胜有关系的俄国工人。只要你想办法把那些俄国人圈到手，总管答应立刻把你的大胜兄弟放回，而且重重地赏你！

王　三：你还想来骗我？告诉你！我不干！（欲走）

大　柜：（拦住他）告诉你，非干不可！

王　三：滚开！

大　柜：坐下！

〔宪兵在门口出现。〕

大　柜：看见了吗？……谁跟大胜一起放火烧了宪兵队长的家，嗯？谁又出卖了自己的把兄弟，嗯？只要我跟你郭大哥说那么一句，王三呀，你、你就别想再活命！

〔王三　屁股坐下。窗外传来一阵枪声。〕

——灯骤暗，幕落。

第四幕　阴谋

第八场

〔若干天以后，景同第二场。〕

〔天边，一弯冷月，几点寒星，悬崖、树木披着雪装。〕

〔夜深沉，乐声悲，郭老九仰天沉思。〕

郭老九：（轻声呼唤）大胜兄弟！……实指望要把你从虎口里救下，谁知道宪兵把我们围上。众弟兄死的死，伤的伤……你把千斤重担交给了我，可我……我到底怎么来掌舵？……（双手捧起大刀）老九呀，老九！想当年，你带着这把红缨大刀加入了义和团，深更半夜闯进那洋人的兵营……可如今……唉！为什么，你忍气吞声，眼泪只往肚里流？为什么，你犹犹豫豫，前怕狼后怕虎？当年的那股威风哪里去了？唉！（刀劈巨石，火星四溅）

〔郭老九月下舞刀。清冷的月色中，只见那刀光闪闪，宁静的寒夜里，只听那刀声嗖嗖。〕

〔王三鬼鬼祟祟地上。〕

王　三：大哥！你的伤还没有好哪！

郭老九：（收刀）你来干啥？

王　三：唉，睡不着呀！我想跟大哥谈谈，可到处也找不见，忽而一想，大哥你一定又到这儿来了。（望悬崖）就是在这儿，咱们三兄弟焚香结拜……

郭老九：（冷冷地）就是在这儿，大胜兄弟救了你的命！

王　三：是呀，我一辈子也忘不了啊！

郭老九：可你早已忘了！

王　三：大哥！我……我是对不起他（抹泪）……求你让我……赎罪……（哭）

郭老九：（心软）唉！别哭啦。我心里已经够烦的了。

王　三：（振作精神）大哥，说啥咱也得把大胜救出来！

郭老九：这还用说！

王　三：（神秘地）大哥，我已经打听好了，大胜被关在一个地牢里。

郭老九：（感兴趣）啊？

王　三：进了总管府的花园，然后，顺着湖边一条小道，往前走百十来步就是……

郭老九：（沉思）嗯……

王　三：听说，地窖门口平常只有一个卫兵。

郭老九：嗯……

王　三：唉，可惜咱不懂俄国话呀……

郭老九：你是说……

王　三：我是说，从这儿到总管府，要过三道桥、五道卡，要是……要是路上碰到宪兵……

郭老九：你是想……

王　三：我是想，如果俄国工人能帮咱们的忙，化装成宪兵，把你我二人当作逃跑的华工，五花大绑，押到总管府去，然后……

郭老九：（兴奋地）好主意！

王　三：主意是好，可就是……

郭老九：什么？

王　三：自从大胜被抓，咱们跟俄国工人不是就断线了吗？

郭老九：没有断。

王　三：没有断？

郭老九：他们带了几次信来，要我去会他们……

王　三：你去啦？

郭老九：没有去。

王　三：嗨，你为啥不去呢？

郭老九：我信不过呀！

王　三：这倒也是。

郭老九：可我还是想会会他们。

王　三：对，应该去会他们。

郭老九：他们救过大胜的命，兴许真是一帮好人呢？

王　三：说不定。嗳，大哥，咱们先回去歇着。明儿一早我跟你一起去会他们。

郭老九：不用了。

王　三：为啥？

郭老九：他们马上就来了。

王　三：（惊奇）马上就来？

郭老九：是呀。我们约好了，今天夜里在这儿会面。

王　三：啊……大哥，我去叫几个弟兄来，万一他们存什么歹心……

郭老九：谅他们不敢！

王　三：可也不能不防备点儿。大哥，我先走一步，马上就回。（欲下）

郭老九：王三，你还是留下吧。临时有个啥事，咱也好商量商量。

王　三：（皱眉，缩肩）哎呀，真冷啊！大哥，你可别冻着呀！我回工棚去给你拿件衣服。马上就来！（欲下）

郭老九：不用啦！我想他们也快来了。

〔小福子领大胡子、安德烈爷爷上。〕

大胡子：（拱手）您好！

郭老九：（还礼）您好！

爷　爷：（拱手）您好！

郭老九：（还礼）您好！

爷　爷：（发现王三）这一位……

郭老九：这是我王三兄弟。

爷　爷：啊，那一回，不是你带头喊“给我揍呀”！对吗？

王　三：啊，实在对不住您……

爷　爷：（拍着他的肩膀）年轻人，没有什么。没有什么。我不过说着玩儿。那些都已经过去了！

王　三：老先生，请问您贵姓……

爷　爷：我吗？我叫……

大胡子：（抢着回答）他叫亚历山大·季米特里耶维奇·多尔马托夫斯基。

〔爷爷和大胡子交换了一个眼色。〕

爷　爷：（笑问王三）怎么样？俄国人的姓名念起来像唱歌一样，对吧？哈哈哈！

郭老九：二位有什么事，请说吧。

〔郭老九见大胡子有点犹豫，急忙解释。〕

郭老九：这儿没有外人。我们俩和大胜兄弟是生死弟兄。你们事先打了招呼要守秘密，所以我谁都没有告诉就来了。请，请！

大胡子：谢谢您终于答应来和我们会面。首先我想说，对于大胜被逮，我们也跟你们一样，感到非常难过，非常着急。因此，我们曾经几次带信给您……

郭老九：老先生，请不要见怪。大胜被抓走那天，我的肩膀受了点伤……

大胡子：是的，我们听说了。你们那样的勇敢，实在令人钦佩！对于宪兵的暴行，我们俄国工人非常愤慨，已经三次向总管提出了抗议。今天，我们想和您商量一下，怎样才能把大胜救出来……

郭老九：这太好了！老先生，依您之见，怎么才能把大胜救出来呢？

大胡子：我们认为，必须通过群众的斗争……

王　三：怎么个斗法？

大胡子：罢工。

王　三：罢工？哈哈！

郭老九：想必您也知道，我们工棚的弟兄已经罢工不少天了……

王　三：可又有什么用？总管根本不买你的账！

大胡子：不是罢工没有用，而是因为打击的力量还不够。我们必须这样来打击敌人，不是用一个指头，而是用五个指头捏成的拳头，向敌人最要命的地方打过去，打得他叫痛，而不得不低头。这就是说，单单你们一个工棚罢工是不够的，还要使所有工棚的弟兄都起来罢工。而且，单单你们罢工也是不够的，你们和我们要拉起手来，举行联合罢工……

〔王三见郭老九听得入神，捅了他一下。〕

王　三：（和他耳语）大胜兄弟在受苦，救人要紧呀！

郭老九：老先生，您说的是有道理，可如今救人要紧……

王　三：对，救人要紧！如果你们真够朋友，那就帮咱们一起先把大胜兄弟救出来！

大胡子：联合罢工就是为了救出大胜……

王　三：这样吧，咱们讲好条件，先联合救人，后联合罢工，怎么样？

大胡子：朋友，听我说，只有首先联合罢工，然后才能强迫总管把大胜放出来。

郭老九：（和王三耳语）这话是有点道理。

王　三：大哥，别听他的！什么联合不联合？兴许是个圈套，要咱们替他卖命！再说，大伙一罢工，总管要是发了狠，大胜兄弟怕性命难保呀！

〔大胡子和爷爷耳语了一阵。〕

大胡子：依您看怎样把大胜救出来呢？

郭老九：我们想这样。请你们化装成宪兵，把我们当逃跑的人绑起来，押送总管府……

王　三：然后咱们一起悄悄地爬进铁丝网，杀死卫兵，救出大胜，你们说怎么样？

爷　爷：（和大胡子耳语）这个主意不坏呀！

大胡子：主意是很好，可就是……

王　三：怎么样？

大胡子：太危险（问郭老九）您看呢？

郭老九：（犹豫）是有点危险。

王　三：大哥，你……（灵机一动）唉！大哥……告诉你吧，明儿一早，总管就要把大胜兄弟给绞死啦！

郭老九：（霍地站起来）什么？

大胡子、爷爷：（惊起）啊？

王　三：大哥，本来我是不想跟你说得。可我……我实在憋不住啦！咱们跟大胜兄弟就在这儿对天发的誓，咱不能见死不救呀！（抹泪，见郭老九还在犹豫）大哥，你说得对，是有点危险，说啥你也不能去。你的伤还没有好，弟兄们又靠你给他们掌舵。我王三死了没啥！大哥，我去了！你们慢慢谈吧！（欲下）

郭老九：等一等！（问大胡子）怎么样？

大胡子：（沉思）……是不是把情况弄清楚一点，然后再……

郭老九：来不及啦！你们要是真够朋友，那就请把手伸出来！（伸出手）

〔大胡子还在犹豫，爷爷却在鼓动他把手伸出去。〕

大胡子：（终于伸出了手）好吧！（紧紧地一握）……我们各自回去

准备一下……

郭老九：马上到这儿聚齐！

大胡子：好。

王　三：一言为定！（随郭老九下）

〔依万、手风琴手等从另一角上。〕

爷　爷：（兴奋）你们都听见了吗？

依　万：听见啦！

手风琴手：好哇！好哇！

爷　爷：就那么一下，拍！（作握手状）哈哈，真痛快！（问大胡子）刚才你为什么不伸手呀？看见你磨磨蹭蹭，唉，真把我急坏啦！

大胡子：（沉思）明天一早就把大胜绞死？……他怎么会知道呢？……我很怀疑……

爷　爷：嗨，别再怀疑啦！走吧！

依　万：走吧！天都快亮啦！

〔人们欲下时，安娜大婶领加丽娅上。〕

大胡子：加丽娅！（急迫地）大胜怎么样？

加丽娅：很坚强。真是个好样的！

大胡子：明儿早晨总管要把他绞死吗？

加丽娅：没有听说呀？

爷　爷：没有听说？

大胡子：你想有可能吗？

加丽娅：我想不会。

大胡子：嗯……

加丽娅：有一个重要的消息。

大胡子：什么消息？

加丽娅：华工里边出了一个叛徒。

大胡子：谁？

加丽娅：王三。他被总管收买了。

爷　爷：（望着大胡子）啊，原来是这样！……

加丽娅：怎么？

爷　爷：他刚刚还在这儿呢！我们已经答应他……（望了望大胡子，未说下去。）

〔大胡子焦急地来回踱步，爷爷和加丽娅耳语。〕

依　万：这可怎么办？

爷　爷：（懊悔）唉！这都怪我呀！……

安　娜：快离开这儿！为了上帝的缘故，快走吧！

手风琴手：不能走呀，安娜！已经跟人家说好了……

大胡子：（边走边想）总管的企图是……

依　万：把我们一网打尽！

手风琴手：那我们绝对不能去！

大胡子：不去，那就要失信于郭老九。以后他再也不会相信我们了。

爷　爷：手已经伸出去了，难道还能缩回来吗？这……这可怎么办啊！

依　万：总管这个老狐狸……

手风琴手：好狡猾呀！

大胡子：加丽娅，马上离开这儿！回去以后，你要想尽一切办法去接近大胜，告诉他：王三是叛徒，郭老九对我们发生了严重的几乎是难以消除的误解，除非大胜能够向他证明……

〔沃洛加奔上。〕

沃洛加：他们来啦！

大胡子：（握着加丽娅的手）希望寄托给你了，加丽娅！再见，祝你成功！

加丽娅：再见！（下）

〔依万和大胡子耳语后随安娜等急下。〕

〔郭老九、王三、莽子等奔上。〕

郭老九：（兴奋异常）你们早来啦？好，够朋友！

王　三：说话算话！

郭老九：对这种人我郭老九信得过！

王　三：来，动手吧！（取出绳子）绑！

大胡子：很抱歉，因为过于匆忙，我们还没有来得及把一切都准备好。您看，是不是把时间推迟一下……

郭老九：（低头不语）……

王　三：往后推迟？

大胡子：（向郭老九）而且，有一些重要的事，我们想跟您谈一谈。

王　三：那你就说吧！

大胡子：（向郭老九）如果可以的话，我们想跟您一个人单独……

郭老九：（冷冷地）这里没有外人，有话请说。

大胡子：请您不要误解……

王　三：闲言少叙。一句话，你们到底干不干？

大胡子：我们再商量一下，好吗？

王　三：大哥，他们这是要的什么花招？

〔郭老九一气之下，拂袖而去。〕

〔爷爷扬手追赶。王三迎面拦住。〕

王　三：不必了！你走你的阳关道，我走我的独木桥。走！（一扬手，和莽子同下）

爷　爷：（深深地叹了口气）唉！现在……就要看加丽娅了……

——灯暗，幕落。

第九场

〔同日夜。景同第三场。〕

〔总管夫人抱着一只小猫坐在客厅的沙发上打盹。琼斯微闭着眼睛，大柜端坐在一旁发呆。总管洋洋得意，用手指轻轻弹着肥胖的肚子〕

〔他们静静地等待着什么。电话铃响。人们吃了一惊。〕

总　管：（急急拿起听筒）哈罗！怎么样？……没有任何动静？继续等待！我再一次提醒您注意，上校先生：必须一网打尽，而且要捉活的！明白吗？（放下电话）

大　柜：哎呀，天都快亮了……

总　管：王三不会听错吧？

大　柜：不会！那个大胡子已经跟郭老九握了手，说要各自回去准备一下，一听到这个信我就赶紧往这儿跑……

琼　斯：也许，总管先生，您又高兴得太早了吧？

夫　人：那个大胡子会不会改变主意呢？

总　管：可能。不过，夫人，请相信，任他怎样改变，有一点他是改变不了的，那就是：他输了！

夫　人：您也是这样认为吗，亲爱的琼斯先生？

琼　斯：（耸肩冷笑）……

总　管：显然，如果他们来，那就要被我们一网打尽，这叫做“失败”。如果他们不来，那就要丧失华工的信任因而从此和他们一刀两断，这叫做“更加悲惨的失败”。难道不是这样么，顾问阁下？

琼　斯：（冷笑不语）

总　管：（眉飞色舞）不是“一网打尽”，就是“一刀两断”。哈哈，这是多么微……微妙呀！……

〔谢苗端酒上。〕

谢　苗：老爷，上等的法国香槟，按照您的吩咐拿来了。

总　管：（取了一杯自饮）好！放在那儿，准备庆祝胜利！

谢　苗：是，老爷。

总　管：谢苗，胡大胜怎么样了？

谢　苗：宪兵队长还在拷打他。

总　管：（挥手）这个我知道。我问你结果，结果怎么样？

谢　苗：他……

总　管：什么？

谢　苗：他什么也没有说。

总　管：呸，见鬼！你要宪兵队长马上来！

谢　苗：是，老爷。（下）

〔电话铃响。总管奔向电话。人们又凝神谛听。〕

总　管：哈！怎么样，上校先生？……还是没有动静？……嗯，没有关系。要士兵们耐心，耐心！继续把网张开明白吗？（放下电话）看来，他们已经“一刀两断”了，哈哈！

〔谢苗引宪兵队长上。〕

队　长：报告，总管大人。越打越不说，连哼都不哼一声。如果可以用什么来形容的话，那么，他简直就是一块铁！

琼　斯：铁需要用火来化！

队　长：火也使用过了，顾问大人，我用烧得通红的铁条，在他的光背上烙了一个美丽的图案——狗熊听见那铁条下边的肉发出丝丝的声音，如同在月光下欣赏一首迷人的小夜曲。可是，就连这样，他还是咬紧了牙，没有发出一点哪怕是非常轻微的声音。

琼　斯：那是因为火的热度还不够，队长先生！

总　管：不。对于这块铁，我们应该用人类的爱把他溶化。人总是人啊！立刻把他请来！

队　长：是！（下）

总　管：谢苗，你去准备点饭菜和伏特加，并且要我们的美人儿加丽娅来一下。

谢　苗：是老爷。（下）

〔总管和大柜耳语。大柜在门口迎接。〕

〔被打得遍体鳞伤的大胜。昂然走进客厅。〕

大　柜：（迎上）大胜！你……你怎么被打成这个样子？唉，只怪我二爷照管不好。你爹刚死不久，又让你受这么大的委屈。啊，可怜的孩子……（抹泪）

大　胜：（冷笑）……

大　柜：大胜，我为你求情来了。总管又发了慈悲，答应让我把你领回去。走以前，他还特地要会会你。

总　管：（走向大胜）亲爱的朋友，我很同情您的遭遇。（伸出手）让我紧紧握着您的手说，这场误会已经过去了！

〔大胜看也不看。〕

大　柜：多谢，多谢。

总　管：（自感没趣，缩回手）请相信，对于中国人民，特别是孙中山先生领导的革命，我一向怀有崇高的敬意。

大　柜：是呀，是呀。

总　管：唳，让我们像朋友和兄弟一样谈谈，好吗？如果您允许的话，我想请问你，宪兵队长家那把火是不是您放的？

大　胜：（似乎根本未听见……）

大　柜：（耳语）大胜，总管问你话呀！有我二爷在，别怕！宪兵队长家那把火是不是你放的？

大　胜：（干脆地）是我。

总　管：还有谁？

大　胜：就我一人！

总　管：好，您的坦率使我非常感动！请允许我再向您提一个问题，是谁叫您放的火？

大　胜：是谁叫我放的火？

总　管：对，是谁？

大　胜：（怒指总管）是你！

总　管：（被吓了一跳，声调阴沉）朋友，请允许我坦率地问您，您跟布尔什维克有没有关系？

大　胜：（茫然）……

大　柜：（耳语）大胜，布尔什维克……嗯，就是……就是坏毛子！

大　胜：坏毛子？

大　柜：对，坏毛子！你说，跟他们有没有关系？

大　胜：有！

总　管：谁？

大　胜：我不说！

总　管：（冷笑）嘿嘿，既然您已经承认跟他们有关系，那又为什么没有胆量说呢？您的胆子未免太小了吧，我的朋友？

大　胜：（被激怒）我胆小？

总　管：至少，您给了我这样的印象。哈哈！

大　胜：说了会怎样？

总　管：我们可以满足您的一切需要……啾，说吧！您跟哪个坏毛子有关系？

大　胜：（怒指总管）跟你！

总　管：（瞠目结舌，摊开两手，半晌始清醒过来）哈哈哈，哈哈哈！显然您还没有弄清楚我的问题。不过，既然您说到了我。那么我倒很感兴趣地想知道，您跟我有什么关系？

大　胜：（咬牙切齿）有你没有我，有我没有你！你这个笑里藏刀，狼心狗肺的坏毛子！

总　管：住口！（沉思自语）原来是这样一块铁？

〔琼斯走到大胜面前，以逼人的目光望着他。〕

〔大胜不示弱，以锋利的目光和他对望。〕

琼　斯：跪下！

大　胜：（冷笑）……

琼　斯：（咆哮）我要你跪下！

大　胜：（刚向前迈步，琼斯吓得急忙后退）……

琼　斯：（向宪兵队长）抓住他！打！打！

〔宪兵队长和另一个宪兵从后边抓住了大胜。〕

琼　斯：呶，亲爱的，跪下！

〔一个巴掌打过去，狂笑着。〕

琼　斯：哈哈哈！（转身）戈尔洛夫先生，我早就跟您说过，中国人是贱骨头，生来就是挨打的命。镇压义和团暴乱的经验告诉我，必须用这个（晃着拳头）来跟中国人说话……

大　胜：呸！（一口吐在琼斯脸上）你骂我，打我，我认倒霉。可你……你……你凭什么骂我们中国人？糟蹋我们祖宗？

（大胜猛力扑向前去；琼斯吓得连滚带爬地逃到一边，宪兵队长和宪兵上前抱住他，被他一脚踢倒一个，一拳打倒一个，队长掏出手枪瞄准，总管大声喝止："不准开枪！"）

〔大胜喘息未定，突然看见加丽娅端着托盘从门外走进来。猛地一怔，惊讶万分。〕

〔静场片刻。加丽娅以严峻而又亲切的目光向大胜望了一眼。〕

〔灯光集中在总管的脸上。他皱着眉头，眯着眼睛，自语道："是姑娘的美丽吸引了他，还是他跟她早就认识？"〕

总　管：加丽娅，去拿一杯牛奶咖啡来，招待我们这位中国客人。

加丽娅：（行礼）是，老爷。（从容地下）

〔总管和琼斯耳语。琼斯、总管夫人下。〕

总　管：（走近大胜）您需要冷静地休息一下，朋友。等一会儿我们再谈。

〔宪兵队长等随总管下。〕

〔加丽娅端着咖啡上，看见只有大胜一人，不禁愕然。〕

〔大胜激动地望着她，慢慢走近她，而她却回避着，显得非常冷淡。她放好了咖啡，匆匆向门口走去。大胜迎面拦住她，刚要开口，被她大声喝止："走开！"〕

〔加丽娅奔向门口，总管突然走了进来。宪兵队长跟上。〕

总　管：怎么回事？是他欺侮你了吗？不要难过，姑娘。（摸她的下巴）把他（指大胜）带下去！

队　长：是！（押大胜下）

总　管：加丽娅，他好像对你很有兴趣，是吗？

加丽娅：（瞪了他一眼）……

总　管：我想，请你到地窖去一趟，医治一下他心灵的创伤，你愿意？

加丽娅：（满脸飞红，愤怒地望着他）……

总　管：我始终相信，你们女人是万能的，哈哈哈！

加丽娅：（尽力克制）很可惜，老爷，我不是您所说的那种女人。

总　管：也许。不过，慢慢就会是的。哈哈哈！

〔加丽娅转身要走，忽然停下，自语："答应他？去？"〕

总　管：去吧，去吧！你会对他发生兴趣的，哈哈！……呶，怎么样？

加丽娅：听从您的吩咐，老爷。

总　管：好的，我很高兴。

加丽娅：可是，我恐怕很难完成您交给我的使命……

总　管：没有关系，没有关系。好吧，去换上你最漂亮的衣裳。

加丽娅：是，老爷。（下）

〔琼斯等从另一个门上。〕

总　管：（手舞足蹈）呶，怎么样，琼斯先生？我的判断？我的眼力？真想不到呀，哈哈哈！

琼　斯：您又高兴得太早了吧，总管先生？

总　管：不，不。

（电话铃响。）

总　管：哈罗！……什么？据王三报告，他们不来了？好吧，您可以休息了，上校先生！谢谢您，再见！（命令队长）立刻派人把加丽娅的家严密地监视起来，但是，不能惊动，不能！明白吗？

队　长：是，大人。（下）

总　管：而您，顾问先生，请和我一起找一个适当的地方，看一场精彩的表演！（欲下）

〔加丽娅盛装上〕

总　管：美人儿，祝您成功！（随琼斯下）

〔加丽娅目视他们下场。〕

〔她用手抚着忐忑不安的胸脯，紧张而激动。〕

加丽娅：〔吁了一口气〕噢依！……我终于有机会和他见面了！……

〔光渐暗。〕

〔暗转。黑洞洞的地窖，只有一道雪光从门缝射进来。大胜躺在干草上，昏昏睡着。〕

〔开门声。加丽娅端着托盘上，慢慢走近大胜。〕

〔台口灯光一现，闪过总管和琼斯的贼脸。〕

〔加丽娅放下托盘，俯身望着大胜。〕

〔大胜睁开眼睛，坐了起来。〕

大　胜：（惊奇）你……

加丽娅：（故意大声）您好，中国的！见到您，我是多么高兴呀！

〔大胜站起，后退着，上下打量着她。〕

加丽娅：（走近他，小声地）大胜！……

大　胜：（躲避她）你来干什么？

加丽娅：（大声）我来给您送饭的。朋友，您一定饿坏了吧？

大　胜：谁要你来的？

加丽娅：他们……

大　胜：他们是谁？是总管他们，还是……

加丽娅：（小声打断他）都是，都是！明白吗？

大　胜：（避开她）哼，真没想到……

加丽娅：（万分焦急，不顾一切地扑向大胜，在他耳边小声急语）王三是叛徒……

大　胜：（愤怒地推开她）胡说！

加丽娅：（大声）朋友，我的朋友！……（再一次扑过去）大胡子要我告诉你……

大　胜：（推倒她）走开！

加丽娅：（坐在地上，伤心地）大胜，大胜！……

大　胜：（指着门，怒吼）快给我走开！

〔加丽娅哭着奔下。开门声。地窖灯暗。〕

〔灯光移至台口一角。〕

琼　斯：可怜的姑娘。我觉得，您是误会她了！

总　管：（沉思）是呀，也许是我误会了她，（忽然眉头一皱）也许是……他们之间有了误会？……

〔台口灯暗。总管、琼斯隐去。〕

〔地窖内，大胜手抚着头，勉力支撑着没有倒。〕

〔开门声。小福子奔上，扑向大胜。大胜愕然。〕

小福子：大胜叔叔！

大　胜：（搂着他）小福子！

小福子：你受苦了！（哭）

大　胜：别哭！男子汉大丈夫，不准哭！

小福子：嗳，以后不哭了。

大　胜：你怎么来的？

小福子：不知花了多少钱，宪兵才让进的。大胜叔叔，我爹他们不相信大胡子。大胡子要我来找你开个字据……（取出纸条）只要你写个名字，画个十字就行……

大　胜：字据我不能开。

小福子：（惊奇）什么？你不能开？

大　胜：不能开。

小福子：怎么，你……你也不相信大胡子……

大　胜：你爹说得好，“路遥知马力，日久见人心”。大胡子他们那帮人到底怎样，咱还得看一看。

〔传来宪兵催促声：“快！快！”〕

小福子：大胜叔叔，王三是个坏蛋，是他把你招出来的……

大　胜：胡说！

〔宪兵的声音急：“快！快！”〕

小福子：我走了，大胜叔叔。

大　胜：要你多保重！问候王三大叔！

小福子：嗳！（奔下）

大　胜：（发现加丽娅留下的面包，拿在手中冷笑）朋友，兄弟?!（猛地将面包扔下。当的一声，滚出一把小刀。）

大　胜：（急忙拿起，惊奇地）刀？

——灯暗，幕落。

第十场

〔数日后，景同前场。客厅灯光暗淡。〕

〔总管站在窗前，望着漫天呼啸的暴风雪。〕

〔琼斯上。〕

琼　斯：总管阁下，您是在欣赏暴风雪么？

总　管：……

琼　斯：暴风雪，它是多么令人陶醉，而又多么令人可怕啊！它预告着：1917 年离我们近了，更近了！而铁路完工的日子却离我们远了，更远了！

总　管：（气得直翻眼）……

琼　斯：（嘲笑）呶，您为什么沉默得像条鱼一样？

总　管：（被激怒了）哦……哦……哦……

〔谢苗急上。〕

谢　苗：总管大人，宪兵队长要我从工地回来向您报告：在郭老九的煽动下，第三、第八、第十三、第十九号工棚的华工已经开始罢工，第十一、第十四、第十七……

总　管：（忍耐不住）快点！

谢　苗：是，（加快速度）第二十一、第二十四、第三十三……

总　管：快说。

总　管：是！（一口气）第三十四、第三十七、第四十、第四十二、第四十四……

总　管：（上前一步，吼起来）这些工棚怎么样？

谢　苗：正在酝酿罢工。

总　管：（松了一口气）啊……

谢　苗：不但如此，我们俄国工人也在今天开始了同情罢工。

总　管：（急得团团转）胡大胜供出和加丽娅的关系没有？

谢　苗：没有。

总　管：加丽娅的家里有什么动静没有？

谢　苗：没有。

总　管：加丽娅这几天有什么可疑的活动没有？

谢　苗：没有。

总　管：呸！见鬼！没有，没有！

琼　斯：当然没有，这样一个小姑娘怎么可能……

总　管：（愤怒地打断他）继续监视她！

谢　苗：是，老爷。

〔加丽娅上。〕

加丽娅：老爷，太太请您和琼斯先生去进晚餐。

总　管：谢谢你，加丽娅。（和琼斯同下）

〔谢苗望了望加丽娅，下。〕

〔暴风雪停了，加丽娅走到窗前，打开一扇小窗户。不知是谁，从窗外扔进一块面包。加丽娅急忙拣起，环视四周，确信无人时，从面包里边取出一张小纸条。轻声念着：“盯住苍蝇。”欲下时，身后突然响起谢苗的声音：“晚安，加丽娅！”〕

加丽娅：（一怔，回过头，气愤地）谢苗！你为什么老像影子一样跟着我？

谢　苗：（手放在胸前，虔诚地）出于一种爱，小姐。

加丽娅：（满脸飞红）你……

谢　苗：请不要误会。这不是男女之间的爱。不，完全不是。而是一种……叫我怎么说呢？明白吗？

加丽娅：不明白。再见！（欲下）

谢　苗：（拦住她）等一等。（神秘地）您要当心呀，加丽娅！总管得了一个奇怪的病……

加丽娅：（感兴趣）什么病？

谢　苗：疑心病！

加丽娅：哈哈，你真会演戏呀！……谢苗，听说你爷爷……

谢　苗：对，我父亲的父亲。

加丽娅：是一位伯爵？

谢　苗：不，不！伯爵见了他都得这样！（作低头状）

加丽娅：（忍着笑）那么他……

谢　苗：（庄重地）他是一个伟大的“上帝！”可惜他已经不在人世啦……（画十字）

加丽娅：（忍不住大笑）哈哈哈！

谢　苗：姑娘，你别笑呀！（严肃地）今天晚上你可要特别小心……

加丽娅：（微笑）为什么？

谢　苗：也许，这将是一个很不平静的夜晚呀！

〔传来震天动地的爆炸声。一下，又一下。〕

谢　苗：（画十字）上帝保佑！（奔下）

加丽娅：（激动地）这是不是……（奔下）

〔电话铃响。〕

〔宪兵队长奔上。〕

队　长：（拿起听筒）哈罗！哈罗！什么？什么？

〔总管神色紧张地上。夫人、琼斯、谢苗等跟上。〕

队　长：（放下电话，声音发抖）报……报告，总管大人……

总　管：（阴沉）呶，快说！

队　长：七……七号桥……

总　管：（上前一把抓住他）呶……快说！

队　长：（哭音）七号桥被……被炸了！

众：啊？

〔总管呆若木鸡。然后他像醉汉似的摇晃着，一边走，一边喃喃自语："阿历克赛·安东诺夫，我的老朋友！"看着大家，精神由颓丧而逐渐疯狂。〕

总　管：顾问先生，怎么办？我的夫人，怎么办？……队长先生怎么办？呶，呶……你这个笨蛋！蠢猪！酸牛奶！

〔电话铃响。谢苗取下听筒听了听，递给总管。〕

总　管：（狂怒地）哈罗！哈罗！呸，见鬼！什么？什么？（声音突然低下）啊，是彼得堡？鲁科夫斯基公爵？（整蝴蝶结，满脸堆笑）大人！……是，是我。请……请允许我向您报告布尔什维克把……把七号桥炸了！……是，大人，我的确是个大笨蛋！……是，我是个蠢猪！……是，我是酸牛奶！……（哭音）大人，请您饶恕我，像仁慈的父亲一样饶恕我吧！……是，我明白1917年快到了……是采取一切非常措施！大人，祝您晚安！再见！

〔软瘫在沙发上。谢苗用冷毛巾敷在他的前额。〕

〔夫人和琼斯相互望了望，同下。〕

队　长：（小心地）报告，总管大人。

总　管：闭嘴！够了，够了！见你的鬼去吧！我要的不是报告，而是办法，办法！（捂着心口躺下，又敷上冷毛巾）你说，怎么办？

队　长：（干咳）依我看，干脆答应华工和俄国工人的要求，把胡大胜放走算了！

总　管：（惊起）什么？放走了算了？（狰狞）不，不！……过来！

〔和宪兵队长耳语。〕

队　长：（狂喜）妙呀！妙呀！

〔传来舞曲声。〕

总　管：并且，通知夫人，舞会立刻停止！要那些女士们、先生们，到花园里来！

队　长：是！（下）

谢　苗：（急于知道）老爷，你是想……

总　管：等一会你就明白了。把窗帘打开！

谢　苗：是，老爷。（打开窗帘）

总　管：（精神振作）香槟！

谢　苗：（拿上酒）请，老爷！

〔总管咕咚咕咚喝了一瓶。〕

〔两个宪兵押大胜上。〕

总　管：（慢慢走近大胜）啾，亲爱的朋友，在向这个美好的世界告别以前，你还有什么话要说么？嗯？……告诉我，布尔什维克在哪儿？要你们华工弟兄复工！……啾，朋友，只要你点一下头，只要你招一下手……否则……

〔传来熊的吼声，唔——唔——唔——！〕

总　管：……否则，我就让狗熊把你撕成碎片！……（在大胜逼人的目光下后退）你……你用那样的目光看着我……不，不，我要你说话，我要你叫喊！我要你低头！（命令宪兵）带下去！

宪　兵：是！

〔大胜昂首挺胸穿场而过。总管望着他那股视死如归的英雄气概不禁打了个寒战。〕

〔夫人、琼斯上。〕

夫　人：谢尔盖，您这是干什么呀？

总　管：夫人，我要让胡大胜斗熊！

夫　人：哦？斗熊？这一定很有趣，是吗，琼斯先生！

琼　斯：这真是一个杰作，天才的杰作！它使我想起了普希金的小说《杜布罗夫斯基》，那里描写了一个俄国贵族为了娱乐而让一个法国家庭教师去斗熊，对吗？

总　管：您的记忆力真不坏呀，琼斯先生。

琼　斯：不过，戈尔洛夫先生，这跟您一向宣扬的人道主义好像不太相称呀，是吗？

总　管：那就要看怎样去理解人道主义这个词儿了，哈哈！我要让中国人知道，什么叫大俄罗斯帝国的尊严！中国人是如此傲慢，只有这样，你才能叫他低头！

琼　斯：是的，是的！

〔宪兵队长。〕

队　长：报告！一切都准备好了！

总　管：开始！

队　长：是！（下）

〔加丽娅端托盘上。〕

〔花园灯光大亮。窗外一片贵族男女的吵嚷声。〕

〔谢苗打开窗户。总管走到窗前。〕

总　管：（大声）女士们！先生们！现在，我要请各位欣赏一个非常精彩的节目——世界闻名的中国马戏！准备！

〔响起铁链和熊吼声。〕

〔加丽娅惊叫一声："啊！"急忙用手捂着嘴。〕

〔总管回头注视她。〕

〔她勉力克制着。怒火在她的胸中燃烧。〕

总　管：〔大声命令〕开始！

〔打开铁门声，熊的咆哮声。〕

〔加丽娅喊着："大——胜！"不顾一切地冲向门口。〕

〔埋伏在门口的两个宪兵抓住了她，隐去。〕

总　管：（狂笑）哈哈哈！哈哈哈！……

琼　斯：奇迹！奇迹！哈哈哈！（和夫人相对大笑）

〔传来一片惊叫声，脚步声。〕

〔宪兵队长奔上。〕

队　长：（慌张）报告！死了，死了……

总　管：熊把他吃了？

队　长：熊……熊……

总　管：熊怎么样？伸出巨掌，张开大口……

队　长：熊被他杀死了？……

总　管：什么？熊被他杀死了？……

夫　人：啊，我可怜的“瓦基卡”！（掩面而泣）

队　长：他就用这把刀……

〔总管拿过刀，望着，望着。〕

〔宪兵押大胜上。夫人惊叫一声。总管、琼斯等在大胜逼人的目光下后退着，惊恐万状。〕

大　胜：（威严地）笑呀，笑呀，你们这些杀人的魔王，吃人的野兽……告诉你们，中国人也是人！……你们要我低头？哼，那是做梦！老爷们，请你们记住，堂堂的中国人是不可欺侮的！

〔宪兵押加丽娅上。〕

大　胜：（惊呼）加丽娅！

加丽娅：大胜！

总　管：（手中拿着小刀）唢，美人儿，这把刀……

加丽娅：（傲然不答）……

总　管：哈哈，想不到吧？你和他是连着的一根线，对吗？

加丽娅：……

总　管：你们的首脑阿历克赛·安东诺夫在哪儿？

加丽娅：（激动地自语）阿历克赛·安东诺夫？……

总　管：唢，说吧！

加丽娅：（坚定地）我没有什么可说的！

总　管：不，小鸟儿，你不但要说，而且还要唱呢！哈哈哈！……

〔夫人、琼斯、宪兵队长等狂笑。〕

加丽娅：你们笑吧！

大　胜：你们神气吧！

加丽娅：俄国人民是不会饶恕你们的！

大　胜：你们的寿命不长了！

加丽娅：总有一天，

大　胜：要不了多久。

加丽娅：俄国人民就要来打倒你们！

大　胜：你们这群妖魔鬼怪就要知道我们中国人的利害！

总　管：住口！（命令宪兵队长）派一队哥萨克骑兵连夜把她送到罗曼诺夫将军的司令部去！

队　长：是！

〔加丽娅以微笑的目光和大胜告别，被宪兵押下。〕

总　管：立刻派军队把加丽娅的家包围！把她家里所有的人统统抓起来！

队　长：是！（下）

总　管：把他带下去！

宪　兵：是！（押大胜下）

总　管：舞会继续进行！

谢　苗：是！（下）

总　管：来，亲爱的夫人，尊敬的顾问先生，为我们的胜利，干一杯！（倒酒）

夫　人：不，不能干杯。我一想起那可怜的熊……

总　管：不要再为死去的“瓦基卡”悲伤了，夫人，我们失去了一只熊，可是却捉到了一只美丽的鸟。这只鸟将要为我们唱出非常动人的歌儿！您说不是吗，琼斯先生？

琼　斯：是的。不过，我想提一个问题，可以吗？

总　管：请！

琼　斯：您所以决定斗熊，是为了把这只小鸟捉住……

总　管：对！

琼　斯：那么，如果狗熊真的把胡大胜弄死了，怎么办？

总　管：哈哈，琼斯先生，您问得好！让我揭开这个秘密吧！在一般的情况下，熊是不会把他弄死的。

琼　斯：为什么？

总　管：因为一条铁链子拴住了熊的腿，如果人紧紧地贴在铁栏上，那么熊是够不着他的……

琼　斯：啊，原来是这样！总管先生，您……您真是一位天才呀，哈哈哈！

〔二人拥抱大笑〕

夫　人：来，为我们的胜利，干杯！

〔人们干杯〕

夫　人：跳舞去吧！

总　管：不，我要马上给公爵大人发一个电报。

夫　人：那我们先走了。（和琼斯下）

总　管：（神气十足，一边踱步，一边自言自语）尊敬的……不，敬爱的公爵大人，惊叹号……

〔谢苗上。〕

谢　苗：老爷，老爷！

总　管：什么事？

谢　苗：有一位神父从彼得堡来，给您带来一封公爵大人的信。

〔总管看信后，来回踱步，这时，谢苗领着神父装束的人和他的随从走进客厅。〕

〔灯光集中在神父的脸上。原来他就是大胡子。〕

大胡子：（冷冷地）您好，戈尔洛夫先生。

总　管：（转身，吓了一跳）您……您好。

大胡子：（微笑）我们好像在哪儿见过，对吧？

总　管：啊，不……不记得了。

大胡子：那么就请您看看我的眼睛！

总　管：（不敢正视）请问您先生贵姓？

大胡子：（威严地）我叫阿历克赛·安东诺夫！

总　管：啊……

〔急忙掏枪，站在门口的依万用枪对准了他："别动"从他手中取下枪。〕

大胡子：戈尔洛夫！1905年革命失败以后，你把我出卖了。真想不到，十年以后的今天我们又在这儿见了面！如果您还想活命的话，那么请您马上把华工和俄国工人统统交出来。

〔宪兵队长上。〕

〔依万开门，宪兵队长刚进门，被依万和手风琴手拦腰抱住，按倒

在地，用布塞嘴，绑了起来。〕

大胡子：啾，大胜在哪儿？

总　管：在地窖里，（掏出一把钥匙）这……这就是地窖的钥匙……

〔总管低着头，用发抖的手交出了钥匙。〕

大胡子：再见。（下）

〔灯光集中在总管的脸上。〕

总　管：（凶狠地）等着吧，我们会再见的！

——灯暗，幕落。

第五幕　我们的路修好了

第十一场

〔石洞，距前场若干天。〕

〔洞外。大雪纷飞。〕

〔大胜躺在干草上，酣睡着。金娜奶奶和安娜大婶坐在他身边，慈爱地望着他。〕

〔小姑娘玛莎引着大胡子走入洞内。〕

〔大胡子走近大胜，看见金娜奶奶向他做手势，又踮着脚尖悄悄走开。〕

大胡子：（压低声音）金娜奶奶，我们的鹰怎么样啦？

奶　奶：（对着他的耳朵）快啦！

大胡子：什么快啦！

奶　奶：（作飞翔状）啾，啾，明白了吗？

大胡子：（忍着笑，模仿她）快能飞啦？

〔玛莎咯咯咯笑起来。安娜急忙捂住她的嘴。〕

安　娜：傻丫头！别把他吵醒了！让他多睡一会儿……

奶　奶：唉，符拉基米尔·瓦西里耶维奇，那帮野兽把他折磨成什么样子了啊！可怜的孩子……（抹泪）

安　娜：（关切地）怎么样，跟华工弟兄联系上了吗？

大胡子：（忧虑地）没有呀，安娜。总管派军队把华工区团团围住，一步一个岗哨，简直连鸟儿也飞不过去啊！

奶　奶：华工那边的情况……

大胡子：听说郭老九他们还在坚持罢工……

安　娜：他们还不知道大胜已经被救出来了？

大胡子：还不知道。

奶　奶：唉！这可怎么办啊？

安　娜：眼看着我们要和华工弟兄拉起手来，……

大胡子：（坚定地）敌人想用暴力把我们分开，那是妄想！

〔大胜睁开眼，一骨碌爬起。〕

大　胜：大胡子叔叔！你回来啦！

大　胜：怎么样？跟我郭大哥见面了吗？

大胡子：没有，大胜。我们在雪地里整整躺了两天两夜，有几次已经快要爬到铁丝网的边儿上，可是又不得不退了回来。敌人封锁得非常严密。前天又加了一道铁丝网。依万带着你给郭老九的信，爬过了两道铁丝网，眼看着就要爬过最后一道铁丝网……终于被敌人发现了……

大　胜：那么……

大胡子：只听见一阵枪响……

大　胜：依万大叔……

大胡子：生死不明……

大　胜：金娜奶奶，沃洛加怎么还没有回来？

奶　奶：回来又去了。他说一定要找到小福子，把断了的这根线给接上。

大　胜：大胡子叔叔，请您让我回去吧！

大胡子：大胜，不要着急，更不要灰心！呶，这两天感觉怎么样？

大　胜：您看，浑身都是劲儿，有棵树我都能连根拔起来呀！

大胡子：哈哈，那就太好啦！

大　胜：这都亏金娜奶奶和安娜大婶。她们尽给我做好吃的，一看我坐在那儿发呆，不是唱歌给我听，就是跳舞给我看。可有意思呢！

〔奶奶和安娜掩面大笑："噢依，我的天！""都老太婆啦！""别说了，别说了！"〕

大　胜：还有小玛莎，也会跳舞……

玛　莎：大胜叔叔！（捂住他的嘴）……

〔人们笑了一阵。玛莎下。〕

大　胜：大胡子叔叔，我……我想问您个事。

大胡子：什么事？

大　胜：嗨，算了。

大胡子：你说呀！

大　胜：不知该问不该问。

大胡子：问吧，问吧！你什么都想知道，什么都感觉新鲜。这很好，很好呀，大胜！

大　胜：我一直就想问来着，可……可老没说出口。

大胡子：那你就说吧！

大　胜：（干咳）好吧。我想问，您到底姓啥？

大胡子：哈哈，这还不好意思问吗？说实话，我叫阿历克赛·安东诺夫。

大　胜：（失望）唉！您还是把我当外人看。

大胡子：什么？

大　胜：您还是在瞒我。

大胡子：瞒你？

大　胜：您不说，我也知道您姓啥。

大胡子：唔，多么有趣！那么请问你，大胜，我究竟姓什么呢？

大　胜：我不说。

大胡子：说吧，说吧！我很感兴趣。你看，我连自己姓什么都给忘了，哈哈哈！

大　胜：好，我说！不过，您得答应我一个条件。

大胡子：什么条件？

大　胜：我说对了，您可别赖。

大胡子：当然，当然，有金娜奶奶和安娜在这儿作证。

〔奶奶和安娜笑着点了点头。〕

大　胜：好。

大胡子：说吧，我到底姓什么？

大　胜：您姓……布尔什维克！

大胡子：（大笑）哈哈哈！哈哈哈！这多么有趣，多么有趣呀！

〔和金娜、安娜相对大笑〕

大　胜：您看，您又哈哈哈！哈哈哈！您说，我猜得对不对？你说呀！

大胡子：大胜，我们俄国可没有这个姓啊！

安　娜：是呀，的确没有这个姓。

大　胜：不，有这个姓！一定有！

大胡子：你怎么知道一定有呢？

大　胜：总管、宪兵队长他们，一个劲地拷问我，说我跟布尔什维克有关系。我说没有！就是没有嘛！我知道。您姓连斯基，安德烈爷爷姓依万诺夫，可到底谁姓布尔什维克呢？我想了又想，到底也没有想出来。不知为啥，总管他们那么害怕这个姓布尔什维克的，好像他们能上天入地，呼风唤雨似的……

大胡子：大胜，我的好兄弟，你听我说，布尔什维克不是人的姓，是……唉，怎么跟你解释呢？（沉思）……布尔什维克是这样一种人，他们………为了消灭地主、资产阶级、为了劳动人民的解放，他们不怕死，不怕流血，不怕挨饿。哪怕敌人把刀架在他的脖子上，把枪口对着他的胸膛，他也决不畏缩，决不动摇，决不投降！他们永远不会背叛神圣的革命事业，永远不会出卖自己的阶级兄弟！当然，需要注意也有一些冒牌的布尔什维克，例如当年的总管……

大　胜：（惊讶）当年的总管？

大胡子：是呀。像当年的总管之流，他们在阶级敌人的刺刀面前吓得浑身发抖，为了保住自己的脑袋，他们甚至像哈巴狗一样摇着尾巴，跪在主人的脚下，用舌头舐着主人的皮靴，求主人赏给他一点面包屑，这样的人只不过是一些可怜的渣滓。他们从来就不是布尔什维克，不是，不是，完全不是！要知道“布尔什维克”这是一个崇高、伟大的称号，这是一个光荣、骄傲的象征！布尔什维克，她是劳动人民的良心，她是无产阶级的灵魂！……

大　胜：（迫不及待地）中国人的事情他们也问？

大胡子：对，“中国的、俄国的”世界上一切被压迫人民，一切被压迫民族解放的事情，他们都关心！

〔隐隐响起《国际歌》的声音。〕

大胡子：（充满着激情和幻想地）只要世界上还有一个角落散发着资本主义腐朽的气味。只要地球上还有一个被剥削、被奴役的人，只要旧世界的锁链还有一个环节没有被打碎，那么，布尔什维克的心就不会平静！他们就不会放下武器，停止战斗！因为他们的生命，他们所有一切，直到最后一口气，一滴血，都是为了一个最伟大、最美丽、最高尚的理想——让共产主义的“鲜红的太阳照遍全球！”……

〔《国际歌》的歌声渐强。〕

大　胜：唉，要是有一天，我能见到他们……

大胡子：（微笑）你会见到的。

大　胜：（猜到八九分，故意试探）他们都是啥样呀？比如说，穿什么衣服，戴什么帽子，或者有什么记号……

大胡子：什么记号也没有。他们都是一些普通的人……

大　胜：（顽皮地笑着）就像您这个样？

大胡子：那倒也不一定，哈哈！

〔玛莎扶安德烈爷爷上。〕

奶　奶：（奔向门口）安德留沙！

大　胜：老爷爷！

大胡子：出了什么事？

爷　爷：沃洛加……和小福子被他们逮去了……

众：（惊）啊？

大胡子：这么说，沃洛加爬进了铁丝网，和华工弟兄联系上了？

爷　爷：没有。

大胡子：没有？

爷　爷：是小福子从铁丝网里爬出来的。

大　胜：啊？

爷　爷：是你郭大哥派他出来找我们的。他说华工弟兄非常顽强，不论总管要什么花招，他们也不屈服。而且，更加令人高兴的是，你郭大哥和许许多多华工弟兄都说：俄国工人是好人！咱们应该跟他们联合！

大胡子：（赞叹）好哇！好哇！

大　胜：是不是有人跟他们说了……

爷　爷：没有。

大胡子：（激动）太好了，太好了！……这就是我们无产阶级的本能！……

爷　爷：我让小福子和沃洛加藏在干草堆里，然后就去探路，看看附近有没有宪兵和暗探……我刚走不远，敌人就把他们俩逮住了……总管像发了疯一样拷打他们，折磨他们……

奶　奶：（哭）啊，可怜的孩子……

爷　爷：可是，这两个小兄弟没有低头，没有！……

大胡子：金娜奶奶，别难过。我们一定要把他们救出来！

奶　奶：唉，大胡子，你不知道，加丽娅和沃洛加从小就失去了爸爸和妈妈……

爷　爷：是呀，我待他们姐弟俩比我亲生的还要亲呀！

大胡子：什么？您难道不是他们的亲爷爷？

爷　爷：……

大胡子：啊，请原谅，安德烈爷爷。我不应该这样问您。

爷　爷：不，不，你问吧，问吧！

大胡子：实在对不起。是这样，老爷爷，我有两个孩子，也叫加丽娅和沃洛加……老爷爷，请您千万不要生我的气……

爷　爷：不，不，你说下去，说下去！

大胡子：加丽娅五岁的时候就离开了我，到她乡下外婆家去了。从此我们再也没见过，至于沃洛加，我根本就没有见过一面，因为他妈妈还没有生下他，我就在莫斯科被捕了……

爷　爷：他妈妈叫什么？

大胡子：塔吉雅娜·彼得洛夫娜·安东诺娃……

爷　爷：什么？（从怀里掏出一张照片，两手发抖）你……你看！

大胡子：（望着照片，眼睛闭了起来）……

爷　爷：这么说，你……你就是他们的爸爸！

〔扑向大胡子和他拥抱起来。热泪在他们脸上滚滚流着。〕

〔静场片刻。乐声起。〕

爷　爷：（抹去泪）……1905 年革命失败了，你在莫斯科被捕了。1906 年冬天，你妻子塔吉雅娜·彼得洛夫娜·安东诺娃怀里抱着沃洛加，手里牵着加丽娅，冒着大风大雪到西伯利亚流放地去找你。路过我们乌拉尔的时候，你妻子忽然得了伤寒病。我们老两口儿就把他们母子三人收养在家。那时候，我在铁路上做工。塔吉雅娜·彼得洛夫娜病一好，就去找你。好容易到了西伯利亚，可是人们告诉她，你在逃跑的时候被打死了。她又回到乌拉尔，在那儿参加了地下工作。前年冬天，因为运送一捆传单，被宪兵逮住，没有几天就……

大胡子：（声音极低）牺牲了？

爷　爷：（哽咽着点头）……去年春天，听人家说戈尔洛夫，就是曾经出卖你的这个总管，到北方修铁路来了。加丽娅天天吵着，闹着，要为爸爸报仇。就这样，我们从乌拉尔来到了北方……

〔大胜走近他们，两手抓着他们的膀子。〕

大　胜：（激动地）你们……你们就是布尔什维克！

〔大胡子凝神望着他，微笑地点了点头。〕

〔传来一阵枪声。〕

〔手风琴手奔上。〕

手风琴手：赶快转移！

大胡子：（镇静地）怎么回事？

手风琴手：有叛徒告密！

大胡子：谁？

手风琴手：那个败类尼可莱的父亲！总管亲自领着哥萨克奔这儿来了。

〔枪声紧。〕

大胡子：立即转移！

〔人们忙碌起来，准备着雪橇和滑雪板。〕

大　胜：大胡子叔叔，让我回去吧！

大胡子：（沉思）好吧！趁他们的注意力集中在这儿的时候，你赶紧回到华工棚去。（向手风琴手）你亲自带几个弟兄护送他，路上要特别小心！

〔枪声愈近。〕

大胡子：（握着大胜的手）唦，再见吧，大胜！请你转告华工弟兄，不论总管用铁丝网也好，用刺刀也好，都不能把我们的心分开！

——灯暗，幕落。

第十二场

〔1916 年除夕之夜。〕

〔华工区。景同第二场。〕

〔李老好、山东大汉带着红臂章，手持木棍，站在悬崖上，样子十分威武。〕

〔莽子、金大叔带着红臂章上。〕

金大叔：嗳，莽子，王三那小子藏到哪儿去啦？

莽　子：大胜前天一回来，立刻就跟老九一起把他……（作刀劈状）除啦！

金大叔：除啦？该，该呀！

李老好：那可不！

〔金大叔头晕目眩，摇摇欲倒。〕

莽　子：金大叔！金大叔！（扶他坐下）

山东大汉：金大叔！咋样？

金大叔：没啥。

莽　子：狗总管，他断了咱们的粮！

金大叔：（声音略高）没啥！

山东大汉：贼总管，他断了咱们的水！

金大叔：（声音更高）没啥！

〔李老好捧了一把雪，放在小盆里化成水，端给金大叔。〕

〔大胜、老九领着一群华工上。〕

大　胜：金大叔！

金大叔：大胜，你放心。不要说两天没吃没喝，就是活活饿死，咱也决不伸手向总管讨饭吃！

天津人：我们工棚的弟兄也是这么说的。早先啦，咱们在家里种地那会儿，就是三天揭不开锅，就是娃儿在炕上饿得嗅嗅叫，咱也不去给财主老爷磕头作揖。

大　胜：是呀，咱中国人虽穷，可就是有这么一股子劲。

郭老九：财主老爷怕就怕咱们这股子劲！

山东大汉：俺穷哥儿依靠的就是这股子劲！

郭老九：过去咱也知道跟财主老爷们斗，可就是找不出一条道儿，不晓得怎么才能斗赢了他们。现在，列宁给咱们指出道来啦！……

莽　子：这条道就叫做……

郭老九：革——命！

华工甲：我们工棚的弟兄都说，俄国皇上要修这条铁路，从外洋运枪炮子弹来杀我们俄国弟兄，咱们决不答应，要修就让总管自个儿去修吧！

大　胜：这么说，大伙能顶住？

众：能顶住！

金大叔：当然，当然能顶住！

莽　子：（故意逗他）为啥当然？

金大叔：嘿，莽子，你咋不知道呢？因为……

莽　子：因为啥？

金大叔：因为……咱……咱是无产加上那个阶级嘛。

〔人们大笑。〕

金大叔：还有，莽子，你也不想想，咱挨饿是为的啥嘛！

莽　子：（故意问）为的啥呀？金大叔，你给咱说说！

众：对，金大叔，你说说！

金大叔：为……为了……（拉了拉郭老九的袖子，郭老九装作不知道）为了世……世……唉，世啥来着？

大　胜：（小声提醒）世界！

金大叔：对，为了世界……世界……

大　胜：（在他耳边说）规模！

金大叔：对，为了世界那个规模的事儿嘛！

〔人们大笑。〕

〔远处人声如海潮一般。〕

天津人：怎么回事？

山东大汉：你们看！

莽　子：哎呀！俄国乡亲们……

华工甲：冲破了铁丝网……

华工乙：给咱们送饭来了！

〔安德烈爷爷、金娜奶奶、安娜大婶等领着一群俄国老人、妇女、小孩，提着各种饭食奔上。他们拉着华工的手，跳跃着欢呼着。〕

〔人们三五成群地坐在一起，吃着、谈着、笑着。〕

奶　奶：嗨，那些宪兵呀！你求他，他就是不让你进，后来，我们就像在前线打仗似的，喊着“乌啦！”哗一下就冲进来啦！哼，真有意思。老太婆也能冲锋。小伙子们，我这还是头一回呢！〔手风琴手拉起了手风琴。俄国老人、妇女们在台的深处跳起舞来。后台响起一片歌舞、欢笑声。〕

大　胜：大胡子叔叔怎么样？

爷　爷：很好。他要我告诉你，原定计划不变。当 1917 年元旦的钟声响起来的时候，我们俄国工人就到这儿来和你们汇合宣布中俄无产者联合罢工正式开始，然后举行示威游行。

大　胜：好！沃洛加和小福子有消息吗？

爷　爷：没有……

大　胜：我到那边去看看，您在这儿歇一会儿吧！（下）

爷　爷：（叹了口气，然后从怀里掏出一瓶酒，慢慢走向郭老九）早就听说你喜欢喝两杯。我嘛，也还可以。今儿是 1916 年的除夕，让我们痛痛快快地喝两杯。只是酒太少了，也没有什么像样的菜。（挥手）

嗨，这也没有什么，来，年轻人，为我们这些穷朋友，干它一杯！

郭老九：多谢您，老爷爷！（和爷爷干杯，抹了抹嘴）不瞒您说，我郭老九喝了一辈子酒，可从来也没有喝过像今天这么好的酒！这杯酒可是非同一般呀！

爷　爷：等“世界规模”的事情成功了，我还要跟你干一杯！

郭老九：一定！

爷　爷：一定！（笑着拥抱他）

〔歌舞的人群涌向前台，郭老九隐去。〕

〔爷爷、奶奶拖着大胜跳起俄罗斯民间舞。欢乐的情绪达到全剧的最高潮。〕

〔郭老九手持大刀上。〕

郭老九：（抱拳）俄国父老乡亲们！多谢……多谢你们！……请大家看我耍两套，表一表咱们华工的心意！

众：（欢呼）好哇！好哇！

郭老九：我郭老九耍了一辈子刀，可这一回，这一回却非同一般呀！〔说罢，精神抖擞地舞起刀来。〕

〔人们不断地鼓掌喝彩。〕

〔金娜奶奶突然晕倒在地。〕

大　胜：（惊呼）金娜奶奶！

大　胜：老爷爷！她……怎么样啦？

爷　爷：啊，没有什么，一会儿就好……（偷偷地将面包揉碎，塞到她嘴里。）

大　胜：（惊奇）她……她是饿成这样的？

众：（惊呼）啊？

郭老九：（端着汤，跪在奶奶身边喂她）金娜奶奶，喝口汤吧！

〔华工们纷纷把面包和汤让给俄国亲人。人们相互推让着：“吃吧！吃吧！”“不，你吃吧！”“我们一起吃！”“吃吧！等一会儿，我们还要一起游行示威呢！”〕

安　娜：唉，不瞒你们大家，我们差不多也有两天没吃东西了，这些饭食是我们分头到几十里地以外各个村子收来的……

郭老九：老爷爷，您……您为啥瞒着咱们啊！

爷　爷：是这样，总管也想用饥饿来吓唬我们，我们没有被他吓倒。于是，他就跟我们俄国工人说，只要我们答应复工，马上增加一成工资，面包要多少有多少……哼，真有意思！我们的代表对他说："'总管先生'您大概找错门了吧？你想用几个臭钱来收买我们无产阶级的灵魂？办不到！告诉你，我们可以饿死，但决不出卖朋友，决不！"……

郭老九：（激动地握着他的手）老爷爷！

爷　爷：兄弟，我的兄弟！这……这就是我们俄罗斯人民的一颗心！不管沙皇、总管他们如何咒骂你们，仇恨你们，可我们俄国无产阶级这颗心是永远不会变的！

〔莽子、山东大汉奔上。〕

莽　子：总管领着大队人马来了！

山东大汉：四面都围上了！

爷　爷：啊？

大　胜：老爷爷，你们先到工棚去！快！

〔人们纷纷下，大胜和郭老九、莽子等耳语一阵下。〕

〔总管、宪兵队长等上。〕

总　管：准备好了吗？

队　长：一切都准备好了。

总　管：（咬牙切齿）好！全世界无产者联合起来？哈哈，对不起，我要用刺刀命令你们分开，分——开！我已经让你们知道了什么叫做饥饿，现在，我还要让你们知道什么叫做死亡！

队　长：依您看，总管大人，立刻把胡大胜抓起来，或者干脆一枪把他打死？

总　管：队长先生，难道你不明白现在是什么时候？所有的华工都变成了胡大胜，除非你把他们统统抓起来，统统打死！我始终认为，最危险、最可怕的还是我们那些俄国的布尔什维克，只要把他们消灭了，华工也就好对付了。……准备行动！

队　长：是！（招手，一队哥萨克端着刺刀上）

〔总管、宪兵队长领着哥萨克们向工棚走去，随即又慢慢退了

回来。〕

〔华工们手挽手上。他们昂首挺胸，用自己的身体组成了一道又一道坚固的防线，挡住了通向工棚的道路。〕

〔双方对峙着。沉默。〕

总　管：把俄国人统统交出来！

大　胜：（斩钉截铁）不！

众：（怒吼）不！

总　管：那我就统统把你们打死！

大　胜：你可以把我们打死，但是你想要咱把他们交出来，办不到！

众：（怒吼）办不到！

总　管：（两眼死盯着大胜）中国人，我……我要你低头！

大　胜：（冷笑）除非太阳打西边出来！

总　管：（命令宪兵队长）把他带走！

〔华工们迈步向前，一层又一层地卫护着大胜。〕

总　管：（望着华工，口气缓和下来）我不明白，朋友们，你们为什么被那些俄国人利用，为他们卖命呢？只要你们上工，我马上给你们增加一倍的工资；面包，不，大米干饭、白面馒头，要多少有多少。不然的话，嘿嘿，你们就要永远这样挨饿……

大　胜：（分开众人，上前冷笑）我们死都不怕，还怕挨饿？你想来收买我们？总管先生，请你记住：我们中国人民是吓唬不倒收买不了的！我们中国人民是有骨气的！

总　管：（命令）预备！

〔哥萨克们举起了枪，向华工们瞄准着。〕

总　管：不愿意白白送命的站出来，走到一边去，……

〔双方对峙着，沉默，沉默。〕

总　管：（忽然想起）啊，郭老九……您难道不想再看一看您的儿子么？

郭老九：（仿佛被人在心上扎了一刀，但他终于咬紧了牙）……

总　管：只要您站出来，我马上可以让你们父子团圆。要知道，他是您在这个世界上唯一的一根苗儿。难道您就没有一点人的感情么？……

〔双方对峙着，沉默、沉默。〕

总　管：我喊三下，一——二——三！预备！——

〔哥萨克们拉动枪栓。〕

〔安德烈爷爷突然从一旁闪出。〕

爷　爷：等一等！总管先生，您要找的不是我吗？这跟他们又有什么关系呢？

总　管：（故作笑态）啊！尊敬的安德烈爷爷，这一向您可好吗？

爷　爷：我很好！而您呢，总管先生？

总　管：……

爷　爷：每天晚上还要念圣经，祷告上帝保佑么，啊？哈哈哈！

总　管：住口！

爷　爷：哈哈哈！脑袋瓜里那个奇怪的声音：吱——吱——吱！还在响么？哈哈哈！哈哈哈！

总　管：住口！我要把你的加丽娅和沃洛加枪毙！我要把你活活绞死！

爷　爷：不要用死来吓唬我，亲爱的总管先生。您应该知道布尔什维克是不怕死的，怕死的就不是布尔什维克！您说，是不是这样，啊？（目光逼人）

总　管：（低下了头）……

爷　爷：您为什么不敢回答我？您为什么不敢看着我的眼睛？您为什么低下了头？也许，您还知道一点人间的羞耻？不，不！因为你早已把人间的羞耻心连同你的灵魂一起卖给了你的主人！从那一天起，你就不再是一个有生命的活人，而只不过是一具僵尸，可怜的僵尸！你虽然可以马上用枪把我打死，但是，“笑到最后”的不是你，而是我！我感到骄傲，感到幸福，因为我，一个普通的布尔什维克，在敌人面前没有发过抖，下过跪！求过饶！来吧，戈尔洛夫，开枪吧！

〔总管刚要举枪，郭老九挺身而出，用胸膛卫护爷爷。他举起大刀，突然中弹倒下。爷爷扑倒在老九身上。〕

〔枪声起。〕

大　胜：弟兄们，上！

〔华工们怒吼着冲向敌人。敌人狼狈逃下。华工们追下。〕

〔后台枪声、人声响成一片，透过纱幕，可以看见华工和敌人在格斗。

爷　爷：（望着老九，热泪盈眶）兄弟……我的好兄弟！

〔大胜和宪兵队长格斗着上。安德烈爷爷和大胜一起杀死宪兵队长。枪声渐远。〕

大　胜：老九哥！老九哥！

〔小福子和沃洛加狂奔而来。〕

小福子：爹！爹！

郭老九：（微微开眼，勉力坐起）小福子，你……

小福子：有个俄国叔叔把我们救了。

郭老九：啊，……这把刀……留给你！

小福子：（接过刀）爹！

郭老九：大胜兄弟！……你一定要去会会列宁……

大　胜：老九哥！

郭老九：老爷爷！（手捂心口）这……这就是我们中国人的……一颗心……（在爷爷怀中死去）

爷　爷：兄弟！我的好兄弟！……

〔莽子、手风琴手等奔上。一群俄国妇女、老人也纷纷跑来。〕

莽　子：（兴奋地）总管他们逃跑了。

金大叔：（发现郭老九）老九他……

爷　爷：他……牺牲了！……

〔悲壮的乐声起。人们低头默哀。〕

〔大胜、金大叔、爷爷、手风琴手四人抬着郭老九尸体慢慢走上悬崖。〕

〔远处出现两条火龙。〕

金娜奶奶：（指着一条火龙）大胡子领着人来了！

山东大汉：（指着另一条火龙）俺们的大队人马也来了！

莽　子：两条火龙马上就要汇合了！

安娜大婶：马上就要汇合了！

〔人声如排山倒海，奔腾而来。〕

〔突然射来一道电光，车声隆隆响起。〕

〔有人惊呼："装甲车！"〕

〔装甲火车头出现。枪声起。〕

〔一场血腥的大屠杀开始了！装甲车向外喷着火舌。人们纷纷倒地。〕

〔装甲火车突然消失。车声又隆隆响起，越来越远，枪声终于也停下来了。〕

〔人们纷纷跑上："怎么回事？""装甲车怎么开走了？"〕

〔手风琴手奔上。〕

手风琴手：大胡子跳上火车头，把车往后倒着开走了！

众惊叫：啊？

〔人们向远处望去。〕

爷　爷：这不是往七号桥那边儿开了吗？

奶　奶：七号桥被炸了以后还没有修哪！

〔大胜、莽子等奔下。轰隆一声巨响。〕

众：哎呀！火车翻到河里去啦！

大胡子他……

〔人们纷纷奔下。〕

〔空场片刻〕

〔大胜背着大胡子上。〕

〔人们纷纷上。〕

众：（小声谈论）火车快要开到七号桥的时候……

大胡子从车上往下跳……

敌人从车上用机关枪向他扫射……

火车翻到河里去了，……

他伤得很重呀！……

〔爷爷和沃洛加奔上。〕

沃洛加：爸爸！爸——爸！

大胡子：（睁开眼，勉力坐起）沃洛加：我的孩子……（拥抱他）

沃洛加：爸爸！……（哭）

大胡子：不要哭，孩子，不要哭……小福子，沃洛加，你们站在一块儿，让我看看……

〔沃洛加和小福子并肩站在他面前，雄赳赳，气昂昂，一个背着弓箭，一个背着弹弓。〕

大胡子：（微笑）立正：齐步走！

〔两个小孩并肩迈步向前。〕

〔大胡子含笑死去。〕

〔悲壮的乐声起。〕

〔沃洛加扑倒："爸爸！"……〕

〔爷爷、手风琴手、大胜、金大叔四人抬着大胡子的尸体慢慢走向悬崖。〕

〔苍松和白桦树下，郭老九、王三、大胜三兄弟结拜的地方，如今并肩躺着大胡子和郭老九。一面巨大的红旗覆盖在他们身上。〕

〔人们低头默哀。〕

〔远处响起了钟声。〕

大　胜：弟兄们！同志们！把眼泪擦干，把火把举起来！

〔无数的火把举起。钟声越来越响。〕

爷　爷：1917年元旦的钟声响了！敌人的路没有修通，可我们的路修通了！……

大　胜：修通了！……

〔黑暗的天空豁然明亮，大放光彩。〕

爷　爷：北极光！

〔人们仰望天空。北极光闪耀着，飘忽不定地变换着颜色和形状：一会儿是盛开的鲜花，一会儿是扬蹄飞腾的骏马……〕

爷　爷：（幻想地）快啦！快啦！……

〔隐隐的歌声、炮声、枪声起。〕

〔胜利的欢呼。歌声雄壮。转尾声。〕

——灯渐暗，幕落——

尾声

〔十月革命胜利后不久，雪后初晴的日子。〕

〔彼得格勒，斯莫尔尼宫门前。〕

〔朝霞满天，歌声一片。红旗迎风招展。涅瓦河上的“阿芙乐尔”巡洋舰，彼得巴甫洛夫要塞的尖顶，清晰可见。隐隐传来炮声。〕

〔一队水兵高唱着：“同志们，勇敢地前进!”从台的一角昂扬走过。〕

〔歌声渐远。炮声渐近。团团乌云在涅瓦河上空翻滚。〕

〔工人、水兵、赤卫队员们出出进进，川流不息。人们精神焕发，严肃而又乐观。一片紧张的战斗的朝气蓬勃的革命景象。〕

〔大胜和手风琴手在门前站岗。他们密切地注视着来往的行人。手风琴手不断地向大胜摇头。〕

〔捷尔任斯基领着几个“契卡”急急走出。手风琴手做着手势，表示这是个大人物。〕

大　胜：（小声）列宁？

〔手风琴手未及回答，捷尔任斯基匆匆走过。〕

手风琴手：（小声）捷尔任斯基。

〔大胜又朝门口望去。想不到列宁突然从外面走来，一边走，一边和工人谈着话。〕

〔手风琴手急向大胜做手势，可大胜没有看见，列宁却悄悄地从他身边走过，上了台阶。〕

〔手风琴手又指了指。〕

大　胜：（惊叫）列宁？

（列宁突然转过身来，站在台阶上。）

列　宁：谁叫我？

手风琴手：啊，他……（指大胜）

（列宁快步走下台阶，望着大胜。）

列　宁：看样子不像俄罗斯人，哪个民族的？

大　胜：（激动地）……

手风琴手：（着急）列宁同志！他……他是中国人。

列　宁：（兴奋）啊，中国人！你好，你好！（紧握他的手）见到你我很高兴，很高兴！什么时候到俄国来的？在这儿过得惯么？想家吗？你叫什么名字？……

〔安德烈爷爷、依万等上。〕

爷　爷：列宁同志，他就是我前天跟您说过的那个“中国的鹰”……

列　宁：啊，太好啦！安德烈爷爷跟我讲了你们的故事，有意思，很有意思！

〔突然传来枪声。〕

〔大胜和爷爷急忙用身体护卫着列宁。〕

〔手风琴手举枪射击。〕

〔依万喊着：“抓住他！”领着几个赤卫队员追下。〕

〔枪声远去。人们纷纷跑来。围着列宁。〕

众：怎么样，列宁同志？

伤着没有？

大　胜：列宁同志，您受伤了！

列　宁：没有什么，同志们，没有什么。（紧握大胜的手）谢谢你！

〔又和爷爷握手〕谢谢你！……

〔列宁秘书上。〕

秘　书：列宁同志！捷尔任斯基同志来电话说，组织暴动的反革命分子全部被逮捕了！

列　宁：好。

秘　书：斯大林同志来电话找您。

列　宁：好，马上就去。（对大胜）我们另外找个时间谈谈，好吗？

再见！（匆匆下）

〔大胜激动地望着列宁的背影。〕

〔传来一阵猛烈的炮声。〕

手风琴手：（向炮声传来的方向晃着拳头）来吧，将军们，先生们！

爷　爷：敌人已经打到彼得格勒城下，形势非常紧急。

〔换岗的赤卫队员接替下大胜和手风琴手。〕

〔穿着军装的加丽娅上。〕

爷　爷：（一怔）加丽娅！

加丽娅：爷爷！（和他拥抱）大胡子叔叔……

爷　爷：他不是你的叔叔，而是你的爸爸！

加丽娅：什么？我的爸爸？啊……他……他在哪儿？

爷　爷：（低下头）他……牺牲了！……

加丽娅：（痛苦）……

爷　爷：（抹去眼泪）加丽娅，你看，这是谁？

加丽娅：（转身）大胜！（伸出手）

大　胜：加丽娅！（手刚伸出又缩回，然后在衣服上抹了抹，和她紧紧地一握。）

〔谢苗领着沃洛加和小福子上。金娜奶奶、安娜大婶和玛莎随后跟上。〕

沃洛加：（冲向加丽娅）姐姐！姐姐！

加丽娅：（拥抱他）沃洛加！……（抬头）谢苗……

谢　苗：（故意手放在胸前）您好，小姐。

加丽娅：你……

谢　苗：（小声）我的爷爷不是什么伯爵，而是马一克一思！

〔依万上。〕

小福子：我们俩就是他救出来的。

依　万：我也是他救出来的。

加丽娅：依万大叔？您好！

依　万：你好，加丽娅！

〔赤卫队员们押着一个工人装束的胖子上。〕

依　万：同志们，暗杀列宁的凶手抓到了！

胖　子：同志们，这完全是误会……（立刻低下头）

爷　爷：你是什么人？

胖　子：我是一个社会主义者……

谢　苗：（揭去他的鸭舌帽，除去他的假发和胡子）您好，总管大人！

爷　爷：哈哈，好一个社会主义者！

依　万：带下去！

谢　苗：是！

总　管：（哭求）饶恕我，饶恕我……

谢　苗：走吧，总管先生！（押总管下）

（斯大林上。）

斯大林：集合队伍，马上出发！

依　万：是，斯大林同志！（下）

〔列宁上。〕

列　宁：您好，斯大林同志！

斯大林：您好，列宁同志！

列　宁：马上就出发到前线去吗？

斯大林：是的，马上出发。保卫斯莫尔尼宫的工人赤卫队也不能不按照您的命令跟我们一起走了。

〔炮声一阵紧似一阵。满天乌云翻滚。〕

列　宁：（沉思）是呀，情况太严重了……

（依万率队伍上。列宁站着。）

列　宁：（拉着沃洛加和小福子的手）你们也到前线去吗？

沃洛加、小福子：（同声回答）是的，列宁同志！

列　宁：（颇为感动，沉默了一会儿，向大家）我很高兴，同志们，在你们这支赤卫队里，不但有俄国工人，而且还有中国工人。（快步走下台阶，激动地）毫无疑问，同志们，我们俄国人民和伟大的中国人民之间的友谊，在斗争的烈火中用鲜血和生命凝结起来的友谊不论现在和将来，是任何人都破坏不了的！

〔人们欢呼："乌拉！""万岁！"〕

〔乐声起，炮声急。〕

列　宁：同志们，十月革命虽然胜利了，但是斗争还刚刚开始，是的，刚刚开始！帝国主义强盗要把苏维埃这个新生的婴儿掐死在摇篮里，我们说：这是妄想！革命不但要在俄国取得胜利，而且要在全世界取得胜利！马克思和恩格斯说得好：“让统治阶级在共产主义革命面前发抖吧！无产者在这个革命中失去的只是锁链，他们获得的将是整个世界。全世界无产者联合起来！”

〔人们欢呼：“乌拉！”“万岁！”〕

〔《国际歌》声起。炮声愈猛。〕

列　宁：同志们！社会主义祖国在危急中！拿起武器，挺起胸膛，为了保卫十月革命的果实，为了世界无产阶级革命，前进！

〔列宁用手指着远方。斯大林站在他身边。〕

〔依万、谢苗、加丽娅、大胜、金大叔、沃洛加、小福子等手拿武器，在红旗下作冲锋状。〕

〔炮声、“乌拉！”声响成一片。〕

〔《国际歌》的歌声震撼天地。〕

——幕落，剧终。

芭蕾舞剧剧本

北极光

序 幕

1916 年，第一次世界大战正酣，成千上万中国苦力去俄国做工。

夏夜，大兴安岭。

《苏武牧羊》的乐声，像从天际飘来似地，哀婉、凄凉、悲怆。

黑压压的人影在朦胧中蠕动，缓缓的、沉重的脚步声，由远而近，群山在呜咽，大地在颤抖。

一群妇女涌上，拼命地拉着自己的亲人，不让他们离开故乡。一幅生离死别的画面，令人心碎。

俄国宪兵的皮鞭、大柜（中国把头）的棍子，如雨一般抽来。华工们有的逃跑，有的倒下，有的抗争，最后在暴力和死亡的驱使下，重新上路了。

茫茫黑夜，天边突然亮起五彩缤纷的北极光。人们怔住了。万籁俱寂，空气好像凝固了。人们仰望着天空。啊，北极光——古罗马神话中的“黎明”女神，仿佛要降临人间。

第一幕

1916 年，秋夜。

俄国，北极圈内。

修铁路的总管家。大厅里，灯火辉煌。在华尔兹的乐声中，男男女女翩翩起舞。

天空突然亮起北极光，人们涌到窗前，雀跃欢呼。

电灯灭了，一片黑暗。

女仆加丽娅提着马灯上，向总管报告有人来访。

大胡子率领一群俄国工人赶到，向总管宣布大罢工。

总管洋洋得意，指着窗外，只见中国工人像一股无尽的人流，在黑暗中滚动着。

俄国工人知道，中国工人一来，他们的罢工就失败了。安德烈爷爷垂头丧气，尼古拉义愤填膺，大胡子冷冷一笑。

电灯亮了，俄国工人纷纷退下，贵族男女们又跳起舞来。

总管的少爷追逐女仆加丽娅。这位美丽的俄罗斯少女拒不从命，奋力抗争，逃向荒野。

天色渐明，隐隐可见华工们抢修铁路，有的推车，有的挖土，有的伐木。

大胜父扛着一根木头倒下，俄国宪兵队长举鞭就打。

大胜赶来，紧紧抓住宪兵队长的手，郭老九在一旁求情。

宪兵队长见华工人多势众，放下了鞭子，但要郭老九要大刀取乐。

郭老九忍辱含愤，从他的儿子小福子手中接过大刀要起来。

宪兵队长一边举着酒瓶狂饮，一边哈哈大笑。

围观的华工也喜笑颜开，只有俄国工人怒目相视。

华工们愕然，步步后退；俄国工人紧握拳头，步步进逼。

冲突一触即发，大胡子突然走来，站在华工和俄工中间，劝俄工退下，并向华工连连拱手示意，这才避免了一场殴斗。

加丽娅被少爷追逐，处在万分危急之中。

大胜、小福子正巧路过，把加丽娅从少爷怀中救出。

少爷掏出手枪，小福子用弹弓射中他的左眼，使加丽娅化险为夷。

大胜救了加丽娅，姑娘感激不尽。大胜欲下，加丽娅一把拉住他，在他的脸上轻轻一吻，含羞而去。

大胜手摸着脸，茫然四顾。

郭老九和王三走来。群山作证，以草为香，撮土成炉，郭老九、大胜、王三对天发誓，结拜为兄弟：不求同日生，但愿同日死。他们三人磕头，又在烟雾缭绕中，举起大碗酒，一饮而尽。

《苏武牧羊》的乐声震天撼地。

第二幕

1917 年的钟声响起。

总管家，大厅里，贵族男女们饮酒作乐，举杯欢庆新年的到来。

公爵和夫人驾到，人们列队相迎。

公爵宣读沙皇命令：前线告急，铁路限三个月内修通，以便从北方港口运送军火。

随公爵从圣彼得堡来的女演员们，随即表演，以示慰问。

总管夫人和公爵跳起舞来。人们鼓掌，总管却冷眼相看。

女仆加丽娅领着郭老九等前来表演京剧《三岔口》。

少爷一只眼蒙着黑色布罩，一见小福子怒火中烧，慢慢向他走去。小福子毫不示弱，又将弹弓取出。郭老九赶紧把他拉住，匆匆离去。

少爷仍不死心，一把抓住加丽娅，欲报一箭之仇。

姑娘反抗，大胜挺身而出。

少爷掏出手枪，大胜飞起一脚，将手枪踢落在地，全场鼓掌叫好。

直到此时，人们还不知道真情，以为这一切是在演戏。

大胜、加丽娅悄悄地消失在人群中。

灯渐暗，只见女演员们在跳舞。

王三呆立一旁，看傻了眼。总管和大柜相对一笑。

女演员们围着王三跳舞，王三头晕目眩，终于一头倒在她们的裙下。

月色如水，小福子和沃洛加（加丽娅的弟弟）在练少林拳，接着又拿出弹弓向树上射去。看见有人来，他们便躲在一旁。

加丽娅追逐大胜，终于抓住他的手，向他表示爱慕之情。

大胜却茫茫然，昏昏然，无动于衷，不知所措。姑娘做怀抱婴儿状问他是否已婚，他摇摇头；姑娘做拥抱状问他是否已有相爱之人，他还是摇摇头。姑娘更加大胆地拥抱他，亲吻他，他便更加坚决地冷落她，拒绝她，最后竟逃之夭夭。

加丽娅痛苦万分，在月光下独舞，倒地。

小福子和沃洛加把她扶起，要送她回家，可她仍在痛苦中煎熬、挣扎……直到她的安德烈爷爷和大胡子来到，才把她从失恋的噩梦中唤醒。

第三幕

1917 年，春日。

远远看见，铁路在延伸，火车头在一片欢呼声中从桥上缓缓驶过。

华工的坟墓，一望无边。

公爵、总管望着贵族男女们载歌载舞，欢呼大桥建成通车。

华工们一拥而上，有的拿着空饭碗，有的拿着铁勺，饥饿与病痛折磨着他们。领头的郭老九愤怒抗议。

大胜父当场饿倒在地，大胜把他背到工棚休息。

为讨好华工，公爵、总管吩咐大柜给他们发奖金，又驱使一批美女把华工一个个拉走，最后只剩下郭老九一人。

大胡子前来，郭老九退缩，又被安德烈爷爷挡住了去路。他只好拱手陪笑，告辞而去。

大胡子和爷爷相互耸肩，苦笑着下。

王三拿着酒瓶和尼古拉踉踉跄跄地上。王三又把一沓钞票塞到尼古拉袋中，不停地向他灌酒，在他耳边说着什么。

尼古拉暴跳如雷，王三拖着他下。

小福子、沃洛加迎面走来，又尾随他们而去。

宪兵拿着皮鞭，吆喝着华工去干活。

突然亮起一团大火，华工棚烧着了。

小福子、沃洛加奔来报信，郭老九、大胜等奔下。

王三和尼古拉鬼鬼祟祟地躲了起来。

大胜背着被烧成重伤的父亲上。父亲一手抓着大胜，一手指着远方，要儿子快快回故乡。他在大胜的怀里死去。人们悲痛欲绝。

小福子、沃洛加奔来，在大胜耳边说着。

尼古拉被郭老九带上，大胜举刀要杀他，为父报仇。

尼古拉苦苦哀求，大胜心一软，放下了刀。

大胡子和安德烈爷爷抓着王三上。尼古拉指着王三，大胜又一次举起刀要杀王三，郭老九又劝他念结拜兄弟之情，饶他一命。大胜又慢慢地放下了刀。

郭老九和安德烈爷爷、大胜和大胡子的手终于紧紧地握在了一起。

华工们开始罢工。俄国工人闻讯赶来，男女老少送吃的，送衣服。加丽娅特别兴奋，拉着一群姑娘跳起俄罗斯民间舞蹈。小福子和沃洛加也拉着一群孩子，跳起热情奔放的舞蹈。

总管、大柜领着一群宪兵前来镇压。公爵站在火车头上，挥舞长剑，命令华工复工。

华工们愤怒抗议，郭老九躺在铁轨上，安德烈爷爷也和他一起躺下。

火车头冒着蒸气，缓缓向前。

华工和俄工们也都纷纷躺在铁轨上，以死相拼。

火车头响起汽笛，尖叫着从活着的郭老九和安德烈爷爷身上压过。

一阵激烈的枪声。在混战中，大胜被宪兵们抓走。

第四幕

1917 年夏，黄昏。

荒野，古老的俄罗斯民歌，忧伤、凄凉、缓慢。

加丽娅万分悲伤，悼念安德烈爷爷，怀念心上的恋人——大胜，啊，如今他在哪里?

大胡子走来和她耳语，她的脸上终于露出了笑容。

天色渐暗。总管家，大厅里，大胜端然坐着。总管、大柜央求地要他下令复工，他大义凛然，断然拒绝。

总管、大柜又用金银财宝收买他，被他扔了一地。

几个美女过来，围着他卖弄风骚，他不屑一顾。

公爵走到总管身边耳语，总管连连点头。

总管示意。宪兵队长把大胜带走。

总管宣布：将有一场精彩的表演。夫人们先是交头接耳，接着是一阵惊叫和欢呼，纷纷离去。

月光如水，洒满大地，只见贵族男女们嬉笑着走来，围坐在铁栅栏外边。

大胜被宪兵队长推到台上，然后把铁栅栏大门上了锁。大胜环顾四周，不知要发生什么事，看见贵族男女们在向他笑，他更加莫名其妙。

大胜突然睁大眼睛，只见一只北极熊向他走来。他后退着，躲闪着，跳跃着。男女们的笑声、尖叫声不绝于耳，深深地刺痛着他的心。

熊扑向大胜，熊掌把他打倒在地。

他奋力爬起来，和熊展开了一场生死搏斗。

他退到栅栏边，熊紧追不放。

千钧一发之际，只见他鼓起全身的力气，以倒拔垂杨柳的英雄气概，把一根铁栏杆拔起。他拿着铁栏杆，狠狠地对准熊的胸膛刺去，一下又一下。熊慢慢倒下了。伤痕累累的大胜也倒下了。

华工、俄工的怒吼声，压倒了贵族男女的尖叫。

大胡子、加丽娅等一拥而上，把大胜救走。

华工、俄工联合大罢工开始了。

愤怒的人们放火烧了总管家。

大火熊熊，烈焰冲天！

尾 声

1917 年，秋夜。

一堆一堆的篝火在燃烧。

大胜和加丽娅这一对恋人，轻歌曼舞，心花怒放，沉浸在无比的幸福之中。

人们载歌载舞，喊着："苦呀，苦呀!"

大胜茫然，加丽娅缓缓走上前，和他亲吻。

华工、俄工，男女老少，围着篝火跳呀，唱呀。

突然天空亮起北极光，绚丽多彩，神奇壮观。

啊，黎明女神真的降临在人间。

——剧终

2006年10月15日，北京

后记

（一）

《把历史留下》的历史，是一部革命的史诗。

何谓“革命”？据查，“革命”一词源于两千年前的《周易》“汤武革命，顺乎天而应乎人。”

孙中山到日本，从报纸上第一次发现“革命”一词。报载：“革命者孙逸仙抵日。”

过去，一切反清运动，都用“造反”、“起义”、“光复”等。1905年，中山先生在日本成立“中华革命同盟会”。从此，“革命”一词从海外传到国内，逐渐地流行，一直延用至今。

《辞海》云：“社会革命是历史发展的火车头。无产阶级革命是历史上最深刻最彻底的革命。”

俄国发生十月革命是历史的必然，而旅俄华工参加十月革命，虽然带有很大的偶然性，但同样也是历史的必然，因为华工是真正的无产者，除了身上一条无形的锁链，几乎一无所有。俄国无产者遭受着同样的剥削和压迫，命运与共，心心相通。在列宁党的领导下，中俄无产阶级从自在的阶级变成了自为的阶级，本能地走到一起，团结起来，联合斗争，为十月革命和创建世界上第一个社会主义国家而浴血奋斗，其英雄业迹，可歌可泣，永垂史册！

（二）

历史是一面镜子。

这是一面明镜。从一个人到一个国家，不管你使用什么方法和手段，无不受到历史的检验。是人是鬼？是善是恶？是正是邪？是真是假？谁也逃不掉，谁也躲不过，谁也挡不住。为什么？因为历史是已经发生的事实，而事实是永远否认不了、歪曲不了、改变不了的！为此，必须用马克思主义的科学的世界观和方法论追求事实的真相，然后才能正确地认识、学习、总结、借鉴历史，把握今天和迎接明天的机遇与挑战。同样的，一个记者，一个作家，在历史这面高悬在头上的镜子面前，从来都受到无情的检验：你是在弘扬真善美，还是在鼓吹假恶丑？这里没有任何模糊、灰色和中立的空间。

这是一面照妖镜。五千多年来，在人类历史上，发生过一万多次有文字记载的战争，失去了将近四十亿人民的生命。除原始社会外，其中绝大多数战争都是奴隶主、剥削者、侵略者、帝国主义和霸权主义者发动的。1914 年 8 月，史无前例的第一次世界大战开始。这是两个帝国主义集团为争夺殖民地重新划分势力范围的“狗咬狗”的战争，而千千万万的人民在战争中受苦受难。西方列强为了战争的需要，不但大肆掠夺中国的资源，而且征集大批人力到欧洲战场充当劳工，单是到俄国去修铁路、挖煤矿的华工就有几十万之多。从将近一百年前的照片上，请看看华工们那痛不欲生的表情吧！他们背井离乡，在牛马不如的生活中受着煎熬。可以想象，那些剥削者和压迫者是如何的凶残和可恨！

这是一面放大镜。任何人，任何事，在历史面前，都被照得清清楚楚。有压迫就有反抗，有剥削就有斗争。无数的华工，在受压迫、受剥削的悲惨境遇中，一次又一次进行不同形式的斗争，而与之相同命运的俄国工人，也必然和华工们站到一起，成为在一条战线上的战友。特别是，在列宁和布尔什维克党的领导下，华工们迅速觉醒，拿起武器，冲向冬宫，参加红军，和敌人进行殊死的搏斗。我采访过的苏联老红军战士异口同声地说：“中国红军战士最勇敢，常常不卧倒，而是站着向敌人射击。”他们为反对十四个国家的武装干涉，保卫新生的社会主义政权纷纷倒下，献出了宝贵的生命。岁月沧桑，人们永远忘不了在英雄们的墓碑前或纪念塔前献上鲜花。

这是一面望远镜。登高远望，站在历史的高山之巅，回首看，中俄人民走过的友谊之路，是用鲜血和生命铺成的，弥足珍惜，历久弥新；尽管曲曲弯弯，但已经成为永远的过去。向前看，中俄人民之间的友谊只会与时俱增，是任何力量也破坏不了的。

（三）

俄罗斯有一句古老的谚语：“我们当中没有长城。”意思是说，你我之间没有不可逾越的鸿沟，没有不可以谈的话。一百多年来，在中俄人民之间已经筑成了“心的长城”。

中俄人民的友谊源远流长。

早在 17 世纪初叶，俄国的编年史上出现了对中国的称呼“契大依”（“契丹”的音译），一直沿用至今。

1700 年，俄国彼得大帝命令年轻的僧侣研究中文。16 年后，一个教会使团来到北京。这是俄国正式研究中国文化的开始。

1806 年，毕丘林神父率领教会使团到北京，被古老的中国文化所吸引，一住就是 14 年，编成了第一部俄华字典。当他回国时，他所收集的中国文化瑰宝用了 15 只骆驼才驮完。最后，他写作出版了 16 卷关于中国的著作。他翻译了《通鉴纲目》和《三字经》，写了 2 部关于西藏的书，1 部《蒙古札记》。1835 年，他出版的《中国语法》是第一部用俄文写的中国语法书。

诗人普希金是毕丘林的朋友，受他的影响，曾请求到中国旅行，未获沙皇批准。著名作家别林斯基、冈察洛夫、车尔尼雪夫斯基等也大力称赞勤劳勇敢的中国人民。

到 1917 年十月革命前，据估计，旅俄华工约 45 万人。

华工的命运如何？

这是一页血与火的历史，是我们中华民族不能忘记的历史。

“把历史留下”——这就是我采访和创作“旅俄华工传奇”的立意。

1953年到1958年，我有幸在莫斯科大学新闻系学习。作为苏联报纸的实习记者，为寻找旅俄华工的足迹，我走遍了几乎整个苏联。面对历史，我可以问心无愧地说，我是新中国成立以来报道旅俄华工命运的第一人。

本书收录了我从1957年2月到1958年3月在新华社、《人民日报》等报刊发表的7篇通讯，首次向中国读者报道了鲜为人知的旅俄华工的事迹。

我根据采访的大量素材，尤其是最珍贵的近100年前的几十幅照片，创作了电影文学剧本《无产者》、话剧剧本《路，洒满鲜血》、芭蕾舞剧剧本《北极光》等。在这些作品中，我力求真实地表现旅俄华工和俄国工人用鲜血凝成的友谊，歌颂伟大的国际主义精神和共产主义精神。

“俄国十月革命的胜利，是人类历史上一个划时代的事件，极大地改变了20世纪世界历史的进程……极大地鼓舞了中国人民和中国的先进分子……得出向俄国革命学习、‘走俄国人的路’的结论。”①

值得华夏儿女永远纪念和自豪的是，几万名华工参加了十月革命和保卫社会主义的斗争。他们英勇战斗，无私无畏，奉献了青春和热血。

（四）

把这一页光辉的历史“留下”，目的是什么？

毋庸讳言，十月革命的历史已渐渐被人们遗忘，甚至遭到谩骂和攻击。但是，十月革命的精神是永恒的，是骂不倒的，是消灭不了的！为什么？因为十月革命精神的核心，就是为共产主义的理想而奋斗！正是在十月革命精神的鼓舞下，在黑暗中沉睡、摸索了几千年的中国人民，才终于找到了一条正确的解放之路，成立了中国共产党，创建了中华人民共和国。

2012年11月6日，当“十八大”代表全体起立默哀的时候，我的

① 《中国共产党历史》第1卷，中共党史出版社第36—37页。

耳边响起了庄严雄壮的《国际歌》，想起了无数为共产主义理想而牺牲的烈士们；同样的，也怀念起成千上万为参加和保卫十月革命而献身的华工们。

当年，我在创作《无产者》的时候，就是受到《国际歌》的影响，受到《共产党宣言》的启发，所以副标题是“国际歌”组曲之一；后因种种原因，之二、之三没有续写而夭折。这不能不是我终身的遗憾。

1963年，《无产者》公开发表后，出乎预料地引起了“轰动”，一方面受到中国电影界的赞扬，另一方面受到苏联报刊的咒骂。文化部副部长兼电影局局长陈荒煤亲自主持，在中国影协北京西四白塔寺会议室召开座谈会，到会的有十几位专家权威。《电影艺术》杂志随之发表了座谈会的发言。正是从这一天起，我认识了陈荒煤，直到创作《巍巍昆仑》，他成了我终身的老师。他讲了一段开场白，接着发言的有——

陈亚丁，总政文化部部长。

孙定国，中央党校教授，哲学家。

陈　默，电影艺术评论家。

成　荫，北京电影制片厂导演。

曹　欣，八一电影制片厂文学部主任。

鲁　勒，北京电影制片厂编辑部主任。

蔡楚生，中国电影艺术家协会主席。

因时间关系，不少同志没有来得及发言。最后，陈荒煤老师讲了一段结束语。

我记得，蔡楚生是从旧中国走过来的著名的老导演，那天他因故没有出席会议，而是写了一份很长的书面发言。

我还记得，参加会议的北京电影制片厂文学副厂长葛琴（中国作家协会副主席邵荃麟的夫人）未及发言，但在会后留下来，单独和我交谈，成荫也参加了。谈话的中心是转战陕北，我讲了党中央、毛主席三次遇险的故事，他们非常激动，说这个题材非常适合拍电影。也许，范长江为此曾向邵荃麟请教过，葛琴可能知道此事。

1964年，范长江为我在上海文化出版社的《无产者》题写书名。这三个金光闪闪的大字，是范长江给我留下的唯一的墨宝。

岁月无情，斯人已逝。可我恍如昨日，记忆犹新，深深地怀念和感激他们对《无产者》的热情关怀和支持。

（五）

俄罗斯是我的第二故乡。从 1953 年 8 月第一次进入俄罗斯，到 1989 年 9 月最后一次告别莫斯科，在整整 36 年间，我先后出入中俄边境至少有 10 次之多。

我热爱俄罗斯辽阔无垠的土地，我更热爱俄罗斯热情豪迈的人民。

梦中会师友，欲言无声吼——

“乌拉，列宁山！”

思念无尽头。

莫斯科大学新闻系同班同学孙维熙，曾经写了一篇回忆文章，题目就叫《梦中会师友》。我请她为《把历史留下》一书题词，可她推辞说字写的不好，我说：“那你就以《梦中会师友》为题写成一首小诗吧！”可她勉强答应，后因急事回青岛老家去了。无奈之中，只好由我即兴续写了三句，成为一首小诗。孙维熙曾任新华社驻苏联、波兰、阿尔巴尼亚记者，文笔极好，尤其是古文功底深厚。她和独伊（瞿秋白之女）、丽莎（李立三夫人）等是挚友，俄语在我们全班中国同学中是最好的。莫斯科大学在列宁山上，号称是全世界的“最高学府”。她在梦中会过师友，我也在梦中会过师友，并高喊：“我要去革命！”

喊醒了，原来是一个梦！

苏联解体，东欧剧变，亡党亡国，这难道不是一场梦么？

正是这个梦，使我得了忧郁症，忧国忧民，忧人忧己。为此，我给老领导朱穆之写信，向他求教。我在信中说，我正在写《光明颂》——新闻尖兵浴血记，要从孙中山写到万隆会议，歌颂为追求光明的新闻烈士，可我自己却在走向黑暗，怎么办？西柏坡的老战友卫广益把这封信当面交给朱穆之。唯一健在的中国新闻界元老朱穆之边看边说，老卫边听边记，后来他写了一份《纪要》全文如下：

“我看到东生这些作品，深为感动。这些年他写了这么多大本头的东西，很有贡献。一个人写出《天地颂》三大本，内容丰富，收集了那么多重要史料、资料，写得也好，实属不易。宋健和军队领导同志都给予很高评价。东生做了很有意义的工作。这几年又带病写新闻界的先辈和他们开辟的事业，这种精神和干劲，我很钦佩。”

穆之很关切地询问《范长江》剧本拍电影事，是否已有着落，我说已初步有着落（把具体情况对他讲了一下）。穆之说：“先把《范长江》抓紧落实。田聪明、刘祖禹等我了解，都是可依靠的、办实事的人。《邹韬奋》也可借助社会力量如基金会等，这是个办法。”

穆之说：“给东生说，他的成绩很不小，贡献相当大了。他写的电影《巍巍昆仑》，我看过，很好。今天我第一次了解到这些情况，为他的成就高兴。对他的干劲和拼搏精神，很钦佩。现在身体不好，有病，调整一下原写作计划很有必要，先抓重点，从长计议。首先要把病治好。身体是最重要的。‘留得青山在，不怕没柴烧’。把病治好，把身体搞好，是实现理想的最重要条件。东生刚过 80，告诉他对治好病，养好身体要有信心。我去年 93 岁，病了四次，住医院，年纪大，病又是要害部位——心脏，脉搏出现间歇。医生会诊，认为需要做手术。但 90 多岁的年龄，一般都不做心脏手术了。医生见我体质尚好，决定做手术，装上起搏器，很成功，身体好多了。我又继续看报刊、文件，写些东西了。东生比我小十几岁，肺病现在可用的药很多，营养品很丰富，不是前景‘黑暗’，而是很光明。要积极治、养。心态要好。积极向上的精神，对配合治病非常重要。希望他树立、坚定信心，积极治、养。身体就会好起来的。他比我这样高龄的人，可做的事情要多。他还有从延安到西柏坡的日记，这太珍贵了！现在宜量力而为，根据身体情况安排生活。我们这些老党员的理想尚未实现，要继续奋斗。但为了能多做贡献，要珍惜和爱护身体。既要奋斗，又要有利于健康长寿。这点，咱们共勉吧！”

谢谢东生送我这些书和文稿。（他从里屋拿出他的新著）说：“我这里还有一本新著，我题几个字，请转送东生。都是些短篇文章，抽空看看。有什么意见，欢迎指正。”

（2010 年 2 月 9 日）

（六）

2010年夏，宋健突然从南京打来电话，说“我们留苏这一代大多都有忧郁症，这不奇怪，还是要自己解放自己！”

朱穆之97岁，宋健82岁，一个是老大哥，一个是小老弟，而他们都很乐观向上，我岂能自暴自弃呢？

2012年夏，我又去见宋健，他恳切地劝我：“想开点！”

友谊医院神经科姬大夫早在2010年我住院时就说，忧郁症必须服药，因为人到老年脑子分泌出一种物质，使人容易出现忧郁，因此，光靠精神的力量还不行。从此，我就开始服药。果然，在朱穆之和宋健的鼓舞下，加上药物的影响。我的忧郁症消失了！大有“返老还童”之感。出乎意外的是，宋健也像我一样，多年来一直也患有忧郁症，只是他在用顽强的意志和科学的探索加以治疗。如果他不在给我的信中谈及，我还真的不知道呢。

我和宋健“同窗学友和60年挚友”。说来“有缘”，实是“志相同，心相通”，使我们成为“同志加兄弟”，“心有灵犀”。最典型的例子就是《天地颂》再版时，我加了“百年”，从义和团到新中国这一历史时期，留学生的动人事迹，而宋健恰恰也在这时专心研究留学生的课题，我们事先并未沟通，真是“不谋而合”！同样地，《把历史留下》一书，我只把《历史的闪光》和《北极光》送给他看了，触动了他的心灵。我还未“盖棺”，他已为我“论定”，信中说我是——

天堂的保罗，
女神的使者。
一团不灭的火，
倔强的追梦人。
花相似，人已非，
老树新枝，记花不计年。

梦是憧憬，
奇迹和理念蒙太奇。
世间未竟，
后人成就。
莫言往年已逝。
极光灿放，
火炬未灭。
红史数卷，
留芳千古，
青史已镌，真理绝伦。

溢美之词，受之有愧。但毕竟这位60年前的老同学给我的一生尤其是进入老年之后的今天，画了一幅似象非象的素描。读后，我只能仰天长啸："知我者，宋健也！"

他在百忙中花了十几天写了《诔悼华工》，诔（读音"垒"）者，祭文的一种也。7月11日初稿，又附上一信，要我"薙削"、"润色"。而对如此逻辑严密、博古通今、文彩飞扬的文字，我自叹弗如，岂敢妄加改动。可没过几天，7月18日，他又从北戴河传来有几处改动，二稿刚出清样，他又来电话要看清样，三易其稿，可见他要求之严格，态度之认真，令我无限敬佩和感动！

他既是科学家，又是文学家，因科学和艺术密切相通。艺术需要想象，科学更需要想象。嫦娥奔月，是科学的神话，更是艺术的想象。加之，宋健文学造诣之深，文笔之凝练生动，我所望尘莫及也。

（七）

我是一个理想主义者，毕生追求完美，即使人生从不完美，但我始终没有放弃对完美的追求。

完美的核心是什么？是真诚。

人与人之间，只有肝胆相照，真诚相待，才能相互信任，互相帮助，成为知己。

因此，我喜欢交朋友，从 70 年前、60 年前、50 年前、40 年前直到今天，交的朋友之多，数不胜数，有的是同学，有的是前辈，有的是部下，不管年纪大小，不管职位高低，一视同仁，互帮互学。

对我的朋友，我特别珍惜。当我想起他们的时候，不管分别多少年，也不管在天涯海角，我都要去寻找。感谢文化部张振琨帮我找到了别后 30 多年的方杰；感谢中办老朋友高伟之，帮我找到了将近 40 年不通音信的恽希良、朱瑞真、刘鑑农等，感谢中联部孟岗大姐帮我找到了 50 年不见的陶章和程明琨，正是她俩从 1954 年起在《中国青年报》国际部负责处理我的有关华工的稿件，感谢 62 年前在北京俄专的老同学荷力大姐，是她帮我揭开了一个历史的“秘密”：当年我直奔延安大学新闻系，而新闻系主任就是范长江！荷力的父亲李敷仁是延安大学校长，范长江建议在延大设新闻系，由他当系主任。幸亏延安大撤退到后方，否则我就不会上清凉山，跟随范长江转战陕北，我的历史将要重写了。

时光飞逝，日月如梭。

今天，我怀着赤诚之心，面对万里以外无数旅俄华工烈士的亡灵，低头默哀：“安息吧！中华民族没有忘记你们。你们创造的革命史诗永垂不朽！”

祝中俄人民的友谊之树万古长青！

最后，我要衷心感谢柳斌杰同志题写书名，宋健、陈昊苏、邱文仲同志作序，感谢各位顾问的指导，感谢四川人民出版社为该书的出版所付出的辛劳。

东　生

2013 年 8 月 3 日